Impressum

Buch

Elisabeth Stindl-Nemec (Hrsg.)
Fragmente der Erinnerung
1. Auflage 2009, Darmstadt
stmv
S.Toeche-Mittler Verlag
ISBN   978-3-87820-127-4
EAN   9783878201274

©2009

S. Toeche-Mittler
Verlagsbuchhandlung GmbH
www.net-library.de

Gestaltung:

Cora Toeche-Mittler

Titelbild:

Fragmente, Acryl auf Leinwand
Gisela Isking
www.gisela-isking.de

stmv

ISBN: 978-3-87820-127-4

Fragmente der Erinnerungen

Hrsg. Elisabeth Stindl-Nemec

Inhalt

Inhalt

Elisabeth Stindl-Nemec

Vorwort der Herausgeberin

Es war Ostern 2001 als ich mit meinem Mann den Urlaub auf Kreta verbrachte. Er erzählte von den Ereignissen, die er zum Kriegsende auf Joánnina im Norden von Griechenland erlebt hatte und von seinem Wunsch noch einmal diese Gegend sehen zu wollen. So entstand das erste Kapitel zum Buch. Bald danach setzte – zunächst kaum wahrnehmbar, dann immer deutlicher – sein Vergessen ein.

Unsere Nachbarin Barbara erzählte häufig von ihrer Mutter, die mit 77 Jahren nach der Wiedervereinigung zurückgegangen war nach Gut Gödelitz und begonnen hatte mit begrenzten Mitteln das Gut wieder aufzubauen und zu verwalten. Sie gab mir die von der Mutter handschriftlich hinterlegten Erinnerungen an die Zeit nach der Enteignung, wie sie mit vier kleinen Kindern Weihnachten 1946 die Flucht nach Westdeutschland gemeistert hat.

So fügte sich eine Erzählung an die andere. Es sind Nachbarn und Nachbarinnen, die mir aus ihrem Leben berichtet haben und ich konnte sie ermutigen ihre Erinnerungen aufzuschreiben. Auch meinen Freund aus Kindheitstagen konnte ich für das Buchprojekt gewinnen, was mich besonders freute.

Begegnungen ergaben sich beim Waldlauf an der Lichtwiese und daraus entstanden neue Erzählungen. Und Begegnungen ergaben sich im Urlaub, so Mai 2003 auf Fuerteventura. Bis auf drei Ausnahmen haben die Autoren und Autorinnen in Darmstadt eine neue Heimat gefunden. Einige von ihnen leben nun nicht mehr. Mit ihren Erinnerungen haben sie uns ein Vermächtnis hinterlassen. Mein Anliegen ist es diese ganz persönlichen Erfahrungsgeschichten nicht in Vergessenheit geraten zu lassen.

An dieser Stelle danke ich allen beteiligten Autorinnen und Autoren für Ihr Vertrauen und ihre Mitwirkung. Ohne ihr Engagement wäre dieses Buch nicht entstanden.

Je älter wir werden, desto häufiger blicken wir zurück. Auch unsere Eltern erscheinen uns heute in einem anderen Licht. Wir nehmen sie wahr, zusammen mit der gesamten Generation im Kontext ihrer Zeitgeschichte, beeinflusst durch Kriegsgeschehen, Flucht und Vertreibung.

Die Männer – oft noch im jungen Alter – wurden einberufen und aufgerufen zum heiligen Krieg für ein Großes Deutsches Reich. Manipuliert durch moralische Parolen, die den bedingungslosen Einsatz der deutschen Männer zum Ziele hatten, folgten die meisten ihrem Führer. Ihm vertrauten und an ihn glaubten sie. Die körperlichen Wunden, die dieser zweite wahnsinnige Weltkrieg hinterließ, hat die Zeit geheilt, die seelischen Wunden aber werden über Generationen hinweg weiter wirken.

Heute sind es nur noch wenige Männer, die das Kriegsgeschehen überlebt haben. Stellvertretend für die Vielen, die ihr Leben lassen mussten, soll ihnen Dank und Anerkennung zukommen.

Die Frauen, die während des Krieges und auch anschließend Verantwortung für das Überleben der Familie ohne ihre Männer übernehmen mussten, entwickelten erstaunliche Kräfte. Sie waren starke Frauen. Ihnen gilt besonderer Dank, denn sie haben Wesentliches dazu beigetragen, dass wir, die nächste Generation, das Kriegsgeschehen überlebten.

In den Zeiten des Wiederaufbaues einer neuen Heimat in Ost- und Westdeutschland, praktisch aus dem Nichts, entwickelten unsere Eltern eine kreative Fantasie und neue Hoffnungen auf eine friedliche Zukunft und vollbrachten erneut unvorstellbare Leistungen.

Wir, die wir damals Kinder waren, haben am Wiederaufbau mitgewirkt und stehen heute an der Schwelle zum Alter. Wir können Anteil nehmen aneinander. Gespräche über eigene Erfahrungen und deren Reflexion versetzen uns in die Lage, so manches rückblickend einzuordnen, den Geschehnissen einen rechten Platz zu geben. Ob es gute oder weniger angenehme Erfahrungen waren, sie machen Sinn. Oft waren sie auch Anstoß für Wachstum und Reife. So blicken wir zurück in Dankbarkeit für jede Begegnung, für jede Erfahrung und können letztendlich zu uns selbst sagen:

Alles hat seine Stunde
und es gibt eine Zeit
für jegliche Sache unter der Sonne:

Es gibt eine Zeit für die Geburt
und eine Zeit für das Sterben.

Es gibt eine Zeit zu pflanzen und zu pflegen
Und eine Zeit das Gepflanzte auszureißen.

Es gibt eine Zeit zu weinen
und eine Zeit zu lachen.

Es gibt eine Zeit zu klagen
und eine Zeit aus tiefster Seele zu tanzen.

AT, Prediger, 3

Die Erfahrungsberichte sollen in Erinnerung an unsere Eltern ein Dankeschön sein. Sie gaben uns die Kraft für das Leben. Sie waren uns auch Vorbild, was die dritte Lebensphase zu geben vermag. Mit diesem Rückblick sind wir aufgerufen unser Alter zu gestalten. Vieles hat sich durch die Weiterentwicklung der Technologie und Gesundheitsvorsorge verändert. Wir haben so berechtigte Hoffnungen älter als unsere Eltern zu werden. Unsere Kinder können uns bei dem Prozess des Älterwerdens und seiner Gestaltung nicht helfen. Sie haben ihr eigenes Leben zu meistern.

Wir Autoren und Autorinnen sind der Meinung, dass das einzelne Schicksal genau so wichtig ist wie globale

Begebenheiten. Historiker schreiben und beschreiben Fakten, wir schreiben von persönlichen Erfahrungen. Wir schreiben, weil wir unsere Geschichten erlebt haben und sie ein Teil unserer Geschichte wurden. Und wir schreiben, weil wir die junge Generation informieren wollen und weil wir durch das Schreiben die Erfahrungen aufarbeiten können. Vergangenheit wird bewältigt indem darüber gesprochen wird. Den Verlust der Heimat haben wir längst verkraftet und eine neue Heimat gefunden, das Gefühl ist jedoch immer noch stark in der ursprünglichen Heimat verankert und lässt starke Eindrücke von damals nie vergessen. Wir schreiben aus dem Geist der Versöhnung heraus mit der Hoffnung, dass sich Krieg, Gefangenschaft, Flucht und Vertreibung in unserem Land nie mehr wiederholen werden. Dass dies keine Selbstverständlichkeit ist und wir auch heute sehr achtsam sein müssen, wird besonders im vorletzten Beitrag deutlich, der die Brücke zur neueren Geschichte unseres Landes herstellt. Der letzte Beitrag eröffnet neue Perspektiven für ein kritisches und friedliches Miteinander zwischen Ost und West, zwischen dem östlichen und westlichen Europa.

Darmstadt, Januar 2008   *Elisabeth Stindl-Nemec*

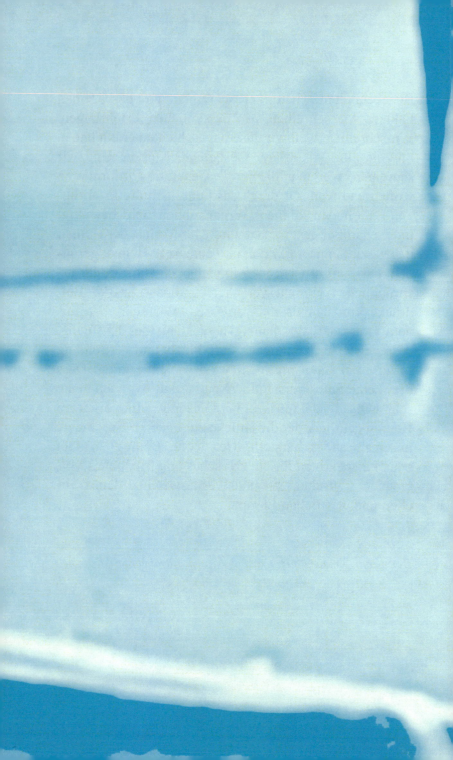

Die gestundete Zeit

Es kommen härtere Tage.
Die auf Widerruf gestundete Zeit
wird sichtbar am Horizont.
Bald musst du den Schuh schnüren
und die Hunde zurückjagen
in die Marschhöfe.
Denn die Eingeweide der Fische
sind kalt geworden im Wind.
Ärmlich brennt das Licht der Lupinen.
Dein Blick spurt im Nebel:
Die auf Widerruf gestundete Zeit
wird sichtbar am Horizont.
Drüben versinkt dir die Geliebte im Sand.
Er steigt um ihr wehendes Haar,
er fällt ihr ins Wort.
Er befiehlt ihr zu schweigen,
er findet sie sterblich
und willig dem Abschied
nach jeder Umarmung.
Sieh dich nicht um.
Schnür deinen Schuh.
Jag die Hunde zurück.
Wirf die Fische ins Meer.
Lösch die Lupinen.
Es kommen härtere Tage.

Günther Nemec

Wie mir das Leben zweimal geschenkt wurde

Erinnerungen und Tagebuchnotizen

Die Ereignisse liegen mehr als 60 Jahre zurück. So ist es verständlich, wenn Einzelheiten aus der Erinnerung geholt werden mussten. Hilfreich waren jedoch Tagebuchnotizen, die ich längst verloren glaubte, sie beim Aufräumen in einer Schreibtischschublade wieder fand. Während ich aus dieser Zeit erzähle, gehen meine Gedanken immer lebhafter an die Orte des Geschehens zurück.

Mit 19 Jahren kam ich zum Arbeitsdienst. 1940 ging es nach Ostpreußen ins Suwalki-Dreieck zum Bau des Ostwalls. Anschließend wurde ich eingezogen zum Kriegsdienst. In Dresden-Klotzsche wurde ich als Nachrichtenfunker ausgebildet. 1941 folgte mein Einsatz nach Russland.

Die drahtlose Telegrafie befand sich erst in den Anfängen und gewann während des zweiten Weltkrieges an Bedeutung. Ich gehörte einer Kompanie an, die mit Fahrzeugen mit bis zu acht/neun Meter hohen ausziehbaren Antennenmasten und auch mit modernsten Nachrichtengeräten ausgestattet war. So war jederzeit eine Verbindung zur Heimat möglich und auch vom Geschehen an der Front zu berichten.

Wir hatten den Auftrag, dem Vormarsch der Armee entsprechend, unsere Position immer weiter in östliche Richtung zu verlegen. Immer wieder galt es die viele

Meter hohen Antennen einzuziehen, die gesamte Nachrichtenzentrale, die dem Luftwaffen-Gefechts-Regiment (Lw.Gef.Reg.) der 6. Armee zugeordnet war, wieder auf Fahrzeuge zu verladen und in Marsch zu setzen.

Der Vormarsch ging so auch für uns weiter. In meinen Tagebuchnotizen vermerkte ich unter anderem die Orte Kalatsch, Obliskaja, Golubinskaja, Karpouka. Nachts lagen wir oft eingewickelt in einer dünnen Decke auf blanker Erde, manchmal im Gras, auch in Erdgräben am Straßenrand, die von der vor uns befindlichen Truppe ausgehoben worden waren. So waren wir weitgehend sicher vor russischen Tieffliegern.

Kurz vor Stalingrad, richteten wir uns ein. Tiefe Gräben im freien Feld gaben uns oft Schutz vor russischen Fliegern. Uns war natürlich nicht entgangen, dass die Front vor uns zum Stillstand gekommen war. Auch wir mussten in Gräben durchhalten.

Zum Glück war noch nicht Winter. Aus Erzählungen wussten wir, wie kalt der Winter in Russland werden kann. Davor fürchteten wir uns am meisten: Eingeschneit im fernen Land erfrieren zu müssen, mit gerade 21 Jahren, sollte das alles gewesen sein?

Nachts, wenn ich nicht schlafen konnte, jagten Gedankenfetzen Schlagworte, die wir während unserer Ausbildung lernen mussten und die dem damaligen Zeitgeist entsprachen:

„Der Sieg ist Ziel,
der Kampf das heilige Mittel,
das dieses Ziel uns einmal näher bringt.

Das Volk ist stark,
vereint in einem Willen,
der alle Sorgen, der alle Not bezwingt.

Das Volk ist bereit und gläubig,
stark im Herzen und unverbrüchlich treu
bis in den Tod.

Heiß der Dank und ewig unsere Liebe
dem Mann, dem Führer,
den der Herr uns gab. "

Als der Vormarsch stoppte und auch die Situation an der Front kritischer wurde, bildete sich in unserer Kompanie eine Gruppe, die nachzudenken begann, auf welche Weise unsere „drahtlosen" Nachrichtengeräte, die damals unter GKDOS (geheime Kommandosache) liefen, in Sicherheit nach Deutschland zurückgebracht werden könnten; denn die Geräte durften auf keinen Fall in die Hände der feindlichen Truppen gelangen. Ich erhielt den Auftrag sie einzusammeln.

Nach Erledigung dieser Aufgabe, verkündete unser Kompaniechef vor versammelter Mannschaft: „Wir brauchen einen Mann, der den Flug begleitet. Nemec ich beauftrage Sie mit dieser Aufgabe!" Daraufhin meinte ein Kamerad aus der Gruppe: „Nemec ist doch kein Mechaniker!" Verständlich war dieser Einwurf auch deshalb, weil es in Richtung Heimat gehen sollte und wer hatte in dieser Situation nicht das Gefühl, dass damit ein rettender Weg in die Heimat verbunden sein könnte.

Unser Oberleutnant: „Das ist doch völlig unwichtig, wer den Transport begleitet. Ich brauche eine verantwortliche Begleitperson." Dass ich damit die einzige Person sein sollte, die – außer dem Piloten – auf diese Weise nach Deutschland zurückkam, erscheint mir heute noch als großes Glück.

Erst viel später wurde mir die Bedeutung dieses Kampfes um die Begleitperson bewusst, als ich erfuhr, dass auch unsere Kameraden durchweg in russische Gefangenschaft geraten waren und ihr Schicksal bis heute unbekannt blieb.

Der Flugplatz von Pitomnik zog die Aufmerksamkeit des Feindes auf sich. Abgeschossene Flugzeuge machten ihn immer wieder für kurze Zeit unbenutzbar und so wurden gute Flugtage immer seltener. Auch der Flug selbst war nicht ungefährlich. Wir warteten deshalb auf schlechtes Wetter. Wolken sollten unseren Flug vor den feindlichen Jägern schützen, besonders beim Start.

Und dann war es soweit: Die Nebelwolken hingen tief; sie waren unser Schutz als wir am 4. Dezember 1942 mit einer JU 52 – voll beladen mit den kostbaren Nachrichtengeräten – abhoben.

Wenn ich heute zurückdenke, frage ich mich, was mich damals getragen hat und mir Kraft gab. Einige Tagebuchaufzeichnungen helfen mir dabei. Bei aller Ernsthaftigkeit, die das Thema verdient, ist mir dabei meine humorvolle Art geblieben. Sie war für mich oft Ventil und Hoffnung zugleich. Sie war es auch in Zeiten der Ungewissheit, ob wir die Heimat jemals wieder sehen werden.

Humor ist sozusagen unser Senf des Lebens.
Er macht ein Stück trocken Brot zum Leibgericht.
Wer ihn nicht selbst besitzt, hamstert ihn vergebens.
So hat man ihn entweder oder hat ihn nicht.
Humor ist schwierig oder gar nicht zu ergründen.
Er ist stets taktvoll, niemals vorlaut und nicht spitz.
Humor ist zu erleben und nicht zu erfinden
im Gegensatz zu seinem kleinen Bruder Witz.
Humor ist unser Freund in allen Lebenslagen, weil er
dem Herz entspringt und nicht dem Intellekt. Man
kann zum Beispiel mit Humor die Wahrheit sagen, so
dass sie uns bekommt und halb so bitter schmeckt.
Humor blüht auch an kühlen Dauerregentagen und
stimmt uns fröhlich, wenn es noch so schaurig ist. Ja,
mit Humor lässt sich sogar ein Humorist ertragen und
wenn es wirklich noch so traurig ist.

Fred Endrikat

Zweites Geschenk

Sie hieß Helena. Einmal in der Woche kam sie herauf zu uns. In ihrem Korb brachte sie gegrilltes Lammfleisch, Brot und einige Flaschen griechischen Wein. Die Bevölkerung des Dorfes schickte uns diesen Engel. Wir freuten uns von Woche zu Woche auf dieses besondere Festessen und nicht nur darauf. Helena wurde von uns verehrt, ja angebetet. Was für eine Frau! Ich träumte nachts von ihrer zarten Olivenhaut und den glänzenden schwarzen Haaren. Keiner von uns wagte ihr näher zu kommen. So wurde sie unser aller Schatz. Die Nächte waren nicht mehr einsam, weil sie in unserer Fantasie die Nacht mit uns teilte und die Tage wurden kurzweilig. Deutsche Lieder und abwechselnd griechische Lieder begleiteten unsere Arbeit.

Mir wurde der Auftrag übertragen, die drahtlose Nachrichtenmöglichkeit, die sich in Russland bewährt hatte, in Süd-Ost-Europa, konkret in Nord-Griechenland, aufzubauen. Der wichtigste Teil dieses Nachrichtenstützpunktes war die ausziehbare Antenne, die wiederum möglichst auf einem erhöhten Punkt stehen sollte. Dieser Berg war rasch gefunden. Es fehlte allerdings eine Straße, um diesen Aufstieg mit unseren Fahrzeugen zu ermöglichen. Ich heuerte 20 junge Männer aus dem Dorf an und mit ihnen zusammen bauten wir in drei Wochen eine befahrbare Straße hoch zum höchsten Berg oberhalb des Sees bei Joánnina. Pünktlich wurden die griechischen Männer entlohnt. Ihre Mütter und Frauen dankten unsere Geste und luden uns ein zu einem Hochzeitsfest in das Dorf, auf halber Höhe zwischen Joánnina und unserer Station. Bald wurden wir Verbündete gegen die albanischen Partisanen. Auch die Dorfbewohner hatten Angst vor diesen Rohlingen. Nichts war denen heilig.

Eines Nachts eröffneten sie das Feuer auf unser Lager. Wir schossen zurück, so gut es ging, bis sie die Flucht ergriffen. So retteten wir auch die Dorfbevölkerung vor Ausbeuterei. Ich bekam einen Schuss in das Bein und in den linken Arm. Notdürftig wurde ich mit einem Verband versorgt. Die Wunden fingen an zu eitern und das

Fieber stieg. Schließlich wurde ich in das nächste Lazarett nach Joánnina gefahren. Dort wurde entschieden, mich weiter über Larissa, Richtung Jugoslawien und schließlich nach Deutschland zu verfrachten.

Helena reichte mir zum Abschied eine Koboloi, eine islamische Gebetsschnur. „Das soll Dich beschützen und Dir Glück bringen!"

Man sieht sich, lernt sich kennen und
schließlich liebt man sich.
Und dann muss man sich trennen.
Oh, warum sah man sich?
Erst folgen ein Paar Tränen, ein tiefes Herzeleid und
dann ein heißes Sehnen,
schließlich Vergessenheit.
Wer geliebt, darf nicht vergessen.
Wer vergisst, hat nie geliebt.
Wer geliebt und doch vergessen,
hat vergessen wie man liebt.
Drum kannst Du auch mich vergessen,
kann vergessen ich auch Dich.
Kann vergessen Dein Vergessen,
Dich vergessen kann ich nicht.

Viel, viel später, erfuhr ich per Zufall, dass meine gesamte Einheit beim Rückmarsch in den Bergen von den Partisanen mit Mann und Wagen in eine Schlucht gestürzt wurde. Keiner überlebte diesen Rückzug. Ich schreibe diese Zeilen, auch im Andenken an meine Kameraden.

Heute weiß ich, die deutschen Soldaten haben in Griechenland und besonders auf Kreta auch schlimme Erinnerungen hinterlassen. Zum Beispiel besucht man heute als Deutscher Anogia, ein kretisches Bergdorf (heute 2.500 Einwohner) an den Hängen des Ida-Massives, mit einem Gefühl der Beklemmung. Denn im Sommer 1944 – bis 12. August weilte ich noch mit meiner Einheit in Nordgriechenland – befand sich die deutsche Wehrmacht an allen Fronten auf dem Rückzug. Nicht nur in Griechenland, auch auf Kreta versuchten Partisanen den Rückzug der Deutschen zu beschleunigen. Auf Kreta hatte ein spektakuläres britisch-kretisches Kommandounternehmen auf sich aufmerksam gemacht. Die Partisanen hatten es am 26. April fertig gebracht, den deutschen Oberkommandierenden der Insel, General von Kreipe, auf der Fahrt vom Hauptquartier in Archanes zu seiner Dienstwohnung, der „Villa Ariadne" bei Knossos, zu entführen. Sie zogen mit ihrer Beute durch Anogia und dann über das Ida-Massiv nach Preveli, wo sie von einem britischen Schnellboot abgeholt und nach Alexandria verschifft wurden. Die Viehzüchter von Anogia, die ihr Gebirge und seine zahlreichen Höhlen wie ihre Provianttasche kannten, halfen den Entführern, nicht entdeckt zu werden. In den knapp drei Wochen zwischen der Entführung und der Evakuierung durchkämmten die Deutschen mit ca. 30 000 Mann das Ida-Gebirge, zusätzlich wurden Flugzeuge mobilisiert. Eine Gedenktafel am Rathaus erinnert an die Zerstörung Anogias; auf einer Alabasterplatte ist der Tagesbefehl, das Dorf niederzubrennen,

Später, bereits in Rente, entdeckte ich meine Gabe und Freude am malen. Sie hat auch Erinnerungen an die Zeit des Krieges wachgerufen. So entstand das Soldatenbild.

eingraviert. Zum Wiederaufbau Anogias in der Nachkriegszeit haben Amerikaner beigetragen (2).

So spielt das Leben: Wir in Nordgriechenland pflegten ein kooperatives bis freundschaftliches Miteinander mit der griechischen Bevölkerung, während auf Kreta, wie ich später erfuhr, Grausames passierte. Es kommt wohl nicht nur auf die Menschen, sondern oft auch auf die Situationen an, wie sich etwas entwickelt. So war es auch während des Krieges.

Das Leben hatte noch einige Aufgaben für mich, die es zu bewältigen gab. Rückblickend bin ich meinem Schicksal dankbar, dass mir noch einige Jahrzehnte geschenkt wurden.

Seit den geschilderten Kriegsereignissen ist jedoch immer noch eine Art Schuldgefühl in mir. Als müsste ich meinen Kriegskameraden von damals um Verzeihung bitten, weil ich weiterleben durfte. Ich spürte auch eine Verpflichtung ihnen gegenüber möglichst das Beste aus meinem Leben zu machen.

Justus Reitz

Meine Erinnerungen
an die Kriegsjahre und an die Gefangenschaft

Während ich die Erinnerungen an mir vorbei ziehen lasse, bin ich heute 82 Jahre alt. Ein langes Leben, das mir noch geschenkt wurde nach den vielen Möglichkeiten während des Krieges und der russischen Gefangenschaft zu Tode zu kommen. Ich frage mich heute, ob mich wohl meine Erlebnisse während dieser Zeit geprägt und meine innere Einstellung dem Leben gegenüber beeinflusst haben? Ich denke schon. Nach der Entlassung aus der Gefangenschaft 1948 musste ich ja in einem stark zerstörten Berlin ein völlig neues Leben beginnen. Das große Aufräumen der Trümmer und das der Gesellschaft waren schon in Gange. Entnazifizierungen waren angesagt, um bestimmte Ämter zu bekleiden oder Arbeit zu erhalten. Das Ganze glich einem Ablasshandel, bei dem mit Reichsmarkbeträgen die Nazizeit abgegolten werden konnte. Mein Versuch bei der Polizei in meinem erlernten Beruf zu arbeiten, scheiterte vorerst daran, dass ich im Jungvolk war und ich ebenfalls erst entnazifiziert werden musste. Von meinem Heimkehrergeld habe ich dafür 40 Reichmark bezahlen müssen und dann war ich kein Nazi mehr. So einfach war das! Mir hatten dreieinhalb Jahre Gefangenschaft völlig gereicht, um mit der nötigen Einsicht entnazifiziert zu sein. Ich hatte schon in der Gefangenschaft Zeit über die letzten Jahre nachzudenken und im Berlin der Nachkriegszeit dann auch ausreichend Gelegenheit einer neuen Ordnung aufgeschlossen gegenüber zu stehen. Zu Zeiten Ernst Reuters gingen in Westberlin zum 1. Mai Millionen freiwillig auf die Strassen und vor den Reichstag, um für die Freiheit Westberlins zu demonstrieren. Auch auf ‚dem Bau' gewerkschaftlich organisiert, hat sich mein Sinn für soziale Gerechtigkeit, Glaubwürdigkeit, Toleranz und absoluten Friedenswillen gefestigt.

Wenn die Schilderungen vielleicht emotionslos wirken, möge der Leser bedenken, dass seither 60 Jahre vergangen sind. Und dass damals meine ganze Energie der täglichen Frage galt, wird das Stück Brot, das mich am Abend erwartet auch groß genug sein, um meinen Hunger zu stillen und wie werde ich den nächsten Tag überleben? Emotionen wurden einfach verdrängt oder kompensiert durch kreatives Tun. Deshalb war ich nicht in der Lage, Emotionen in meinen Text einfließen zu lassen, die damals so nicht vorhanden waren. Mir ist jedoch wichtig, jungen Menschen zu vermitteln, welchen Stellenwert die Umstände für das Überleben damals mit 20 Jahren haben konnten.

Einberufung und erste Erfahrungen mit Krieg

Am 3.12.1943 wurde ich, damals 18 Jahre alt, zur Artillerie nach Frankfurt/Oder einberufen. Zunächst schickte man mich zur Ausbildung als berittener Funker mit Reit- und Packpferd nach Frankreich, dann weiter nach Holland. Als Reserveoffiziersanwärter ging es zum Unteroffizierslehrgang nach Wandern im heutigen Polen. Nach dem Attentat auf Hitler kam ich 1944 als Fahnenjunkerfeldwebel an die Westfront nach Saarwellingen.

Auf dem Weg über Speyer wären mein Freund Karl-Heinz K. und ich vom „Soldatenklau" (Feldjäger, auch Kettenhunde genannt) für die Ostfront als Kanonenfutter eingesammelt worden. Aber wir als Fahnenjunker-Feldwebel mit gültigem Marschbefehl durften weiter. Nun trennten sich unsere Wege für sehr lange Zeit (bis 1948). Ich war mit meinem Truppenteil in Saarwellingen noch gar nicht angekommen, da trugen sie einen Toten an mir vorbei. ARI – Volltreffer! Auf meine Frage, wo er denn gelegen hat, sagte mein Zugführer: Du gehst in den Granattrichter, wo er vorher getroffen worden ist. Die Bemerkung, dass eine Granate nicht zweimal ins selbe Loch trifft, hat mich wenig überzeugt. Hier, an der Front, habe ich durch "alte Hasen" mitbekommen, dass ich kein "Hautjucken", sondern Läuse hatte.

Der Ami beschoss häufig unseren „Westwallbunker" – oder was noch davon übrig war. Er kündigte dies jeweils mit Lautsprecherdurchsagen an, damit wir in Deckung gehen konnten. Es war dann möglich, die „Schuss" mitzuzählen, dann war wieder Ruhe. Hinterher warfen die

Amerikaner dann mittels Aufklärerflugzeug Päckchen mit Schokolade, Zigaretten, Dosenbrot, Chesterkäse und anderes ab. Sie haben einen reinen Sport daraus gemacht.

In einem kleinen Bunker auf einem Bahndamm hat es mich fast erwischt. Durch den Sehschlitz des Bunkers traf zielgenau eine Granate und riss den neben mir stehenden Kameraden die Schädeldecke weg. Ich hatte alles auf meiner Jacke und ich war erst 19 Jahre alt.

Die Fahnenjunker (Offiziersanwärter) mussten als Frontbewährung immer die gefährlichsten Einsätze durchführen. Bei einem Erkundungsauftrag hatte sich unter uns im Tarnanzug wie wir ein Neuer gemischt. Nachdem wir heil zurückgekommen waren, stellte sich heraus, dass es unser Kompaniechef war, der sich selbst ein Bild von der Lage machten wollte.

Dann kam ein Auftrag, von der Gegenseite Gefangene zu machen. Dafür hätte es dann einige Tage Sonderurlaub gegeben. Mit zwei Mann ging es am Morgen, mit einem am Ufer versteckten Schlauchboot über die Saar. Zwei weitere Soldaten sicherten am „Brückenkopf" der zerstörten Brücke unser Übersetzen. Wir sollten feststellen, welche Truppen uns gegenüber lagen.

Wir zwei zogen also los und schlichen wie die Indianer – bei Geländespielen hatten wir das ja gelernt – durch ein zirka 200 Meter breites Kies- und Schotterfeld. Wir stießen auf ein von der anderen Seite lesbares Schild mit der Aufschrift: VORSICHT MINENFELD! Wo unsere Herzen zu diesem Zeitpunkt waren, kann man sich sicher leicht vorstellen.

Auf einer Strasse im Feindesland entdeckten wir Telefonleitungen. Die mussten ja irgendwohin führen? Wir hatten vorsorglich „Igel" dabei, als Kfz-Falle, die konnte man fein auf die Strasse legen. Wir schnitten die Kabel durch und harrten der Dinge, sprich Soldaten, die da kommen sollten. Wir mussten gar nicht lange waren, da kam ein Jeep mit zwei Amerikanern – die ersten die ich je gesehen hatte – und suchten die Schadstelle. Wir, mit Maschinenpistolen bewaffnet, nahmen die Soldaten mit „Hands up" gefangen. Da wir von der Strasse weg mussten und am Tage mit unseren Gefangenen nicht zurück konnten, marschierten wir in den nahe gelegenen Wald. Wir hatten den Amerikanern ja ihre Waffen abgenommen: ein Winchester Gewehr und einen großkalibrigen Colt. Das waren Teile! Mein Kamerad und ich spielten dann im Wald 17 + 4. Die Amis, ein kalifornischer Jude, Leutnant und sehr gut deutsch sprechend sowie ein Soldat, der sich aus Angst in die Hosen gemacht hatte, saßen derweil im gehörigen Abstand von uns entfernt. Der Leutnant sah, was wir spielten und rief: Oh „Twenty one"! Danach spielten wir zu dritt weiter. Der Leutnant gab uns den guten Rat, aufzugeben und in Gefangenschaft zu gehen. Wir wollten aber offensichtlich den Krieg noch gewinnen – wie Recht er haben sollte! Mir wäre vieles erspart geblieben. Wir mussten dann im Wald die Nacht abwarten und wollten dann mit unseren Gefangenen im Schlauchboot zurück. Aber daraus wurde nichts. Leicht unachtsam wurden wir von herankommenden Amerikanern mit „*Hands up*" Rufen überrumpelt und selbst gefangen genommen. Nach ein paar

Tagen Gefangenschaft – wir hätten bleiben sollen – kehrten wir mittels einer entsicherten Handgranate den Spieß um, nahmen unsere Gefangenen wieder mit und entkamen in den Wald. Fatal für die Folge war, dass man uns unsere Uniformen weggenommen und uns amerikanisch eingekleidet hatte. Im Morgengrauen wollten wir dann mit unserem Schlauchboot zurück. Aber dieses lag völlig zerschossen am Uferrand. Wir mussten weg! Von hinten kamen schon die Franzosen, die die Stellung der Amerikaner übernommen hatten. Vor uns die gesprengte Brücke und die Saar. Da mussten wir durch und es war Ende Januar. Unter unserem Druck sprangen erst die Amis und dann wir zwei in die Saar. Wir sind sehr schnell geschwommen. Kaum aus dem Wasser, suchten wir hinter einem Wall Deckung. Auf der anderen Seite kamen schon die auf uns schießenden Franzosen. Als wir uns bei unserer Seite bemerkbar machen wollten, sahen sie amerikanische Uniformen und vermuteten einen feindlichen Stoßtrupp. Bis der Irrtum mittels eines weißen Taschentuchs als weißer Fahne aufgeklärt wurde, hatte unsere Artillerie schon auf uns geschossen. Feuer von zwei Seiten! Mein Kamerad wurde am Oberschenkel verletzt, wir Anderen waren noch einmal davon gekommen.

Mein Kamerad kam sofort zum Hauptverbandplatz, wurde aber vorher wegen *„Tapferkeit vor dem Feinde"* mit dem *„Eisernen Kreuz"* erster Klasse (EK I) – das zweiter Klasse hatte er schon – ausgezeichnet. Ich bekam das EK II. Dass wir vorher trocken gelegt wurden, war bitter nötig. Unsere Gefangenen wurden dann dem Stab übergeben. Nun winkte ja eigentlich Heimaturlaub, aber es kam etwas Anderes dazwischen.

Bei einem Erkundungsauftrag schoss unsere eigene Artillerie zu kurz. Ich habe hinter Treppenstufen Schutz gesucht und dabei meinen linken Arm über den Kopf gehalten. Das Ergebnis: Kopf heil, Arm kaputt. Mein erster Gedanke wie nach einem Schlag mit der Keule: Jetzt bist du tot! Ich wurde notdürftig verbunden, dann ging ich zu Fuß zum Hauptverbandsplatz. Plötzlich war über mir ein amerikanischer Jagdbomber und warf ungefähr 50 Meter neben mir eine große Bombe ab. Nach sehr, sehr langem Warten war ich mutig, aufzustehen und nachzusehen. Es war ein aus Pappmache abgeworfener Reservetank. Wieder einmal Herz in der Hose! Im Lazarett in Lebach angekommen, schaffte ich es bis zu meinem Bett, dann lag ich platt davor. Die Versorgung meines Durchschusses gestaltete sich recht fröhlich. Durch den Wundkanal wurde ein Mulltuch hin und her gezogen und Splitter entfernt. Ärzte und Sanis erzählten sich dabei die neuesten Witze.

In einer als Lazarett umfunktionierten Diakonie in Bad Kreuznach pflegte mich eine Krankenschwester. Ihr habe ich es wohl zu verdanken, dass trotz Wundbrand und Läusen unterm Gips eine drohende Amputation verhindert werden konnte. Sie sagte immer: „Und der bleibt dran." Und er ist dran geblieben! Fast wieder gesund, ging es zur Genesenden-Kompanie nach Berlin-Spandau.

Dies war die Gelegenheit, meine Freundin Margarete und unsere Familien wieder zu sehen. In den Kriegswirren habe ich dann auch förmlich bei Margaretes Eltern um ihre Hand angehalten. Für die Verlobungsringe mussten wir viel Gold hergeben. Sie trugen das Datum 2. April 1945.

Ein linientreuer Stabsarzt hat mich dann trotz noch nicht abgeheilter Wunden nach Kurland geschickt. Er meinte „schießen kann man auch mit einem Arm". Im Kurland war gar keiner mehr. Sich zu verstecken schied völlig aus, weil Fahnenflucht unweigerlich mit Erschießen oder Erhängen geendet hätte. Dafür gab es viele Beispiele.

Über Oranienburg, Zehdenick und Gross Mutz stieß ich zur Truppe, oder das, was davon noch übrig war. Im Straßengraben lagen die ersten erschossenen KZ-Häftlinge. Sie waren beim Rückmarsch der SS nicht schnell genug. Mit organisierten Fahrrädern habe ich als Zugführer 16- bis 17-jährige Jungen als mobile Nachhut befehligt. Die Gerüchteküche brodelte, täglich sollte Entsatz (Verstärkung) für uns und die Stadt Berlin in Gestalt von riesigen Königstiger-Panzern und Wunderwaffen (Stukas zu Fuß) eintreffen. Das aber blieb bis zur Kapitulation ein Märchen. Es gab keine eigentliche Front mehr, nur noch von Russen eingeschlossene deutsche Soldaten. Mit einem Floß wollten wir über die Elbe zu den Amerikanern, die uns jedoch durch starkes Maschinengewehrfeuer am Übersetzen hinderten. Wir versteckten uns im Wald und wollten schließlich mit einem Lastwagen und holländischen Fahrer Richtung Norden zu den fünf Kilometer entfernten Engländern. Das war bei Havelberg an der Elbe. Wir kamen aber nicht weit. Ein russischer Panzer T34 stand uns im Weg und feuerte eine Granate unter unseren LKW und eine zweite genau unter die Plane: 17 Tote und viele Verletzte. Ich kam mit Splitterverletzungen wie durch ein Wunder davon. Die russischen Soldaten haben es gut verstanden, uns mit Sprüchen wie „Krieg kaputt, alles nach Hause" aus den Wäldern auf die Straße zu locken. Sie brauchten die deutschen Soldaten nur noch einzusammeln. Nach dieser 18-monatigen Odyssee landete ich schließlich in russischer Gefangenschaft.

Der Marsch in die Gefangenschaft

Eine endlose Kolonne von Soldaten zog Richtung Osten. Wegen meiner Verwundung wurde ich die ersten Tage auf unserem Marsch von der Elbe bis an die Oder auf einem Fahrradanhänger transportiert. Im Mai 1945 war es sehr heiß. Unterwegs hatte ich einmal Gelegenheit, eine aufgesammelte Fliegerlederhose gegen eine große Leberwurst einzutauschen. Wegen der hohen Temperaturen entledigten sich immer wieder einige der Klamotten. Am Nachmittag musste man dann aufpassen, dass man von den zuletzt weggeworfenen Kleidungsstücken wieder etwas abbekommen konnte, denn die Nächte im Mai waren noch sehr kalt.
Über Biesental, Oranienburg und Wriezen ging es dann bis nach Küstrin/Kietz, heutiges Polen, an die Oder. Im Küstriner Lager waren ca. 50 000 deutsche Soldaten. Täglich wurden mit großen Handkarren an Ruhr, Typhus

und anderen Krankheiten verstorbene Kriegsgefangene an uns vorbei aus dem Lager gefahren. Heute würde man sagen, die Russen hatten insgesamt ein riesiges logistisches Problem. Die Latrinen (Donnerbalken) mussten von „Goldfasanen" gereinigt werden. Wegen ihrer gelblichen Uniformen wurden ehemalige Parteiführer so genannt. Sie mussten auch die mit Fäkalien beladenen Wagen in ihren Uniformen aus dem Lager karren. Im Lager hatten uns dann die Wanzen entdeckt. Sie fielen förmlich von der Barackendecke. Wir hatten uns mit Tüten, Tüchern und Ähnlichem regelrecht eingepackt.

Nach ungefähr drei Wochen sollten wir dann zum Wiederaufbau Richtung Dresden verladen werden. Wir hatten einen Eisenbahner bei uns, der festgestellt hatte, dass die Strecke mit russischer Spurweite jedoch nicht nach Dresden führte. Im Viehwagen mit je 48 Gefangenen und einem Fass für die Bedürfnisse ging es dann über Minsk, Smolensk und Moskau über die Wolga nach Kasan/Kopesk in die Udmurkei, ein ehemaliges Strafgefangenen-Gebiet. Auf den Bahnhöfen wurden wir von Jugendlichen mit Steinschleudern beschossen, wenn wir die Lüftungsklappen von unseren Waggons öffnen wollten. Der Hass auf die Deutschen war verständlicherweise recht groß. Wir waren vier Wochen unterwegs, weil wir immer Güterzüge mit demontierten Fabriken, Maschinen und ähnlichem vorbeilassen mussten.

Unser erstes Lager bestand aus Erdbehausungen. Wir waren ungefähr 800 Gefangene. Da in unserem Waggon Typhus ausgebrochen war, kamen wir vier Wochen in

Quarantäne. Von den 800 Insassen des Lagers sind in den ersten Monaten cirka 300 an Ruhr oder Typhus gestorben. Wir durften keine Notizen machen, deshalb haben viele Kameraden sich einzelne Namen von Verstorbenen mit ihren Heimatorten gemerkt. Ich habe mir bis zum Schluss vier Namen merken können und habe diese später nach meiner Entlassung in Berlin-Dahlem dem Suchdienst des DRK gemeldet.

Im ersten Lager wurden wir im Holzeinschlag und Gleisbau eingesetzt. Trocken Brot (natürlich nur nach „Sollerfüllung"), morgens und mittags eine dünne Wassersuppe mit Trockenfisch, Hirse oder Mehl und dann abends der Kanten Brot. Hier wurde von allen peinlich genau überwacht, dass alle Stücke gleich groß waren; vom Rest gab es mit der Kelle – natürlich in der richtigen Reihenfolge – „Krümelnachschlag". Wer krank war, bekam eben nur die Hälfte des Brotes. Wenn Fleisch in der Mittagssuppe lag, war es meist schon überfällig und der Geschmack war dann mit Zucker „übertönt". Später gab es je einen Esslöffel Tabak und Zucker pro Tag. Als Nichtraucher habe ich bis 1947 meinen Tabak gegen Zucker eingetauscht. Das hat mir bestimmt geholfen.

Im Holzeinschlag wurde im großen Stil betrogen, da die geforderte Norm kaum erfüllt werden konnte. So sind von cirka 15000 Fest- beziehungsweise Raummetern nur etwa 8000 am Bahnhof zum Verladen angekommen. Ach ja, verladen. Wenn sonntags frei war, ging es am Vormittag mit Sicherheit zum Bahnhof, um unser Holz zu verladen. Mit dicken Seilen zogen wir die mächtigen

Stämme auf die Waggons; alles mit „dawei, dawei" (schnell – schnell) Rufen, sonst gab es auch schon schnell mal etwas zwischen die Hörner.

Und dann kam es ganz schlimm, es wurde Winter. In unseren Erdbehausungen versuchten wir unsere durchnässte Kleidung an Kanonenöfen zu trocknen. Vom Dach regnete es durch und die Strohunterlage war nass. Das alles zusammen führte zum Ausbruch von Ruhr, Lungenentzündungen und anderen Krankheiten. Wir kamen von den Latrinen nicht mehr weg. Es roch überall nach Desinfektionsmitteln. Zu diesem schrecklichen Winter fällt mir jetzt eine Zeile eines Gedichtes von Friedrich Nietzsche ein:

Die Krähen schreien und ziehen schwirren flugs zur Stadt. Bald wird es schneien, weh dem, der keine Heimat hat.

Während dieser Zeit sind auch viele Kameraden gestorben. Wenn wir von der Arbeit zurückkamen, mussten wir einen Trampelpfad durch den tiefen Schnee machen. Die Toten wurden auf Bretter gebunden und hinter uns hergezogen. Den gefrorenen Boden haben wir dann mit Brechstange und Äxten aufgebrochen, Gruben ausgehoben und die toten Kameraden „hinunter gereicht"; alles wieder zugemacht und sie waren für alle Zeit verschwunden. Zeit für Emotionen gab es kaum. Die Aufmerksamkeit galt dem Überleben. Und da war Kreativität gefordert, eine gute Kondition und Durchhaltewillen.

Nach der Genfer Konvention haben Gefangene das Recht zu fliehen. Nicht so bei den Russen! Sie gehörten damals noch nicht dem Roten Kreuz an. Ein flüchtender Gefangener wurde in einem Loch im Lagerzaun erwischt und angeschossen. Seine Lage am Zaun machte eindeutig klar, dass er ins Lager zurück wollte. Tage später mussten alle Lagerinsassen im offenen Viereck antreten und der Erschießung des Gefangenen zur Abschreckung beiwohnen. Mit Maschinenpistolen von zwei russischen Soldaten wurde er regelrecht umgemäht.

Die Zeit der Krankheiten ist auch an mir nicht spurlos vorüber gegangen. Meine erste Lungenentzündung führte mich ins Krankenrevier. Wer über 37 „Fieber" hatte, war krank, alle anderen waren Simulanten. Das Thermometer wurde aber auch schon mal unter der Decke zwecks erreichen der nötigen Temperatur kräftig gerieben. Auch von zu vielen Vitaminpillen konnte man leicht „Fieber" bekommen. Chefin des Krankenreviers war eine Frau Hauptmann. Für uns Kriegsgefangene eine tolle Ärztin, die auch recht gut Deutsch sprach. Während des Krieges war sie in Spandau gewesen.

Das Beste während meiner Gefangenschaft begegnete mir dann auch im Krankenrevier: Pater Ernst Haag. Er war bei uns Sanitäter, hatte neben Theologie ein paar Semester Medizin studiert und war während des Krieges „Sani" auf Hauptverbandsplätzen. Selbst Amputationen hat er durchgeführt. Einmal durfte ich ihm dabei helfen. Ernst war ein toller Mensch, der jeden Tag seinen Glauben lebte und diesen zum Segen für die kranken

Gefangenen umsetzte. Bei den Russen war er sehr geachtet. Besonders gut getan hat Einigen das „Gehirntraining" mit Ernst, um neben Hunger, den ständigen Gedanken an Essen und an Rückkehr in die Heimat auch noch Platz für Anderes im Kopf zu haben. Wir haben Gedichte gelernt und über völlig andere Themen gesprochen. So war es auch mit dem schon eben erwähnten Gedicht von Nietzsche. Und in Erinnerung ist mir geblieben:

Mädchen am Brunnenrand
sinnend und träumend stand –
Wässerlein schwoll und schwoll,
längst ist der Eimer voll –
sag, was du träumst.

Ich habe diese und andere Zeilen nie vergessen. Sie erinnern mich immer wieder an Pater Ernst Haag. Einmal bin ich mit ihm in eine „Schweinekolchose" eingestiegen, und wir haben Kartoffeln für die kranken Kameraden organisiert. Dazu waren wir mit einem Pferdeschlitten unterwegs. Ernst sagte immer: „Es ist fast alles erlaubt, was den kranken Kameraden hilft". Später, als ich an Hirnhautentzündung erkrankte, hat Ernst mir mit Kampferspritzen das Leben gerettet.
Und noch ein Lichtblick half mir, diese Zeit zu überleben. Durch mein Zeichnen und Malen lernte ich den Helfer des russischen Politoffiziers kennen: Alexander Denissow. Während meiner monatelangen Krankheit hat er mir leichte Arbeit besorgt. Ich bekam dann Brot

oder Tabak dafür. Stalin konnte ich schon auswendig malen und dazu jede Menge russischer Orden auf Holztafeln. Russisch habe ich gelernt, wenn ich jeweils an großen Feiertagen Losungen, wie „Es lebe der 1. Mai" und „Es lebe der große Joseph Stalin und das große sowjetische Volk" auf große Tücher gemalt habe. Farbe habe ich mir aus Ruß oder gemahlenen Ziegelsteinen hergestellt. Alexander wollte von mir Deutsch lernen und ich von ihm Russisch. Zuerst also schlimme Schimpfwörter und dann, wie heißt: Ich liebe dich und wer ist eigentlich Genrich Gene? Ich hatte doch keine Ahnung und das hat ihn sehr schockiert. Woher sollte ich von meiner Jungvolkzeit während des Tausendjährigen Reiches Heinrich Heine kennen. Die Russen sprechen doch kein „H". Alexander, etwa gleich alt mit mir, hat mich auch zur Küche geschickt, um Essen zu holen. Er behauptete dann, er habe schon gegessen und überreichte mir wieder das Essen. Diese Geste erinnerte mich sehr an meine Mutter, die bei uns drei Kindern häufig auch schon gegessen hatte.

Und dann war es endlich soweit! Die Russen schlossen sich – unter Vorbehalt – dem Roten Kreuz (Krasnie Swesda) an, und wir durften zum ersten Mal in die Heimat schreiben. Es gab ab Anfang 1946 monatlich eine Doppelkarte, wenn man die „Norm" bei der Arbeit erfüllt hatte. Später bekamen dann alle diese Karten. Geschrieben wurde nur Privates, damit die Post nicht der Zensur zum Opfer fiel.

Nach Deutschland brauchte unsere Post etwa 4-6 Wochen, von Deutschland zu uns 6-8 Wochen. Meine erste Nachricht aus Kisnier/Kasan war am 19.03.46 bei meinen Lieben in Spandau.

Ich hatte wieder Kontakt mit meiner Familie und mit meiner Verlobten und erfuhr auch, wie es sie getroffen hatte. Mein Vater war in den letzten Kriegstagen durch einen Granatvolltreffer in Saalfeld gefallen. Mein Bruder Heinrich hatte sich von den Amerikanern nach Felsberg entlassen lassen und meine Schwester Elisabeth hat sich mit ihrem Kleinkind wegen der Russen das Leben genommen. In unserer Familie hatte es ganz schön ‚eingeschlagen'. Aber mit meiner Mutter, meiner Verlobten und ihren Eltern hatte ich dann regelmäßig Kontakt. Um häufiger als mir zustand schreiben zu können, habe ich Tabak gegen Postkarten eingetauscht.

Meine Malerei oder auch Fotos von Kleinkindern oder russischen Offizieren hat mich durch Zusatzrationen von Tabak oder Brot gut über Wasser gehalten. Wir haben ja die ganzen dreieinhalb Jahre bis zur Entlassung Schmiere oder Belag aufs Brot nicht mehr gekannt. Den russischen Soldaten ging es auch nicht viel besser. Als der Kontakt mit ihnen besser wurde, haben wir gemeinsam auf dem Kolchosenacker Kartoffeln eingesammelt. Wir haben gebuddelt und sie haben Wache gestanden. Das Kraut haben wir wieder aufgerichtet. Die Ernte wurde dann redlich geteilt.

Filzen war ein besonderer Sport. Wir wurden regelmäßig nach Verbotenem durchsucht. Besondere Beachtung fanden zu Messern umfunktionierte Nägel. Bei der

Durchsuchung habe ich schon am Anfang der Gefangenschaft meinen Verlobungsring und meine von meinem
künftigen Schwiegervater geschenkte silberne Taschenuhr hergeben müssen. Von dieser Taschenuhr träume ich
heute noch. Die Filzaktion ging folgendermaßen von-
statten: Es hieß, das Lager wird geräumt. Alles einpak-
ken und antreten. Dann ging es zum Lager hinaus. Und
dann: Stopp und Halt. Alles, was wir bei uns hatten,
mussten wir vor uns ausbreiten und dann wurde alles
Verbotene eingesammelt und dies immer wieder mit
Erfolg. Aber auch wir waren sehr erfinderisch.
Ich habe im Dorf die Wirtin unserer Ärztin abgemalt.
Daraufhin durfte ich die Produkte, die ich für unsere
Ärztin abgeben sollte, wieder ins Lager mitnehmen. Ich
habe für unseren „Sani" Nadeln für Spritzen scharf
geschliffen, Grammophonnadeln angespitzt, Wiesel
gefangen und mit Pater Ernst einen jungen Hund als
Kaninchenbraten gegessen. Als Ernst davon erfuhr, war
er entsetzt und hatte keinen Hunger mehr. Schon vergo-
rene und nach Alkohol riechende Kartoffeln wurden in
Scheiben geschnitten und an den Kanonenofen geklebt.
Sie waren gar, wenn sie abfielen.
Leichte Arbeit war begehrt. Besonders, wenn das
Kommando „Kohlköpfe" hieß. Der Kohl wurde mit der
Axt abgeschlagen oder mit dem Fuß abgetreten. Dann
haben wir ihn in die Sauerkrautfabrik gebracht. Wir
marschierten in riesigen Kübeln im Kreis herum und
trampelten mit Gummistiefeln im Sauerkraut herum.
Besonders begehrt war das tiefer liegende Kraut vom
Vorjahr. Wir holten es mit langen Stangen von unten

herauf und haben möglichst viel davon in unsere Taschen und mitgebrachten Beutel eingesackt. Im Lager hatten wir dann auch etwas für die daheim Gebliebenen. Im Wald, beim Gleis- und Barackenbau wurde im Winter bis minus vierzig Grad gearbeitet. Bei trockener Kälte war dies möglich, denn wir waren mit Wattekleidung, Filzstiefeln, Handschuhen und Fellmützen gut ausgestattet. Einmal habe ich im „Karzer" (Arrestzelle; strenger Einzelarrest) gesessen, weil meine Handschuhe nicht trocken waren. Meine niedrigste erlebte Temperatur war sechsundfünfzig Grad minus. Zwischen heißen Sommern und kalten Wintern war die Temperaturdifferenz ungefähr 95 Grad.

Noch eine Episode fällt mir aus dieser Zeit ein. Ich hatte wieder einmal Plakate gemalt und dafür 100 Papyrossi (Zigaretten mit Pappmundstück) bekommen. Ich musste aber eine vorrauchen. Beim Machorka (Tabakstängel fein gehäckselt) wurde mir kreuzübel und schwindelig. Das war der Beginn meiner kurzen Raucherkarriere.

1947 musste ich mich von meinem Freund Ernst trennen. Unser Lager wurde aufgelöst. Wir kamen in den Ural nach Kopesk/Tscheljabinsk. Mit Ernst hatte ich aber vorher die Adressen ausgetauscht. So konnten wir uns nach der Gefangenschaft wieder sehen. Ich möchte hier gleich einfügen, dass für uns Weihnachten erst komplett war, wenn wir Post von Pater Ernst hatten.

Auch von der Arbeit im Bergwerk blieb ich nicht verschont. In Kopesk habe ich im Steinkohlebergwerk 1600 Meter unter Tage gearbeitet. Wir mussten Hunde (Transportwagen) schieben. Mit uns waren auch deutsche

Frauen im Bergwerk. Sie waren wohl ehemals Luftwaffen- oder Nachrichtenhelferinnen. Im letzten Lager habe ich einmal, versehentlich, 50 Rubel bekommen, die ich ganz schnell in Brot und Tabak umgesetzt habe, bevor sie mir wieder abgenommen werden konnten. Ich habe dann die ganze Nacht Brot gegessen. Ich erinnere mich auch noch an eine versehentlich gekaute Wurzel, die mich nach kurzer Zeit ins Delirium versetzt hatte. Ich war richtig high. Es war wohl Schierling oder etwas Anderes.

Die Zeit verging und es gab immer mehr arbeitsunfähige Kriegsgefangene. Unter den genannten extremen Bedingungen in der Gefangenschaft hatte ich ausreichend Gelegenheit, Menschen kennen zu lernen und sie zu beurteilen. Nicht die „Großschwätzigen" hielten am längsten durch, sondern häufig waren es die stillen, unscheinbaren Kameraden.

Eines Tages hieß es dann, bald nach Hause (skora damoi) und Anfang August 1948 wurden die ersten Transporte nach Deutschland zusammengestellt. Ende August war ich auch an der Reihe und wurde einem Transport zugeteilt. Ich wog damals gerade noch 54 Kilo. Die Rückreise dauerte wieder vier Wochen in Güterwagen, immer noch streng bewacht. Bei jeder Gelegenheit wurde nachgezählt, ob noch alle da waren. Wir waren vorsichtig, denn wir wollten doch nach Hause. In Frankfurt/Oder – hier war ja auch der Beginn meiner Soldatenzeit – schloss sich der Kreis und ich erhielt am 28. September 1948 meinen lang ersehnten Entlassungsschein.

*Bekleidung, Heimkehrergeld 100 RM
Entlassungsschein russisch*

Und noch einmal eine Strophe des Gedichtes von Nietzsche:

> *Die Krähen schreien
> und ziehen schwirren flugs zur Stadt:
> Bald wird es schneien.
> Wohl dem, der jetzt noch Heimat hat.*

Rückblickend frage ich mich, was hat mich während dieser Zeit überleben lassen?

Es waren wohl mehrere wichtige Begebenheiten und Umstände, die zu meinem heilen Überleben beigetragen haben:

Der Umstand, dass ich nach der Ausbildung zum ROB (Reserve-Offiziers-Anwärter) taugte, hat mich durch die Lehrgänge und Schulungen davor bewahrt, wie andere Gleichaltrige, sofort an die Ostfront zu kommen. Ich war nie an der Front, musste nie Mann gegen Mann schießen. Es hätte auch ganz anders kommen können!

Die extremen harten Bedingungen während der Gefangenschaft überlebte ich durch die Begegnung mit Kameraden, die Menschlichkeit, Gerechtigkeit und Glaubwürdigkeit zeigten. Dazu zählte Pater Ernst Haag, dem ich viel zu danken habe.

Während eines Heimaturlaubes hatte ich mich verlobt, geheiratet haben wir erst 1949. Es war auch - und dies besonders - die Sehnsucht, mit meiner Verlobten Margarete ein Leben aufbauen zu wollen. In den ganz schlimmen Nächten, wenn ich fieberkrank in der Baracke lag, habe ich an sie gedacht. Diese Sehnsucht gab mir Kraft das Schlimme heil zu überstehen. Und Margarete hat all die Jahre auf mich gewartet! Dies und unser Glück, dass wir zusammenpassten und auch das gegenseitige Verstehen sind wohl der Schlüssel dafür, dass wir heute noch – wir kennen uns nun 62 Jahre – glücklich unser Leben ausfüllen. Unser Sohn Frank und seine Familie haben viel zu unserem Glück beigetragen.

Gustav Graf

Ruki wierch „Hände hoch"

Ein Teil meiner Lebensgeschichte in den Jahren 1945 bis 1949

Vorwort von Katrin Weick

Wie gut, dass wir diese Idee hatten und sie sogleich in die Tat umsetzten. Fortan haben wir uns regelmäßig in der Wilhelm-Glässing-Straße 34a getroffen und uns nach einem kleinen Plausch pflichtbewusst an die Arbeit gemacht.

Es war eine schöne Arbeit, bei der wir manches Mal gerungen haben, um den ein oder anderen Satz deutlicher zu formulieren und uns dann gefreut haben, wenn es gut gelungen war.

Und wie tief bin ich in diese Lebensgeschichte rein gewachsen. Mit jeder neuen Seite wurde ich gründlicher eingeweiht in das Leid, die Freude über Kameradschaft und die russische Seele. Gleichzeitig erfuhr ich von Deinen Entbehrungen, dem Hunger, und auch, wie Du GUSTEL diesen Teil Deines Lebens gemeistert hast, wie Du Dich für andere geopfert hast, wie Du Verantwortung für Dich und für andere übernommen und sogar Schuld auf Dich genommen hast, um andere zu schonen. Das alles sind Eigenschaften, die mich sehr beeindruckt haben. Du hast schon als junger Mann sehr genau hingeschaut und diese Erlebnisse in einer spannenden Weise wiedergegeben. Deine positive Sichtweise fällt auf.

Negative Erlebnisse hast Du nie in den Vordergrund gestellt.

Ich danke Dir für das Vertrauen, mit dem ich einen Teil Deiner Lebensgeschichte kennen lernen durfte. Sie hat mich sehr berührt und bewegt, ich habe viel erfahren und werde auch zukünftig Zeitungsberichte aus dieser Zeit mit anderen Augen lesen. Schön ist auch gewesen, wie wir uns in dieser Zeit noch besser kennen gelernt und gegenseitig wertgeschätzt haben.

Ich wünsche allen, die dieses Zeitdokument lesen werden, besinnliche Stunden und ich würde mich freuen, wenn es auch andere anregt und zu weiteren Gesprächen führt.

Ruki wierch! „Hände hoch"

Das waren die ersten Worte, die wir von den uns so fremden und wüsten Gestalten entgegen gebrüllt bekamen:„Hände hoch" und da wir in diesen bitteren Minuten schlagartig erkennen mussten, dass wir verloren waren, taten wir gehorsam wie von uns erwartet.

Es war der 06. März 1945, ein kalter Wintertag, es lag Schnee. Unsere bereits aufgelöste Panzerabwehrkompanie lag in Pommern in Sichtweite der Ortschaft Schievelbein. Es war ein lichtes Gelände, Wald und freies Feld wechselten mehrmals, weshalb wir auch ständig den weißen Tarnanzug aus- und anziehen mussten. Wir, das war zunächst ein Häuflein von zwanzig Mann, das sich im Laufe einer Stunde ständig vergrößert hatte, wurden unter hämischen, wüsten, uns unverständlichen Wortfetzen in eine große Scheune getrieben. Dort wurden uns die Soldbücher und die Koppel mit den Seitengewehren abgenommen, und Feldwebel Spallek, der einzige Schusswaffenträger unserer Gruppe, musste ebenfalls seine Pistole abgeben. Auch die schönen weißen Tarnanzüge, auf die die Polen schon begehrlich geschaut hatten, mussten wir ausziehen und hergeben. Das waren für uns harte Maßnahmen, die von Seiten der polnischen Soldaten durchgeführt wurden, die uns gar nicht kannten. Dennoch bemächtigte sich uns auch ein Gefühl der Erleichterung:

Für uns war der grausame Krieg zu Ende!

An den nächsten Tagen mussten wir herumliegende Geräte einsammeln, reinigen und so gut wie möglich reparieren.

Am 10. März wurden die polnischen Posten merkwürdig unruhig, nachmittags erfuhren wir den Grund: wir waren von russischen Soldaten übernommen worden. Die Übergabe erfolgte in einem der Schlösser der Grafen Bismarck in Plathe. Die Räumlichkeiten im Schloss ermöglichten eine gründliche Entlausung sowie ein ausgiebiges Bad, welches wir schon längst nötig hatten. Wir wurden ausgiebig „gefilzt" und mussten schweren Herzens sämtliche Armbanduhren, Ringe und Kettchen abliefern.

Unsere Gruppe um Feldwebel Spallek, Unteroffizier Richter, Gefreiter Stankat und einige andere Kampfgenossen der letzten Tage, versuchte möglichst beisammen zu bleiben.

Auf dem 36 km langen Marsch über Labes, kam es zu bösartigen Misshandlungen durch das Begleitpersonal;kampiert und gekocht wurde im Freien, nur geschlafen wurde zusammen gepfercht in Baracken.

Aus deutschen Soldaten waren mittlerweile,, *voijna plenis"* (Kriegsgefangene) geworden.

Nach mehr oder weniger langen Märschen kamen wir am 24. März nach Landsberg, wo wir in Baracken in den früheren Agfa-Werken untergebracht wurden: Arbeit in den Agfa-Werken, am Flugplatz, am Bahnhof Roggen verladen und Schwellen schleppen. Spallek kam in eine Sonderbaracke als Ruhrverdächtiger. Wir konnten baden und wurden von einem Frisör "bedient".

Mittlerweile waren mehr und mehr Gefangene zusammengekommen und der Zug angeschwollen. Obwohl wir uns jetzt nicht mehr an die Dienstgrade gebunden betrachteten, hatten unsere Bewacher die Kolonne aufgeteilt: Wir trugen zwar noch unsere Rangabzeichen, diese galten aber für uns Gefangene nichts mehr. Das Wachpersonal ließ uns jedoch in drei Blöcken marschieren: Vorneweg die Offiziere, dann die Unteroffiziere, zum Schluss die Mannschaften. Zurückbleiben durfte keiner. Wenn aber ein Kamerad aus den vorderen Reihen, logischerweise ein älterer Reserveoffizier, wegen Erschöpfung oder aufgeriebener Füße zurückblieb, mussten ihn die letzten ("den letzten beißen die Hunde") aufnehmen und mitschleppen. Wir vom zweiten Block beschwerten uns deswegen und erreichten, dass die jungen Sport gestählten Leutnants ihre maroden Mitmarschierer betreuen mussten.

Am 10. April Abfahrt per Eisenbahn nach Posen. Auf dem Marsch vom Hauptbahnhof durch die Stadt wurden wir von der polnischen Bevölkerung bespuckt und übel beschimpft mit den Worten: „Für Warschau".

Das bei Posen liegende Barackenlager Dembsin war ein Gefangenenlager der deutschen Wehrmacht. Arbeiten war freiwillig, aber es gab begehrenswerte Außenkommandos. Ein beliebtes Kommando zum Beispiel war: „Alle um den Bahnhof herum und Verwundete verladen!" (Verwundete russische Soldaten und Offiziere wurden aus den umliegenden Lazaretten ins russische Mutterland geholt). Dabei gab es schöne Schnäppchen, Nebeneinnahmen, „Trinkgelder". Die Russen waren durchwegs freundlich, bis auf wenige Ausnahmen, wo zum Beispiel ein russischer Offizier von einem deutschen Soldaten nicht angefasst werden wollte.

Am 01. Mai große Feier im Lager und bunte Unterhaltung, Motto: „Maske in Blau" mit der Kapelle Jupp Schmitz.

Vom 08. auf den 09. Mai gab es eine freudige Schießerei auf den Postentürmen aus Anlass der Kapitulation (jetzt war der Krieg endgültig aus). Die russische Lagerleitung verbot, dass wir uns auf dem Lagerplatz und den Lagerstraßen blicken ließen, da sie für unsere Sicherheit nicht mehr garantieren konnten. Nach ihrer Meinung würden sich die Posten mit Wodka vollaufen lassen und dann unberechenbar reagieren.

Oscherelja – in der Ziegelei in der Sowjetunion

Am 16. Mai ging es über die polnisch-russische Grenze in die Sowjetunion. Sechs Tage waren wir unterwegs per Eisenbahn, immer weiter weg von unserer Heimat. Am Grenzbahnhof wurden die Wagen umgespurt.

Nach unserer Ankunft in der Ortschaft Oscherelja – Ziegelei in der Nähe von Tula (200 km südlich von Moskau), mussten wir wieder eine scharfe Filzung über uns ergehen lassen. Und es wurden auch wieder einige Werkzeuge, Messer und persönliche Dinge gefunden. Familienfotos wurden in fast allen Fällen mit bewundernden oder bedauernden Gesten und Wortbrocken behutsam zurückgegeben. Da blitzte zum ersten Mal ein bisschen die russische Seele durch. Und wie hatte man uns die Russen angedroht!

Das Lager bestand aus vier großen Wohnbaracken aus Holz, einer Küchen- und Lazarettbaracke, aus einer kleinen Lagertor- und Donnerbalkenbaracke in einer tristen Ebene in unmittelbarer Nähe einer Ziegelei.

Das Dorf Oscherelja war ca. 100 Meter entfernt. Da das Lager nur mit Stacheldraht umzäunt war, konnten wir das dortige Leben und Treiben beobachten und konnten oft erkennen, dass einige Dorfbewohner, die in einer langen Schlange am Brotladen angestanden hatten, mit leeren Händen wieder weggehen mussten, während wir als besiegte Feinde (fast) regelmäßig unsere tägliche Brotration bekamen. Im Lager gab es bereits zwei Baracken mit 200 Ungarn, und wir Deutschen waren auch 200. Zunächst folgte wieder die obligatorische Entlausung und ein frisches Bad, wozu wir in den größeren Ortsteil Oscherelja – Bahnhof gehen mussten.

Unser Lagerältester Waldemar Blum hatte zunächst keine großen Machtbefugnisse. Russischer Lagerleiter war Leutnant Kuznetzow bei dem wir vor jeder Zählung zackige Marschlieder singen mussten. Die Zählung erfolgte durch das Aufstellen in Fünferreihen: „ *po pjatj* " (zu fünft). Die Dauer der Zählungen hing von seiner Laune und seinem Zustand ab (er hat oft dem Wodka zugesprochen). Wenn der Leutnant nicht die Zählung durchführte, machte das sein Adjutant mit Namen Pjotr, ein ganz junger Soldat, der noch weniger mit der Zählung klar kam. Ärztin war eine junge Jüdin, Sanitäter waren alle Ungarn.

Schon nach drei Tagen erfolgte die Arbeitseinteilung.

Ich musste vier Wochen auf dem großen Bahnhof Kohlen schippen und Gleise schleppen. Nach kurzer Fußkrankheit wurde ich einem Sowchosen-Kommando (Sowchose ist ein Staatsgut, Kolchose ist ein genossenschaftliches Gut) zugeteilt. Wir waren 25 Mann auf dem großen Gut „Martinowitsch„ mit ebenso vielen russischen Männern wie Frauen. Nach vier Tagen Hin- und Herfahren blieben wir ganz auf dem Gut. Mittags gab es verhältnismäßig gutes Essen in der Gutsküche. Weil es in der windigen Baracke abends oft kalt wurde, gab der jüdische Sowchosen-Direktor für jeden eine warme Steppdecke aus. Auf dem Feld und auf dem Hof wurden wir für alles Mögliche eingesetzt. Roggen und Weizen wurden mit Maschinen gedroschen und in den Hof eingefahren, Getreidesäcke ins Magazin geschleppt, abgewogen und ausgeleert, manchmal bis spät in die Nacht hinein. Klee und Hafer wurden gemäht und getrocknet, Kartoffeln wurden „ausgemacht", Buchweizen gemäht, und in einem riesigen Hafermagazin mussten wir tagelang Hafer umschaufeln. Mit den russischen Zivilisten hatten wir ein kühles bis herzliches Verhältnis. Im Stillen bewunderten wir die Frauen, wenn sie singend und lachend auf die weiten Felder fuhren und müde, aber dennoch fröhlich wieder heimkehrten. Nach acht Wochen wurden wir eines Tages ganz überraschend auf eine andere Sowchose gebracht. Diese war weit zurück in der Ernte und sehr verlottert. Russische Arbeiter verrieten uns, dass auf dem Hof des ersten Gutes ein Panjewagen (kleiner leichter Pferdewagen mit schrägen Seitenteilen) vorgefahren sei und einige Schweinehälften umgeladen worden seien (sowjetische Wirtschaftsmethoden – Schweinehälften als Tausch für unsere Arbeitskraft). Am 18. November wurden wir zurückbeordert ins Lager.

Ein paar Tage darauf hatte ich das Glück, mitfahren zu dürfen in die Brotfabrik Kaschira. Zweiter Mitfahrer war Karlheinz Stankat, der inzwischen mein bester Freund geworden war. In der Brotfabrik lagen einige vom Brotkörper losgelöste Krusten herum, die aber nicht mit gewogen wurden. Wir stopften uns die Hosenbeine voll und nahmen auch noch was für die Kameraden ins Lager mit, das galt als Ehrensache. Da schauten die Posten auch mal weg.

Bis Ende Dezember 1945 schufteten wir in der Ziegelei an der Presse, besonders die Jüngeren und Kräftigsten wurden dafür eingesetzt.

Am 1.Weihnachtsfeiertag war arbeitsfrei und es gab einen kleinen Extraschlag Haferkascha (Haferbrei), der aber vorher mit unserem Einverständnis eingespart worden war. Die Freude war deshalb nicht weniger groß. Am Nachmittag wurde sogar eine kleine Weihnachtsfeier arrangiert, wozu der Küchensaal ordentlich hergerichtet war. In der ersten Reihe saß der einseitig beinamputierte Hauptmann und Lagerkommandant mit seiner hübschen Frau und den zwei Söhnen und verfolgte aufmerksam das von uns Kriegsgefangenen gestaltete Programm. Dem Lager waren einige erbeutete Musikinstrumente zugeteilt worden: da waren 2 Geigen, 2 Gitarren und 1 Klarinette; da machten wir so recht und schlecht ein bisschen gängige Musik: *„In einer kleinen Konditorei, schöner Gigolo, armer Gigolo..., Ramona"*, auch ich war dabei mit meinem bescheidenen Schulgeigen. Die *Voijna Plenis* (Kriegsgefangenen) waren ausgiebig an der Stimmung beteiligt: da sangen ein paar Rumäniendeutsche schöne alte deutsche Juxlieder, da sang der Opernsänger Karl Gast (aus Worms) das Wolgalied. Einem von mehreren Jongleuren, der eine brennende Zeitung zur Tüte geformt auf der Nase balancierte, fiel das Objekt dreimal herunter, aber die Söhne des Hauptmanns feuerten den kleinen Breslauer immer wieder an, bis es klappte.

Wir bedankten uns artig beim Hauptmann, obwohl uns bewusst war, dass die Veranstaltung aus seiner Sicht unserer Ermunterung und guten Laune dienen sollte, was sich wiederum auf unsere gute Arbeitsleistung auswirken sollte.

Ab dem 30. Dezember wurde ein Kommando von 30 Mann in der Frühe auf den Bahnhof beordert, wo wir gleich zwei Essen hintereinander bekamen, bestehend aus 200 Gramm Brot und einer Suppe. Jeder von uns musste damit bis 6 Uhr abends ohne Mittagspause auskommen.

Weil ich tschechisch konnte und diese Sprache der russischen sehr ähnelt, wurde ich als Dolmetscher und Kommandoführer bestimmt.

Unser Arbeitsplatz bestand aus 10 Bahndämme, auf denen Züge mit Kohlen entladen wurden; die verschiedenen Dammhöhen und unterschiedlichen Kohlenarten machten uns dabei das Leben schwer (schwer für uns war zum Beispiel feiner Kohlengrus, während uns die großen und festen Brocken lieber waren). Dort wurden dann auch die Lokomotiven mit Kohlen und Wasser aufgefüllt. Schlimm war es für uns, wenn der Wasserschwenker schlampig war und Wasser bei der Temperatur bis 10 Grad unter Null auf die daneben liegende Kohle spritzte, was für uns bedeutete, dass die Kohlenstücke froren und deshalb anschließend wieder zertrümmert werden mussten. Einige Dämme waren so hoch, dass die niedrigen Arbeiterholzhäuser von den Verwaltungsgebäuden nicht eingesehen werden konnten. Das machten sich einige russische Jungen zu nutze und versuchten, an die Bahndämme heranzukommen, um größere Brocken Anthrazitkohle, die beste Sorte, zu erbeuten. Die Holzhäuser waren so nah an den Bahndämmen, dass wir, ohne selbst in Gefahr zu geraten den russischen Kindern helfen konnten die Anthrazit-Brocken in ihren viel zu großen Militärmänteln zu verstecken und damit abzuhauen. Auch wir, alle junge und kräftige Burschen, versuchten im Kampf gegen den Hunger zusätzliche Nahrung zu organisieren, indem ständig acht Mann unseres Kommandos unterwegs waren, um in den Holzhäusern der Arbeiter um Brot und anderes zu betteln. In die Steinhäuser der reicheren Leute konnten wir nicht gehen, weil dort ein paar Natschalniks (Vorgesetzte, Meister) und Angestellte vom Bahnhof wohnten, weshalb dort die Gefahr zu groß war, erwischt zu werden.

Eines Tages kam Aljoscha, der mir bekannteste Junge und sagte: "Du sollst einmal zu meiner Mutter kommen." Ich war verdutzt, ging dann aber doch mit, nicht ohne einen Kumpel anzuweisen, wie er mich im Bedarfsfall vertreten soll. Auf dem Tisch in Aljoschas ärmlicher Wohnung lagen vier Brotportionen. Seine Mutter, selbst Kriegerwitwe, sagte beinahe feierlich: „Die Brotportionen meiner drei Kinder kann ich Dir nicht geben, aber nimm meinen Brotteil. Du, der Du uns so oft so schöne Kohlen herüber geworfen hast, sollst ihn bekommen, danke, danke". Ein bisschen schämte ich mich, wenn nur der Hunger nicht so quälend gewesen wäre.

Der für uns zuständige Natschalnik Famin, der unserem Kommando vom Lager zugeteilt wurde, betreute uns auch in anderen Belangen. Er war ein gütiger, intelligenter und an allem interessierter Mann. In seinem Büro musste ich täglich bei Arbeitsschluss die Leistungsbescheinigung abholen. Bescheinigte er nur 100 %, blieb es bei der normalen Brotration, bescheinigte er dagegen 120 % dann gab es 200 Gramm mehr, das hing jedoch meistens von seiner Laune ab. Ich konnte es an seiner Miene schon ablesen, wie die Bescheinigung ausfallen würde. Da ich schon immer ein paar Minuten vorher da war, nahm er die Gelegenheit wahr, mich auszufragen. Da wollte er einmal von mir wissen, was Führer auf Russisch heißt. Das konnte ich ihm ja noch annähernd mit „Voitschik" übersetzen. Aber bei der nächsten Frage nach „Rune" musste ich passen. Und was bedeutet das Hakenkreuz? Da versuchte ich ihm zu erklären, dass es ein Symbol sei, ähnlich dem Symbol für Hammer und Sichel. Das ließ er nicht gelten. Ich würde mich wohl lustig machen über ihn. Ich sollte doch beachten, dass der Hammer das Symbol für Industrie und Sichel für Landwirtschaft ist und „Väterchen" Stalin sei doch ein viel schöneres Wort als Euer „Fiehrer"! Ein anderes Mal fragte er mich, was in Deutschland ein Einfamilienhaus kostet. Nach meinem damaligen Wissen sagte ich ihm: circa 50.000 Mark, unterkellert, mit Wasserspülung und Elektroanschluss. Da konnte er sich eine Miene der Bewunderung nicht verkneifen und sagte nur trocken: "da, da", das „ja, ja" bedeutete und meinte, dass der Staat ihn viel zu hoch belastet habe mit einem in Aussicht gestellten Kredit von 100.000 Rubel.

Natschalnik Famin verriet uns einmal, dass ihm zu Ohren gekommen sei, dass einige von uns Gefangenen in den Steinhäusern herumgestrolcht seien bei den reicheren Russen. Er warnte uns dringend davon abzulassen, denn in einem der Steinhäuser wohne ein

Kommissar und das könne schlimm für ihn und auch für uns ausgehen.

Es kam, was einmal kommen musste: Beim Arbeitsschluss und Sammeln zum Heimmarsch fehlte ein Kamerad: Hans Groß aus Hamburg. Er hieß nicht nur Groß sondern war auch ein Riese und immer hungrig. Während wir noch debattierten – es war eine brenzlige Lage – erschien Hans mit voll gestopften Hosenbeinen. Mittlerweile war auch Famin dazugekommen. Wir gaben lauthals als Begründung für die Bettelei Hungerbefriedigung an, dass wir unsinnigerweise nur morgens und dann den ganzen Tag bis zum Abend nichts mehr zu essen bekamen und auch in die Werkskantine nicht hinein durften. Erich Heller aus Görlitz schrie in seiner Verzweiflung: „Wir bringen morgen dem Natschalnik ein Frühstück mit, damit er sieht, womit wir den ganzen Tag arbeiten müssen." Natschalnik Famin konnte aber für die Misere gar nichts, das Essen fiel nicht in seine Zuständigkeit, das war das Problem des Lagers. Die leichtfertig ausgesprochene Drohung muss der junge Zivilposten, der uns zur Arbeit und wieder nach Hause führte, verstanden haben, während ich sie nicht ernst genommen hatte. Am nächsten Morgen war Unruhe am Lagertor, wo wir uns zur Zählung in Zweierreihen und zum Ausmarsch aufstellen mussten. Der Wachposten lief mehrmals hin und her und schaute jedem von uns streng auf die Hände bis wir erkannten, dass ein Kochgeschirr oder etwas Ähnliches gesucht wurde, gemäß der Ankündigung von Erich Heller. Und er hatte es wahr gemacht und hielt ein Kochgeschirr, halb gefüllt mit dünner Kapustasuppe (Kohlsuppe) und einem 200 Gramm Kanten Brot in der Hand. In unseren Augen war er zwar ein Held, aber es war unklug, weil, wie uns die Lagerleitung erst hinterher zu verstehen gab, außerhalb des Lagers niemand wissen durfte, wie viel wir zu essen bekamen und in welchem Gesundheitszustand wir uns befanden. Da ich ja der Kommandoführer war, nahm ich fairerweise die ganze Schuld auf mich und ich musste mit zur Wache, während ein Rumäniendeutscher mit dem Trupp zum Bahnhof trabte. Es wurde ein Protokoll über meine „hochbrisante" Verfehlung gefertigt und mir wurde eröffnet, dass ich ein paar Jahre Strafe absitzen muss. Mir fiel das Herz in die Hose: statt baldmöglichst „*skoro damoi*" (bald nach Hause) sollte ich noch länger als Gefangener in dem fremden Land bleiben müssen.

Das Vorkommnis hatte eigenartiger Weise keine Folgen, weder für Natschalnik Famin, noch für meine Männer, noch für mich.

Am 30.April 1945, mit Beginn der Ziegeleisaison endete auch der eiskalte, schneereiche und für uns ereignisreiche Winter.

Allerdings setzte die Ziegeleierzeugung noch nicht gleich ein, weil die Erde noch zu tief gefroren und noch nicht geschürft werden konnte. So wurden wir mit allerlei Holz- und Rüstarbeiten innerhalb der Ziegeleihallen beschäftigt. Sobald das Erdreich unter dem Absatz nachgab, ging es los. Das Lager war unmittelbar an die schon ziemlich altersschwache Ziegelei gebaut, das gab zeitsparende Arbeitswege.

Wir waren 400 Arbeiter: 200 ungarische und 180 deutsche Kriegsgefangene und 20 russische Zivilisten, meist Maschinisten, Elektriker und Schlosser; am wichtigsten waren die Elektriker, wie oft streikten die Motoren. Von der Grube kam der Lehm, leicht durchsetzt mit Sägemehl wegen der Porosität an die Presse und dort durch die Ziegelform gedrückt. Auf der anderen Seite standen drei Mann, die am meisten auf Draht sein mussten: der Abschneider, der mit der linken Hand mit einem Hebelgerät, in dessen Mitte ein scharfer Draht ist, von dem ankommenden Lehmstrahl zwei Ziegel abschneiden und gleichzeitig mit einer Schublehre den Ziegel weg befördern musste. Das war eine Wechselwirkung, musste aber im Tempo der Presse funktionieren. Die Transporteure mussten die Ziegel noch am Pressetisch abnehmen und auf den daneben stehenden Hund (Karren) legen. Weil das eine anstrengende Arbeit war, wurden die drei nach jeweils 10 Hunden abgelöst, und außerdem hatten die drei Anspruch auf einen extra Schlag Kascha aus der Küche.

Auf den Hunden wurden die Steine mit genügend breiten Luftschlitzen zum Lufttrocknen auf holprigen Schienen und klapprigen Weichen in die Trockenhallen befördert von wo aus sie im Herbst zum Brennen in den Ofen gebracht wurden. Der Ofen ist ein großes Rundumgewölbe: auf der einen Seite werden die luftgetrockneten Steine sechsstöckig hinein gestapelt, von oben durch glühende Kohle beheizt, nachgeheizt wird durch die Füchse (runde Schächte) vom Dachraum in runde Löcher. In den Füchsen stand immer eine große Hitze, und die wurde von uns mit Vorliebe dafür benutzt, um

Kartoffeln am Draht hineinzuhängen. Die schmeckten besser als der beste Kuchen. Wenn man auf Draht war und sich nicht erwischen ließ, konnte man gelegentlich in der Umgebung des Lagers in Kartoffelmieten ein paar Kartoffeln klauen.

Wegen der unterschiedlich gesundheitlichen Belastung wurden auch innerhalb der Belegschaft immer wieder einmal Kommandos ausgetauscht. Aber der maroden Maschinerie und der elektrischen Anlage wurde der von uns geachtete Ziegeleidirektor nie Herr. Aber er war ein gerechter Mann. Wenn einmal ein Kriegsgefangener von einem Russen grob oder gehässig behandelt wurde, konnte er sehr laut werden.

Auch die Ungarn ließen sich nicht alles gefallen. Als die Lagerleitung sich über schlechte Arbeitsleistung beschwerte, haben sie dem Ziegeleidirektor eine ganze Tagesverpflegung hinaus geschmuggelt. Um der Sache auf den Grund zu gehen, ließ der Direktor die Tagesverpflegung genau abwiegen und meldete das Ergebnis nach Moskau. Und prompt kam die gefürchtete Kommission aus Moskau. Weil bei der fälligen Untersuchung auch andere Dinge nicht gestimmt haben, wurde mit Ausnahme der beiden Wach-Leutnants die ganze Lagerleitung gefeuert. Da waren Seifen und Medikamente verschwunden, Stroh (für neue Strohsäcke) vergammelt. Der Lagerkommandant wurde später auf einer Kolchose gesehen. Die neu eingesetzte Lagerverwaltung verhielt sich ein paar Monate ganz korrekt, dann schlich sich wieder die gewohnte Misswirtschaft ein, aber nicht so offensichtlich.

Das Frühstück und Abendessen bestand aus je 200 Gramm Brot und dünnem Tee, von der Küche hergerichtet und wurde in den Barackenstuben eingenommen. Das Mittagessen wurde in der Küchenbaracke/Kantine aus großen Kesseln von den Köchen (ein beneideter Job) in Blechnäpfen gereicht und bestand aus einem Teller Kapustasuppe und einem Teller Hafer- oder Maiskascha, mit einem Teelöffel Öl, außerdem gab es zum Abendessen einen Teelöffel Zucker. Gab es einmal tagelang keinen Zucker, so wurde er tagesgenau nachgeliefert. Ein bisschen Tabak konnte man bei den Russen schnorren. Manchmal bekam man auch einen Fetzen von der „Prawda" (Wahrheit) oder der „Iswestija" freundlich dazu gereicht.

Wie freuten sich die Russen und wie stolz waren sie, wenn sie wieder ein paar Brocken Deutsch gelernt hatten und wie bemühten sie sich im Gegenzug, uns Russisch beizubringen. Wie verschmitzt versuchten sie uns deftige russische Witze zu erklären. Überhaupt stellten wir fest, dass das Verhältnis zwischen den jungen Burschen und Mädchen sehr frei und offen war. So beobachteten wir einmal wie in der Brigade der Maschinisten ein Junge vor lauter Langeweile aus Lehm ein Ding wie der „kleine Unterschied" formte und dann die weibliche Anwesenden darauf aufmerksam machte und dafür lautes Gelächter erntete. Oder sich gegenseitig vor uns Schneebälle in die innersten Gründe der Bufaica (Wattejacke) steckten. Es kam oft vor, dass der Strom ausfiel oder ein Motor oder eine Maschine defekt war. Dann ruhte es im Getriebe und wir hatten willkommene Pause. War das an einem Samstag, dann war das uns Anlass, zu schwärmen, was es wohl am Sonntag zu essen geben würde. Da redeten wir uns mit hungrigen Mägen den Mund wässrig was zu Hause die Mutter wohl auftischen würde und jeder führte die besonderen Schmankerln seiner Heimat auf. Das ging von Memel (Karl-Heinz Stankart war aus Memel) und wanderte bis Tirol, wo Sepp Lechner her war. Oder die Berliner unterhielten uns über alte und neue Berliner Geschichten, auch wenn sie oft arg hanebüchen waren.

Im Oktober 1946 fiel viel Schnee und es wurde plötzlich sehr kalt. Die Presse musste stillgelegt werden, dafür ging es jetzt in den Trockenhallen rund. Weihnachten war wieder so traurig schön wie voriges Jahr, nur dass die Musik heuer von den Ungarn gemacht wurde. Die hatten mehr Musiker in ihren Reihen und brachten richtige Zigeunermusik, wir gaben das neidlos zu.

Unregelmäßig wurden Ziegel per Zug nach Moskau verladen, das musste ganz schnell gehen, weil das unbeladene Herumstehen von Bahnwagen auf dem Ziegeleigelände teuer an die Bahn bezahlt werden musste. Das ging natürlich auf Kosten der Unversehrtheit der fertigen Steine aber das wog nicht so schwer, wie das Bewusstsein der Russen „Mütterchen Moskau" aufbauen zu helfen.

Der Aufenthalt in Moskau

Auch ich musste im Mai 1947 mit 150 Kameraden die Reise nach der Hauptstadt Moskau antreten. Wir wurden auf 6 LKWs gepfercht und an den Stadtrand gefahren. Dort mussten alle LKWs anhalten, den Grund hierfür erkannten wir sehr schnell: alle Fahrer brachten aus Wagen Eimer und Bürsten hervor, füllten die Eimer mit Wasser und schrubbten die Räder und die verschmutzten Ladeflächen auf das peinlichste. Auf unsere Fragen bedeuteten uns die Fahrer, dass es strengste Vorschrift ist, dass in die Hauptstadt Moskau nur saubere Fahrzeuge hinein dürfen. Das war also unser Empfang! Das sollten die viel gelästerten Zustände über die Unsauberkeit in Russland sein? Aber der eigentliche Grund war ein Jubiläumsjahr. Wie wir dann noch genauer erfuhren, feierte die Stadt Moskau ihr 800-jähriges Bestehen. Da im Oktober 1947 auch die Oktoberrevolution 30 Jahre alt war, hatten die Moskauer doppelten Grund zum Feiern, deshalb auch ihre Putzsucht.

Unser Weg führte über die Gorkistraße an einen großen Rohbau im Zuckerbäckerstil, der das spätere Hotel Peking werden sollte. Dieses Gebäude stand an einem großen Platz, dem Majakowski-Platz, an dem auch das Majakowski-Theater, der Tschaikowski-Konzertsaal und die Majakowski U-Bahn Station lagen. Dieses Gebäude, das unser Lager 112 wurde, hatte große Fenster, die mit Kalk bestrichen waren, damit uns niemand sehen konnte. Aber in der oberen Bettenetage konnten wir einzelne Luken öffnen und hinausschauen. Die Längsfront unseres Gebäudes lag am SADOWAJA (Gartenring) und da war in diesen Tagen Hochbetrieb. Es fuhren den ganzen Tag LKWs vorbei, voll beladen mit Produkten der verschiedenen Länder als Geschenk an die Stadt Moskau: Getreide, Hackfrüchte, Obst und Gemüse (sicher und hübsch aufgeschichtet), Südfrüchte aus den südlichen Gefilden. Der SADOWAJA-Ring war an dieser Stelle so breit, dass ein Block von 400 Musikern geschlossen für die Feierlichkeiten übte, der Dirigent fuhr im PKW voraus. An der gleichen Straße lag auch eine Militärakademie, die Kadetten konnten auf der Straße exerzieren.

Im Nachbarflügel des Rohbaues war schon ein deutsches Kriegsgefangenenlager (Offizierslager 115), über dessen Existenz es bereits ein Buch gibt, aus dem ich schon einige Passagen gelesen habe. Das Lager bestand aus einem großen Raum, der späteren Hotelhalle. Jetzt standen die dreistöckigen, aber stämmigen Betten an den Wänden, und in der Mitte des riesigen Raumes stand ein großer Tisch; dort wurde gegessen, getrunken, gelesen, einige wenige hatten auch schon Postverbindung ausgetüftelt.

Manche werkelten mit dem vorhandenen Material irgendeine Bastelei, beliebt war das Schnitzen von Schachfiguren. Wenn die Schnitzer Berührung mit Russen hatten, konnten sie, den gebotenen Umständen entsprechend ihre Produkte verkaufen und da sie nur bescheidene Preise aushandelten, kam so manches Geschäft zustande. Es ist ja bekannt, dass fast jeder Russe Schach spielt und die Figuren teuer waren.

Als Arbeit harrte unser ein schwerer Beruf: ein großer Teil der Lagerbelegschaft wurde Stuckateur-Brigade. Es waren in den Seitenflügeln 6 Stockwerke Wohnungen und im Hauptbau 8 Stockwerke dazu noch einige

Wirtschaftsräume zu verputzen. Bei uns würde man das Weißbinder-Lehrlinge nennen oder Verputzer. Unser direkter Meister und deutscher Brigadier war Hermann Holz, ein Schwäbele. Über ihm herrschte ein russischer Fachmann, insbesondere für Stuckarbeiten mit Ornamenten. Während in Deutschland auch zu dieser Zeit nur höchstens noch in herrschaftlichen Gebäuden mit Stuck gearbeitet wird, ist das in russischen Städten noch sehr gebräuchlich gewesen. Wofür eine Lehrzeit von drei Jahren gefordert wird, sollten wir das Ganze in ein paar Wochen gelernt haben. Aber es ging so recht und schlecht. Sehr bald hatten wir aber etwas anderes herausgefunden, nämlich wo gibt es etwas zum Essen zu organisieren? Da war im vierten Stock der Flur zum bewohnten Nachbarhaus auf gleicher Ebene liegend, und wir konnten zu den Russen schnorren gehen. Das wurde aber wegen Gefährlichkeit nur von ganz wenigen ausgenutzt; war aber ergiebig.

Der enge Hof war abgegrenzt mit einem Bretterzaun und nicht lückenlos einzusehen von den Wachposten auf ihren Türmen. An den Zaun war der Holzplatz für die Küche angelehnt, auch nicht überall überschaubar. Eines Tages war eines der Bretter vom Zaun so losgelöst, dass wir es nach Belieben öffnen und schließen konnten. Die ersten, die das geschafft hatten, ermittelten, dass sie über einen Platz in etwa 50 Metern Entfernung an die Rückseite einer Schule gestoßen waren. Sehr bald ergab sich durch Gestik eine rege Unterhaltung mit schätzbar 14- bis 15-jährigen Jugendlichen. Aus den Fenstern kamen alle jene Dinge geflogen, die Kinder mit in die Schule eingepackt bekamen: Obst, belegte Brötchen, Kekse, Schokolade und Rubel. Aus der Art und Qualität der Dinge, der Kleidung und der interessierten Lebhaftigkeit der Kinder konnten wir erkennen, dass es sich um eine höhere Schule gehandelt haben muss. Leider war dieser Glücksfall eines Morgens abrupt zu Ende, die Fenster blieben geschlossen. Es muss erklärlichen Ärger gegeben haben. Vermutlich war aufgefallen, dass uns die Kinder, die am Holzplatz geklauten, im Moskauer Stadtzentrum so heiß begehren Holzscheite hinüber schleusten. Dies war möglich, weil die Wachposten auf ihren Türmen wodkaselige Schlafmützen waren. Am meisten bedauerten dies die Eltern der Kinder, die davon profitiert hatten.

In der Banja, der Waschanlage des Lagers war der Regensburger Gymnasiallehrer Dr. Ernst Schwarzmeier beschäftigt. In dem Betrieb der Banja hatte er genügend Zeit für seine sich zum Ziel gesetzte Aufgabe, einen Lagerchor zu gründen. Er hatte auch schöne Stimmen gefunden, die aber keine Noten kannten. Da ich in der Schule Geige gelernt, und von daher auch Noten kannte, wurde ich nach einer kurzen Stimmprobe aufgenommen. Wir sangen zunächst deutsche Volkslieder (einige Silcher), dann mussten wir die russische Nationalhymne einüben und möglichst feierlich singen, auch „Suliko", ein wehmütiges russisches Volkslied wurde in unser Programm aufgenommen. Geübt wurde ein bis zwei Mal in der Woche und zwar immer eine halbe Stunde vor dem Frühstück, da Kamerad Schwarzmeier der Meinung war, unsere Stimmen seien in dieser Zeit am reinsten zu hören. Jeden zweiten Sonntag erfreuten wir unsere Kameraden mit einem Konzert, dazwischen sangen wir gelegentlich im Nachbarlager. In dem schon erwähnten Buch über das Offizierslager „Odyssee in Rot" wurde unser Chor lobend erwähnt und gewürdigt. Auch andere Passagen ähneln einander auffallend. Inzwischen hatte Kamerad Schwarzmeier sich an höhere Klangweisen herangewagt. Er durfte in Begleitung eines Soldaten in Zivil und ohne die Binde am Arm „VP" (Voijna Pleni) in ein Musikgeschäft in der Innenstadt gehen.

In dem großen internationalen Laden wurde Deutsch gesprochen, und so fand er, was er suchte: Opernpartituren und Notenblätter. Er arbeitete sie, wie vorgeschrieben, vierstimmig aus.

Unter den Moskauer Kriegsgefangenenlagern fand im Oktober 1947 ein Kulturwettstreit statt, zu dem jedes Lager einen Beitrag stellen konnte. Unser Lager beteiligte sich in der Sparte „Chöre"; andere Lager konnten Gesang, Musik, Artistik oder ähnliches bringen. Meister Schwarzmeier wählte die Chöre „Jägerchor" aus Freischütz, „Soldatenchor" aus Faust, „Matrosenchor" aus dem Fliegenden Holländer und „Pilgerchor" aus Tannhäuser. Wir machten als Chor den ersten Preis und bekamen als Sachwert 25 kg rote Beete, einen Dirigentenstock und ein von deutschen Plenis fachmännisch gedrechselten Dirigentenpult. Die rote Beete war für uns selbstverständlich das liebste Geschenk. Auch auf den schönen Dirigentenstock, ebenfalls von geschickten Kameraden fabriziert, konnte unser Chorleiter stolz sein. Das kostbare Dirigentenpult, das im ANTIFA-

Raum (Versammlungsraum) verwahrt worden war, war schon nach einer Woche spurlos verschwunden.

Sei es, dass wir uns zu ungeschickt angestellt haben oder zu langsam waren: Ende August 1947 wurden wir als Stuckateur-Brigade abgelöst und kamen auf eine neue Baustelle: die Baugrube zum Neubau des Marineministeriums. Die war so nahe am Kreml, dass wir durch den löchrigen Bauzaun hindurch die Kremlwache mit Musik aufziehen sehen konnten. Das war noch preußischer, als beim alten Fritz. Mit weißen Handschuhen, im Stechschritt und mit einem preußischen Marsch.

Der Chor wurde gottlob dadurch nicht aufgelöst und so konnten wir wieder eine schöne Weihnachtsfeier ausrichten, auf der wir auf Grund der wochenlangen Zucker- und Öleinsparungen es dem ganzen Lager ermöglichten, eine große Extraportion Kascha serviert zu bekommen, auch wenn einige Kameraden zuvor gemurrt hatten, ob der vereinbarten Beschränkung, waren sie letztlich alle dann doch freudig überrascht.

Hanno Hoffmann, eines unserer Chormitglieder, ein Urberliner und Allroundtalent, konnte mit seiner Gitarre durch einen besonderen Trick beim Schwingen einen heimeligen Glockenschlag täuschend echt nachmachen. Ich fühlte mich, mit geschlossenen Augen, minutenlang wie zu Hause.

Unser deutscher Lagerleiter war ein norwegischer Landsmann, korrekt und gerecht. Wir hatten aber auch einen deutschen Nichtstuer im Lager, vor dem mussten wir uns in Acht nehmen. Er trug zwar deutsche Uniform, aber ohne Rangabzeichen oder Litzen. Wir wussten, dass er deutscher Soldat gewesen war, wussten aber nicht die Einheit oder den Dienstgrad. Auch aus seiner Sprache war keine Mundart zu erkennen. Er trug nur provozierend einen russischen roten Orden. Dazu war bei uns durchgesickert, dass er diesen Orden von den Russen dafür verliehen bekommen hat, dass er, als er in russische Gefangenschaft geraten war seine Kenntnisse über einen großen deutschen Lazarettzug verraten hatte: Standort, Fahrtziel und Fahrtroute. Die Russen konnten daraufhin den ganzen Zug vernichten, worauf er diesen Orden bekam und stolz war. Das Lager durfte er aber trotzdem nicht verlassen. Von uns wurde er möglichst geschnitten, negative Äußerungen zu seiner Tat mussten wir uns allerdings verkneifen. Selbst Russen verurteilten dieses verwerfliche Verhalten und meinten mit ihren Worten, aber sinngemäß von ihrer Warte aus: „Ich liebe den Verrat, aber hasse den Verräter". Als ob der liebe Gott diese Gemeinheit bestrafen wollte. Eines Tages schnitt sich der Mann, bei der Ausübung seines Berufes als Kleinmöbelschreiner, in die rechte Hand und verlor vier Finger. Unsere spontanen Gedanken zu diesem Fall, kann sich wohl jeder ausdenken.

In Moskau war es zu dieser Zeit im Januar 1948 ca. -30 Grad kalt und die Erde einen Meter tief gefroren. Das Fundament für den Neubau des Marineministeriums war schon fast ganz ausgehoben, nur einige wenige hartnäckige Brocken ließen sich nicht lösen. Ein Block, ungefähr eineinhalb Kubikmeter groß, trotzte auch den mit Brechstangen ausgehöhlten und mit heißem Wasser aufgefüllten Löchern. Also musste der Klotz noch mehr unterhöhlt werden. Hans Engelhard, unser so beliebter Dresdner Akkordeon-Spieler, erklärte sich leichtsinniger Weise dazu bereit und kroch unter den überhängenden Block. Ausgerechnet zu dieser Zeit fuhr ein schwerer Baustellen-Pkw ganz nahe am Grubenrand vorbei und bewirkte, dass der zähe Block durch das Motorgeratter abbrach und Kamerad Engelhard unter sich begrub. Er war gleich tot und wir zutiefst erschüttert. Das Drama war deshalb besonders tragisch, weil Hans eigentlich zur Kulturbrigade gehörte und als solcher von gefährlicher und schwerer Arbeit befreit war. Nur der an sich gerechten Regelung, wonach von Zeit zu Zeit die Angehörigen der „Lagerbourgeoisie", also Lagerschneider, Schuhmacher, Schreiner, Frisöre, Sanitäter und andere Spezialisten, auch Musiker gehörten dazu, vorübergehend auf die Außenarbeitsstellen gehen mussten, ist Hans zum Opfer gefallen. Nicht nur wegen dieses Vorfalles, sondern auch weil ein Arbeiten auf der offenen Baustelle nicht möglich war, wurden die Arbeiten dort eingestellt.

In gewissen Abständen wurden wir auf unseren körperlichen Zustand und unsere Leistungsfähigkeit untersucht. Da galt es, einen erschöpften, kaputten Eindruck zu machen. Unsere gegenseitige spöttische Frage lautete: "Spiek jest?", was soviel hieß, wie: "hast du noch genug Speck auf den Rippen"? Es gab eine Klassifizierung: Arbeitsgruppe 1 waren die (noch) Besten, Arbeitsgruppe 2 hatte dann schon bedeutend weniger Speck auf den Rippen, Arbeitsgruppe 3 war noch schlechter dran, Arbeitsgruppe OK war sichtbar abgemagert und brauchte nur noch die Hälfte Zeit oder Leistung, um zu arbeiten. Und die Arbeitsgruppe D (Dystrophie), das waren die armen Kerle, die wirklich am Ende waren und Anwärter auf den nächsten Heimkehrertransport.

Als Folge der schweren Schufterei auf der Baustelle war ich in der Arbeitsgruppe OK gelandet und wurde einer LKW - Kolonne zugeteilt, die die Verbindung zwischen einem Großmagazin für Lebensmittel und mehreren kleineren Filialen bediente. Es musste viel Zeit verfahren werden, und wir waren nicht in ständiger Kontrolle durch die Posten, die zum Teil nur durch die LKW - Fahrer vertreten waren. Das war natürlich wieder einmal ein Wunschkommando, denn wenn wir nur in die weiteste entfernte Nähe von Lebensmitteln kamen, blühte der Erfindungsgeist im Aufspüren von Organisationsmöglichkeiten auf. Nicht, dass wir geklaut hätten, schließlich riskierten wir beim Erwischen das kostbare Kommando, es ging auch so manche Verpackung entzwei, wurde beschädigt und zerrissen; manchmal haben wir auch geschickt nachgeholfen.

Leider war das Schlaraffenland nach zirka 10 Wochen zu Ende und wir mussten wieder auf eine andere Baustelle. Im Moskauer Raum kam uns zu Gute, dass wir in ständiger Beobachtung und Kontrolle des Generals und Chefs der Kriegsgefangenen-Lagerverwaltung Popow standen, was Betreuung, Einhaltung der Verpflegungssätze, Beachtung der Arbeitszeiten, ärztliche Versorgung und Ordnung im Lager betraf. Dass es nicht in allen Lagern zum Besten stand, mussten wir von Neuankömmlingen erfahren.

Zwei Kameraden schafften es einmal, trotz drohender Enttarnung, bis zu dem ganz in der Nähe liegenden Weißrussischen Bahnhof zu gelangen.

Ein späterer Vorfall wäre uns beinahe zum Verhängnis geworden. Hier folgte keine weitere Ahndung, weil nach der Haager Konvention ein Fluchtversuch aus Kriegsgefangenschaft kein strafbares Vergehen ist, und Russland hielt sich daran.

Moskau entließ uns aber im Mai 1948 und verfrachtete uns nach Süden, in das Hauptlager Stalinogorsk bei Uslowaja. Aus uns unerfindlichen Gründen gab es eine ständige Fluktuation, einige Glückliche wurden entlassen, andere aus gesundheitlichen Gründen versetzt, wieder andere aus beruflichen Gründen woanders gebraucht. Da wurden gute Freundschaften zerrissen, und nur noch wenige von den Lagergemeinschaften 1945 /1946/1947 waren beisammen. Aber unsere Gedanken kreisten sowieso nur um den Wunsch: *„Skoro damoi,,* (bald nach Hause). Am meisten litten die Familienväter, die Bauern, wenn sie an ihre Felder und Tiere dachten, die Jungverheirateten und auch die, die sich ihres Partners nicht sicher waren.

Schon länger war durchgedrungen, dass größere Entlassungen, das herbeigesehnte *„Skoro damoi"* Wahrwerden sollte und im Dezember1949 war es soweit.

Es schmerzte, am Tag der Heimreise den zurückbleibenden Kameraden zurück zu winken, aber da war keiner von ihnen der uns das Glück nicht gegönnt hätte, das war uns bewusst. Es hatten sich doch schon mehr oder weniger tiefe Freundschaften gebildet.

Mit vielen Grußaufträgen an die Familien in der Heimat ging es zunächst einmal mit LKWs zum Bahnhof „Kilometer Dreiundzwanzig", benannt nach einem historischen Kampfort aus der russischen Revolution.

Nach zwei Tagen, am 24.Dezember 1949, kamen wir nach Brest-Litwosk.

An den Weihnachtsfeiertagen und noch bis 30.Dezember standen 20 Heimkehrerzüge, der überwiegende Kehraus auf dem Bahnhof. Wir konnten uns von Zug zu Zug unterhalten und Erlebnisse austauschen. Vor Freude sprudelte es nur so aus uns heraus. Beim Überfahren der Grenze Polen-Deutschland nach Thüringen Eichsfeld schmetterten wir beiden letzten vom Moskauer Chor, Willi Füssel und ich den Pilgerchor aus *„Tannhäuser"*. Er war so wahr geworden:

„Beglückt darf nun Dich oh Heimat jetzt schauen und grüßen froh Deine lieblichen Auen".

Als Ziel einer Heimatadresse konnte ich nur den Vertreibungsort meiner Schwägerin, der Witwe nach meinem vermissten Bruder, angeben, die in Breitenholz in Thüringen gelandet war. In der Gegend waren auch einige andere Verwandte und Bekannte sesshaft geworden, durch die ich dann den Aufenthalt meines Onkels aus dem Heimatnachbarort erfuhr. Dieser nahm mich, obwohl selbst notdürftig und beengt untergebracht, spontan auf und brachte mich sogar noch bei seinem jung verheirateten Sohn, bei meinem Cousin Pepi, unter. Durch eine glückliche Fügung fand ich schnell Arbeit und zog nach Darmstadt.

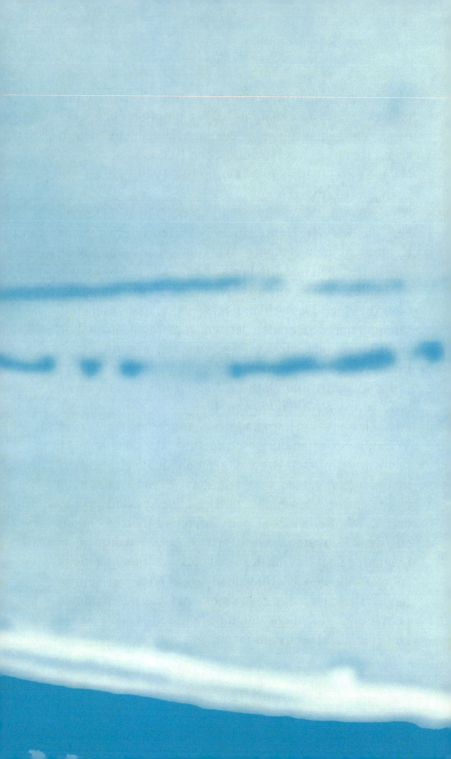

Monika Kurek

Unsere Zuflucht: Ein Kartoffelzug

Aufgewachsen bin ich im Arbeiterviertel von Berlin-Wedding. Ich erinnere mich noch daran, wie meine Schwester und ich vor dem Laden der Mutter auf der Straße spielten. Die Hauswand unseres Mietshauses diente zum Ball werfen. Für uns Kinder gab es keine Spielplätze oder Grünflächen zum Spielen. Einige Abwechslung in das tägliche Einerlei brachten die Leierkastenspieler, von denen manche einen Affen oder einen Papagei auf ihrem Leierkasten hatten. Mit ihnen zogen wir Kinder von Haus zu Haus und sammelten Pfennige ein, die Bewohner der Hinterhäuser uns zuwarfen.

Meine Mutter führte ein Gas- und Elektrogeschäft und sorgte für uns so gut es ging. Unser Vater war im Russlandfeldzug während des ersten Weltkrieges beim Übergang der Narrev ertrunken. Die Schulzeit verbrachte ich auf dem Wedding. Nach der Ausbildung als Krankenschwester für Kinder, fand ich im Virchow-Krankenhaus in Berlin eine Anstellung; leider nur bis 1935, weil in kirchlicher Trägerschaft befindliche Krankenhäuser geschlossen wurden. Viele Schwestern ließen sich deshalb in die braune Schwesternschaft der Nationalsozialistischen Deutschen Arbeiterpartei (NSDAP) übernehmen. Ich wurde von heute auf morgen arbeitslos. In einem privaten jüdischen Ärztehaushalt fand ich eine neue Anstellung. Dort blieb ich, bis die Familie 1939 nach Schweden fliehen musste.

Unsere Tochter kam 1941 zur Welt. Mein Mann wurde eingezogen und zum Sanitäter ausgebildet. Später kam er mit seiner Einheit nach Stalingrad. Kurz vor Kriegsende kehrte er mit Verletzten auf der Wilhelm Gustloff aus Russland nach Svinemünde zurück. Dort wurde er bei einem Bombenangriff verletzt und verstarb an den Folgen.

Später begannen die Bombenangriffe der Amerikaner auf Berlin. Es gab immer weniger zu essen. Mutter hatte die Idee, wir sollten doch zum Großvater nach Ostpreußen gehen. Diese Reise war für mich und meine kleine Tochter Monika ein Hoffnungsschimmer, den Krieg gut zu überleben. Leider sollte dieser Aufenthalt nicht von Dauer sein. Nazi-Offiziere forderten uns auf, das Land zu verlassen, weil wir doch Berliner waren. Eines Tages wurden wir in einem DRK-Zug nach Sachsen transportiert. Großvater deckte uns ein mit Proviant, damit wir die Reise gut überstehen. Inzwischen hatten wir auch erfahren, dass unser Haus in Berlin ausgebrannt war und damit auch mein geliebtes Klavier, überhaupt alles, was wir besaßen. Meine damals dreijährige Tochter versuchte, mich zu trösten: „Mama, weine doch nicht, Du hast doch mich."

Das Haus des Großvaters in Ostpreußen

In der Nähe von Dresden, in Oberwarther an der Elbe, wohnten wir bei Bekannten, die ein Hotel besaßen. Als Krankenschwester pflegte ich verwundete deutsche Soldaten. Hier erlebte ich auch 1944 die Zerstörung Dresdens. Wir lagen unter einem Tannenbaum im Freien, als die englischen Flugzeuge gegen Dresden flogen. Was haben wir Ängste durchgestanden! Am nächsten Tag kamen viele Verwundete zu uns. Es war bekannt, dass ich Krankenschwester war.
Dann haben uns die Russen wieder eingeholt. Sie kamen mit ihren Pferden in die Essräume des Hotels; plünder-

ten alles, was da war. Wer sich weigerte, wurde nieder geprügelt. Ich konnte mit meiner Tochter gerade noch rechtzeitig fliehen. Mit nur einem Laib Brot, Wurst und einer Flasche Milch im Rucksack, machten wir uns auf den Weg zum Bahnhof. Wir mussten über die gesprengte Elbbrücke, die mit Behelfsbrettern versehen war und über Minenfelder zum Zug. Ich hatte von einem Kartoffelzug gehört, der nach Berlin-Spreewald fahren sollte.

Geflüchtete deutsche Soldaten halfen mir und meiner kleinen Monika auf den Zug. Einige von ihnen fuhren mit, hielten sich zwischen den Kartoffeln versteckt. Eine Woche waren wir unterwegs; lebten auf den Kartoffeln und von den Kartoffeln. Zwischen Ziegelsteinen machten wir Feuer und ernährten uns mit gebratenen Kartoffeln. In einer Ecke wurden die Kartoffeln weggeräumt, um Platz für eine behelfsmäßige Toilette zu bauen. Den Kinderwagen haben wir auf den Kopf gestellt, um so meiner Tochter etwas Geborgenheit zu geben. Die Soldaten waren sehr hilfreich.

Von Spreewald im Süden der Stadt, gingen wir fünf Stunden zu Fuß nach Norden, um die Mutter zu suchen. Wir durchstreiften das zerstörte Berlin. Viele tote Soldaten und Zivilisten lagen auf der Straße. Vorbei an ausgebrannten Häusern ging es weiter, getragen von einer Sehnsucht und Hoffnung, unsere Mutter heil vorzufinden.

Leider war auch unser Haus zerstört. Meine Mutter fanden wir in einem Kellerraum, in einem elenden Zustand. Sie hatte lange nichts Vernünftiges mehr gegessen. Ein

Kanonenofen gab Wärme. Die Freude, dass sie noch lebte und unser Wiedersehen, haben uns alle tief bewegt. Ich war wieder zu Hause, in meinem Berlin-Wedding.

Im zerstörten Schulgebäude nahm ich November 1947 den Schuldienst auf und unterrichtete Kinder. Viele von ihnen waren zu Waisen geworden und viele litten noch durch das Trauma der Bombenangriffe.

Bei aller schmerzlichen Realität waren wir sehr, sehr glücklich; Frieden auf Erden schien wieder eingekehrt zu sein. Berlin wurde bald besetzt durch Franzosen, Russen und Amerikaner. Als Berlin 1950 geteilt wurde, gehörte Berlin-Wedding zu West-Berlin.

Johanna Schmidt-Gödelitz

Rittergut Gödelitz

Vorwort von E. Stindl-Nemec

Anlässlich des 60. Geburtstages meiner Nachbarin Barbara, hält ihr Bruder Axel eine Rede. Zum ersten Mal höre ich vom Gut Gödelitz. Er spricht von einem wunderschönen Fleckchen Erde, Heimat der ersten sorgenfreien Lebensjahre von Barbara und ihren Geschwistern. Auf den Fotos, die er zeigt, sehen wir Kinder an der Hand und auf der Schulter des Vaters; mit anderen Kindern in Hochzeitskleidern mit Zylinder und Schleier im kleinen Park hinter dem Gutshof.

Axel fährt fort in seiner Rede: Gödelitz war vor 60 Jahren ein intensiver landwirtschaftlicher Betrieb, mit einer weit über Sachsen hinaus bekannten Schaf-, Rinder- und Schweinezucht; es gab Gemüseanbau und auch eine Schnapsbrennerei. Gut Gödelitz liegt im sächsischen Kulturdreieck Dresden – Meißen – Freiberg, eingebettet in die wunderschöne fruchtbare Landschaft an die Toscana erinnernde Lommatzscher Pflege und galt bis 1945 als reicher Betrieb. Der Großvater hatte das heruntergewirtschaftete Gut 1908 von der Familie von Zehmen gepachtet und später gekauft. Als sein Sohn 1944 eingezogen wurde, übernahm seine Frau die Leitung. 1945 fiel das Gut unter die Bodenreform. Am 1.Januar 1946 wurde Frau Johanna Schmidt-Gödelitz mit ihren vier Kindern von Haus und Hof vertrieben. Mit diesem Ereignis beginnt die Geschichte, die sie für ihre geliebte Familie aufgeschrieben hat.

Ein Geschenk der Geschichte

Ausschnitte aus meinem Leben

Am 24. Dezember – am Heiligabend – fuhr ein Auto auf unseren Hof. Das war ungewöhnlich in dieser Zeit. Kein Wunder, dass wir alle erschrocken waren. Der Landrat von Meißen, ein Sozialdemokrat, einst Maurer von Beruf, mir aber bekannt und wohl gesonnen, kam gleich zur Sache:

„Ich muss Ihnen leider mitteilen, dass Sie mit Ihren Kindern spätestens am 1. Januar das Gut verlassen müssen. Ich kann Sie nicht länger als Leiterin des ‚Staatsbetriebes Gödelitz‘ (zu der man mich seit Inkrafttreten der Bodenreform im Oktober 1945 ernannt hatte) halten." Der Grund für diese Mitteilung war, dass mit der Bodenreform jedes Gut über 100 Hektar entschädigungslos enteignet wurde.

Auf meine entsetzte Frage: „Um Gottes willen, wohin soll ich mit meinen Kindern gehen?" hatte er schon die Antwort bereit: „Auf einen 20 Hektar Betrieb im Kreis Meißen; Wuhsen heißt der Ort. Dort werden vier Familien umgesiedelt. Jede Familie erhält 5 Hektar Land, ein Schwein, eine Kuh und fünf Hühner." Ich bin mir heute ganz sicher, dass dem guten Mann bei dieser , 'Eröffnung‘ durchaus nicht wohl war. Ich tat ihm wohl ganz ehrlich leid. Später hat er mir noch oft geholfen. So konnte ich im Frühjahr 1947 bei Nacht und Nebel viele unserer Sachen in den Westen bringen.

Es war Heiligabend. Wie immer an diesem Abend waren

meine Kinder voller Spannung und Vorfreude auf den Weihnachtsmann, auf den Christbaum, auf ihre Puppenstuben, einfach auf alles, was Kinderherzen in dieser Zeit wichtig ist. Nach dem üblichen Klingelzeichen, dass nun das Christkind davongeflogen ist, öffnete sich die Tür zum weihnachtlich geschmückten Zimmer. Ich erinnere mich heute nicht mehr an alle Einzelheiten, aber ich weiß noch, dass ich mit unserer guten Lolo im Salon die Puppenstuben aufgebaut habe, dass der Christbaum im Lichterglanz strahlte und wir ganz sicher auch „Ihr Kinderlein kommet" gesungen haben. Die strahlenden Kinderaugen meiner vier Kleinen, die nichts ahnten von dem Schlag, der gerade auf uns niedergefallen war, haben mir bestimmt die Kraft gegeben, auch an diesem schicksalsschweren Heiligabend mit ihnen fröhlich zu sein.

Nach dem Fest fing das große Packen an. Ich durfte meine Sachen mitnehmen, so viel wie möglich war. Bücher- und Porzellankisten konnte ich bei Bauern in den umliegenden Dörfern unterbringen. Ohne die tatkräftige, selbstlose Lolo hätte ich das nicht schaffen können.

Unsere gute Oma durfte noch in ihrem Häusel bleiben. Am Silvestertag kamen Onkel Max, Tante Trude, Eva und Hansjörg aus Dresden, um bei diesem traurigen, schweren Abschied an unserer Seite zu sein. Ich wollte aber nicht bei der Familie im Häusel sein. Der letzte Abend sollte meinen Kindern und meinen Gedanken allein gehören. Als die Kinder schon schliefen, saß ich noch lange im Schlafzimmer im Dunkeln auf meiner

Matratze und dachte darüber nach, wie das Leben wohl nun weitergehen würde. Sicher habe ich geweint, aber ich war fest entschlossen, zu kämpfen und mich nicht unterkriegen zu lassen.

Später, es war schon Mitternacht vorbei, bin ich dann mit Hansjörg rings um unser Gödelitz gegangen. Es war eine mondhelle Nacht und jeder Schritt sagte mir: „Zum letzten Mal, zum letzten Mal. Und unser Papi wird sein geliebtes Gödelitz, um das ich so gekämpft hatte, um ihm und unseren Kindern die Heimat zu erhalten, nie wieder sehen". Wie haben mir diese Gedanken Recht gegeben. Er hat es nie wieder gesehen; aber er wollte es auch nicht!

Januar 1946.

Der Auszug aus einem Brief an Trautel Preusser (Tante Bursch), den sie noch hatte und mir übergab, ist ganz aufschlussreich, die damalige Situation zu schildern. Ich schrieb an sie unter anderem: „Der letzte Gruß kommt heute aus unserem geliebten Gödelitz. Ich sitze auf meinem Bettrand zwischen Koffern und Kisten und warte auf den Bulldog, der die Sachen des neuen Leiters holt und auch meine wegfährt. Unten vorm Haus hängt eine große Girlande zu seinem Einzug! Als sich die Haustür öffnete, stand ich plötzlich darunter. Es war mir wie blutiger Hohn und ich hätte schreien mögen! Alles ist mir noch wie ein böser Traum, aus dem ich erwachen möchte. Wie habe ich gekämpft, um den Kindern und Helmut die Heimat zu erhalten. Alles, alles umsonst! Ich fasse das einfach noch nicht. Die Bodenreform-Kommission hatte mir unsere Gärtnerei und 5 Hektar Land zugeteilt. Das war völlig amtlich. Ich hatte auch schon die Urkunde, aber nun ist alles wieder hinfällig. Ich darf auch nicht in der Gemeinde wohnen bleiben und soll nun in Wuhsen siedeln. Dort soll ich den Kindern wieder eine neue Heimat aufbauen auf einer Scholle, an der die Tränen anderer unglücklicher Menschen hängen. Wie soll ich das nur schaffen und ertragen, etc., etc.?"

Der Bulldog kam also. Es war ein heller, kalter Wintertag. Auf rumpelnden Straßen fuhren wir unserer neuen Heimat entgegen. Nun waren wir echte Flüchtlinge.

Erstaunlich wie schnell sich Kinder in eine neue Umgebung und in ungewohnte Situationen hineinfinden. Vielleicht hängt es mit einer gewissen kindlichen Neugier zusammen. Wir machten das Beste daraus, richteten uns ein und glaubten, dies sei nun unser Leben.

Peter und Bärbel, die beiden Großen, gingen zur Schule; die beiden Kleinen Heidi und Axel vergnügten sich im Hof und ihre Mutter war plötzlich eine Bäuerin. Ich lernte das Melken bei meiner einzigen Kuh, „Mincka" hieß sie. Leider hatte sie schon, bevor ich kam, einen Teil ihrer Milch an meine ‚so lieben Mitsiedler' abgegeben. Es waren primitive, böse Leute, die mich ständig spüren ließen, dass ich nicht zu ihnen gehörte und die längst wussten, dass ich eine enteignete Rittergutsbesitzerin war. Man vergisst ja so vieles, aber ich weiß noch genau, als ich einen großen, schweren Korb mit Runkelrüben aus dem Rübenkeller holen musste. Mit der linken

Hand zog ich mich an einem Eisengeländer auf einer ausgetretenen Kellertreppe hoch, mit der rechten Hand hielt ich krampfhaft den schweren Rübenkorb fest, der auf meinem schmalen Rücken hin- und herrutschte und jeden Moment in die Tiefe sausen konnte!

Oder ich stand beim Dreschen unter der Maschine, eingehüllt in Dreck und Staub. Immer wurde mir die schwerste und schmutzigste Arbeit zugeteilt und ich übernahm sie lächelnd und ohne Murren. Im Inneren dachte ich aber und dies weiß ich noch sehr genau: „Euch werde ich es zeigen, mich kriegt Ihr nicht unter." Mein Stolz hat sie vielleicht auch gereizt!

Der Januar verging, der Februar kam und damit der Fastnachtstag! Mit den beiden Großen überlegte ich, wie sie sich verkleiden könnten und sie schwirrten voll Freude ab in die Schule. Vergnügt sprangen sie mir am Mittag entgegen und nun sollte der Fastnachtskinderspaß beginnen! Aber – oh Gott! Dieses – wieder weiß ich dies noch sehr genau – wie schwer es mir fiel, meinen Kindern eine bittere Enttäuschung bereiten zu müssen. Für die Kinder stürzt in solchen Momenten wohl eine kleine Welt zusammen und vielleicht haben sie von diesem Moment an gespürt, dass wir heimatlos werden, auch wenn sie dieses schwerwiegende, schicksalsträchtige Wort in seiner Tragweite noch nicht begreifen konnten.

Was war geschehen? Am Morgen dieses Tages bekam ich offiziellen Besuch vom so genannten politischen Landrat, einem ehemaligen Ochsenknecht und Gelegenheitsarbeiter, einem Erzkommunisten. Leider muss ich sagen, dass diese Leute schlimmer mit uns umgingen, als die Russen, zumindest zu dieser Zeit. Der 1. Landrat, der mir wohl gesonnen war, befand sich im Urlaub und wusste nichts von der bösen Tat seines Stellvertreters, wie ich später erfuhr. Dieser Mensch lümmelte sich provozierend auf meiner Couch und eröffnete mir voller Hass: „Sie haben morgen mit ihren Kindern die Siedlung zu verlassen. Sie sind die Einzige der ‚Junker‘, die noch im Kreis Meißen lebt. Außerdem ist bekannt geworden, dass Sie noch Kontakt mit ihren Leuten haben, vor allem mit diesem Schafmeister." Auf meine entsetzte Frage: „Was soll denn aus mir und meinen Kindern werden", kam die hasserfüllte Antwort: „Verrecken sollt Ihr", dann rauschte er davon.

Ich kann heute nicht mehr sagen, wie mir zu Mute war, aber ich hatte die Kraft sofort zu handeln. Ich konnte mich mit einem Bauer in Verbindung setzen, der in jedem Jahr Schafböcke aus der Gödelitzer Hochzucht gekauft hatte und mich gut kannte. Sofort war er bereit, mich am nächsten Tag abzuholen und mich mit meinen Kindern zunächst aufzunehmen; was für diese Familie, in der damaligen Zeit, wo die ehemaligen Rittergutsbesitzer Freiwild waren, eine echte Gefahr bedeutete. Er kam mit einem Traktor und Grassen, so genannten ‚Gummiwagen‘ und es ist mir heute noch völlig schleierhaft, wie wir diesen Auszug in aller Schnelligkeit bewältigt haben. Ich glaube, in solchen Momenten hat man übermenschliche Kräfte und wächst über sich selbst hinaus!

Nun ging es wiederum durch Dörfer, über rumpelnde Straßen. Zusammengekauert, es war doch Winter und sehr kalt, zeigte die kleine Bärbel plötzlich auf ein schmuckes Häuschen und sagte ganz traurig: „Ach, Mammi, wenn wir doch nur so ein kleines Häuschen wieder für uns hätten." Sicher habe ich nicht darauf geantwortet, aber in das Herz hat es mir geschnitten, sonst wüsste ich diesen Satz nicht mehr so genau und ich werde ihn nie vergessen.

Meine armen Kinder und welch langen Weg des Leides und der Entbehrungen hatten wir noch vor uns! Ein Segen, dass wir dies vorher nicht wussten.

In Blenkenstein, so hieß das Dorf, in dem der Bauer Fischer wohnte, empfing uns seine Frau sehr herzlich und wir wurden mit diesem ‚Transport', zu dem ja nicht nur meine Kinder und ich gehörten, sondern auch die Möbel und Sachen, die ich von Gödelitz nach Wuhsen mitgenommen hatte, untergebracht. Für diese Hilfsbereitschaft damals, ist für die Familie Fischer kein Dank groß genug. Ich weiß noch, dass wir alle todmüde und erschöpft waren und die beiden Kleinen, wenn ich mich recht erinnere, aus Platzmangel in der Badewanne schlafen mussten. Die Kinder also schliefen und ich saß mit Herrn und Frau Fischer in der Bauernstube und wir beratschlagten, wie alles weiter gehen könnte. Ich weiß noch, dass ich auf einer Ofenbank saß und der gemütliche Kachelofen mir den Rücken wärmte. Das tat wohl an diesem Abend, an dem ich bis in die tiefste Seele getroffen war! Plötzlich klingelte es an der Haustür, es ging schon auf Mitternacht zu, und wir erschraken. Herr

Fischer sagte „das ist sehr ungewöhnlich um diese Zeit"
und ging zur Haustür. Frau Fischer und ich hielten den
Atem an und lauschten gespannt auf die Männerstimmen.
Als Herr Fischer allein zurückkam, waren wir im
Moment erleichtert. Aber, nun kam der Schock: Der
Bürgermeister des Ortes, der von der kommunistischen
Kreisverwaltung eingesetzt war und Gott sei Dank einen
guten Draht zu Herrn Fischer hatte, war aufgefordert
worden, mich mit meinen Kindern zu verhaften, wenn
wir nicht sofort den Kreis Meißen verlassen würden.
Man hatte also bereits gehört, wohin wir geflüchtet
waren. Diesem Bürgermeister und Herrn Fischer habe
ich zu verdanken, dass wir damals nicht auf der Stelle
verhaftet wurden, oder bei Nacht und Nebel irgendwohin hatten flüchten müssen. Beide Männer hatten vereinbart, dass der Haftbefehl bis zum nächsten Tag
zurückgehalten wird. Herr Fischer musste zusagen,
mich am nächsten Morgen aus dem Kreis Meißen hin-
auszubringen. In dieser Nacht haben Fischers und ich
wohl kein Auge zugetan, denn wir mussten ja die nächste Flucht vorbereiten. Aber wohin??
Gott sei Dank hatte Frau Fischer eine Schwester, die in
Leisnig, Kreis Döbeln wohnte und mit einem Tischler-
meister verheiratet war, der ein eigenes Geschäft besaß.
Sie meinte, dorthin könnten wir zunächst und dann
würde man weitersehen. Also nahm die gute Frau
Fischer die Gefahr auf sich uns ‚Verfolgte' am nächsten
Morgen heimlich über Felder zur Kleinbahn zu beglei-
ten. Wir durften möglichst von niemandem gesehen
werden.

In Leisnig angekommen, nahmen auch diese Leute (ich weiß heute nicht mehr ihren Namen) uns herzlich auf und versteckten uns sofort in den oberen Räumen ihres Geschäftshauses. Dass wir dort nicht bleiben konnten, war völlig klar und ich versuchte sofort eine Botschaft nach Langen zu Dr. Scherer zu schicken. Dr. Scherers einziger Sohn war vor Jahren als Landwirtschaftslehrling in Gödelitz gewesen. Leider war er gefallen. Als uns Scherers einmal in Gödelitz besuchten, vereinbarten wir, dass jede Familie bei der anderen Zuflucht finden könne, je nachdem wie der Krieg ausgehen würde. Also war Dr. Scherer im Westen meine einzige Zuflucht. Wie lange wir in Leisnig versteckt waren, bis alles geregelt war, bis wir mit einem ausgekalkten Güterwagen voller Flüchtlinge gegen Westen ziehen konnten, kann ich heute nicht mehr sagen. Ich erinnere mich aber genau, dass ich jedes Mal, wenn unten im Haus die Ladenglocke läutete, ich zu tode erschrak und dachte „jetzt holen sie uns!" Dies Erschrecken bin ich bis heute nicht mehr losgeworden.

Eines Tages war es so weit und die Flucht über die Grenze begann! Peter und Bärbel mit ihren Schulranzen voller Zwiebäcke als Reiseproviant; die beiden Kleinen konnten noch nichts tragen und ich hatte einen Rucksack, unter dem ich schier zusammenbrach. Unter anderem enthielt er Papis schweres in Leder gebundenes Tagebuch, das zu retten mir wichtiger war, als viele andere Dinge. Wie gut und wichtig ist es heute, dass dieses Buch der Familie erhalten blieb! Sicher können sich meine beiden Großen noch an viel mehr Einzelheiten erinnern, als ich. Sie konnten mit ihren sechs und sieben Jahren doch schon Vieles aufnehmen. Ich weiß eigentlich nur noch, dass wir eine Nacht in einer völlig überfüllten und verrauchten alten Bahnhofsgaststätte saßen, beziehungsweise mehr übereinander gelegen haben, dass ich stockheiser war und dass wir dann irgendwann in einem Güterwagen verfrachtet wurden, zusammen mit vielen, vielen Flüchtlingen. Ich meine mich an eine Frau mit einem Vogelbauer zu erinnern. Wir saßen alle mehr über als nebeneinander. Es war furchtbar! Aber das furchtbarste sollte noch kommen.

Plötzlich hielt der lange Zug auf freier Strecke an einem Hang, der zu einem Wald führte. Ich habe dieses Bild noch genau vor Augen. Man hörte, die Lokomotive habe einen Schaden und es könne lange dauern, bis eine Weiterfahrt möglich sei. Die Menschen stürzten ins Freie, froh frische Luft zu atmen und das Nötigste zu verrichten. Plötzlich ertönte ein schriller Pfiff und der Zug setzte sich langsam in Bewegung, obwohl noch viele, viele Menschen draußen waren. Eine Panik entstand und ich weiß heute nicht mehr, wie alles geschah! Wir saßen in unserem Waggon und der kleine Axel fehlte! Der Zug rollte unerbittlich weiter und wir waren nur noch Vier. Ich war wie versteinert. Keine Träne kam, kein Schreien, kein Jammern. Ich hatte nur ein Gefühl der völligen Ohnmacht und als sei ich plötzlich eine uralte Frau. Ein solches Gefühl kann man eigentlich nicht beschreiben. Dieses innere Erstarren vergisst man ein Leben lang nicht. Bärbelchen weinte und rief immer: „Wo ist denn unser Axel, Mami, wo ist denn unser Axel?".

Wir fuhren durch das so genannte ‚Niemandsland' und kamen nach Gerstungen, kurz vor Bebra. In Gerstungen hielt der Zug nicht, fuhr aber im Schritt-Tempo. Ein lieber, junger Mann, der in unserem Waggon saß, sprang heraus und rannte am Zug entlang. Er rief laut in jeden Wagen hinein: „Ist hier ein kleiner Junge, der nicht zu Ihnen gehört?" Im allerletzten Wagen saß unser Kleiner und rief kläglich: „Wo ist denn meine Mami?" Der nette, junge Mann winkte mit beiden Armen und nun wussten wir, wir hatten unseren kleinen Axel wieder. In Bebra brachten ihn dann die Leute, die ihn einfach schnell mit in den Zug genommen hatten, zu uns. Ich schwor mir, nun nur noch meine vier Kinder fest im Auge zu haben. Natürlich hatte ich auch nur zwei Hände, um sie festzuhalten. Oft und lange habe ich noch geträumt, dass der kleine Axel im Wald umhergeirrt ist und der Zug mit uns davon rollte – oh Gott!

Wir kamen in Langen an: Vier kleine Zwerge mit einer jungen Mutter. Auch hier erregten wir Aufsehen, ich glaube oft auch Mitleid. Ich sehe meine Vier noch vor mir. Auch dieses Bild werde ich nie vergessen:

Aus grauen Pferdedecken hatte ich ihnen (noch in Gödelitz) Anzüge nähen lassen. Lange Hosen mit Trägern und dazu Jacken und Kapuzen; die Jungs grün abgesteppt, die Mädchen rot. Sie sahen wonnig aus, wirklich wie vier kleine Zwerge aus dem Märchenbuch. So kamen wir also auf dem Bahnhof in Langen an. Kein Mensch wusste unsere genaue Ankunft und so musste ich mich zum Haus Dr. Scherer durchfragen. Unser Peterchen musste unterwegs mal und dies war in dieser

Verkleidung und der Kälte immerhin ein schwieriger Akt.

Endlich landeten wir vor Dr. Scherers großem Haus und standen plötzlich in einem hell erleuchteten Salon, ringsum glitzerte Silber und Porzellan und es war wie eine Verzauberung nach allem was wir erlebt hatten.

Auch da sind mir die Gedanken und Gefühle in Erinnerung geblieben, als ich in diesem Salon stand. Ich dachte: „Gott sei Dank, dass es noch Menschen gibt, die dies alles noch besitzen". Kein Funke von Neid war in mir, obwohl ich wusste, dass wir nicht weiter und tiefer fallen konnten und ich von nun an von der Gnade und Barmherzigkeit fremder Menschen abhängig war. Eines dachte ich aber vor allem: „Du hast deine Kinder gerettet und unser Papi lebt noch, wenn auch in der Gefangenschaft und die armen Scherers hatten ihr einziges Kind verloren". Wie dankbar konnte ich doch sein.

Gustav Doubrava

Drüben und Herüben – blind erlebt

Stationen eines Sudetenbayern

Von dort komme ich

Es war kurz nach 5 Uhr am Montag, dem 9. August 1937 als mich meine Mutter zum ersten Male sah. Natürlich war ich ein schönes Kind, wenn nicht das schönste überhaupt. Und meine Mutter war in diesem Moment bestimmt die glücklichste aller Mütter.

13 Jahre waren sie bereits verheiratet. Sie hatten sich so nach Kindern gesehnt, hatten eigentlich die Hoffnung schon aufgegeben und siehe da, sie wurde schwanger. 36 war sie bei meiner Geburt und mein Vater 37.

Wie er meine Ankunft erlebt hat, weiß ich nicht. Ich weiß nicht einmal, ob er daheim war oder im Dienst bei der Bahn. Die Väter waren damals bei der Geburt noch nicht dabei. Das hätte die Hebamme sicher nicht zugelassen, denn Kinderkriegen war Frauensache.

Mein Vater war Eisenbahner bei der Tschechoslowakischen Staatsbahn am Rangierbahnhof in Böhmisch Trübau (Ceska Trebova). Das sonst eher unscheinbare Städtchen verdankt seine Bekanntheit der Eisenbahn. Dort gabelt sich die Hauptstrecke aus Prag (Praha) kommend in die Äste nach Brünn (Brno) und weiter nach Wien und Preßburg (Bratislava) sowie nach Olmütz (Olomouc) und weiter nach Ostrau (Ostrava). Ein weit verzweigtes Netz von Nebenbahnen kam hinzu, so dass es auf dem Rangierbahnhof viel Arbeit gab. Harfe nannten die Eisenbahner den Ablaufberg mit den vielen Gleisen. Die Rangierer rannten mit den Hemmschuhen über die Gleise, warfen sie auf die Schienen und sorgten so für einen möglichst sanften „Aufprall" der rollenden Güterwagen auf die bereits dort stehenden. Es wurde viel gebrüllt bei dieser Arbeit und Unfälle waren keine Seltenheit. Mein Vater brachte es auch nicht weit im Dienst von insgesamt vier Bahnunternehmen. Bei der tschechoslowakischen Staatsbahn warf er Hemmschuhe, um Güterwagen zu bremsen. Bei der k.u.k. Staatsbahn, wo er 1918 eintrat, fuhr er als Bremser auf Güterzügen hauptsächlich auf der Strecke von Wien nach Triest. Wer nur bremst, kann nichts werden.

Als Böhmen noch bei Österreich war, lebten Deutsche und Tschechen gleichberechtigt zusammen. Der Schönhengstgau – so genannt nach dem Bergrücken Schönhengst im Gebirgszug der Sudeten – bildete eine mehrerer deutscher Sprachinseln in dem sonst überwiegend von Tschechen bewohnten Böhmen und Mähren. Die Leute wuchsen dort meist zweisprachig auf. Die Tschechen konnten soviel Deutsch, dass sie sich mit Deutschen verständigen konnten. Und umgekehrt kamen die Deutschen mit Tschechisch zurecht, auch wenn es holperte. Meine Mutter besuchte – ich weiß nicht wie lange – die tschechische Schule in Böhmisch Trübau und erlernte so auch die Schriftsprache. Kinder aus großen Familien, die keine Berufsausbildung erhielten, weil man sich das Lehrgeld nicht für alle leisten konnte, kamen nach der Schule oft zu tschechischen

Bauern in Stellung. Andere gingen in die Fabrik oder zur Bahn. Verlockend war auch Wien.

Zur Minderheit wurden die 3 Millionen Deutschen erst nach Gründung der Tschechoslowakischen Republik 1918. Der Staat versuchte alles, die Deutschen zu tschechisieren. So wurden in Deutschen Dörfern tschechische Schulen eingerichtet. So gab es politischen Druck, um die Kinder in die tschechischen Schulen zu bringen. Es bildete sich ein Deutscher Kulturverband, der eigene private Schulen einrichtete, um gegenzusteuern. War es da nicht verständlich, dass die Deutschen den Drang hatten „heim ins Reich" zu kommen?

Es gab mich also und wer immer von meiner Existenz erfuhr, freute sich mit meinen Eltern, nichts ahnend, dass da eine böse Überraschung bevorstand. Sicher wurde ich in den ersten Wochen nicht überall herumgezeigt. Es war nicht üblich, Säuglinge mit ins Wirtshaus zu nehmen oder gar mit auf Reisen. Bei Ausfahrten im Kinderwagen achteten Mütter schon sehr darauf, dass neugierige Frauen nicht zu lange und zu intensiv in den Kinderwagen starrten. „Beriefen" nannte man das und es soll negative Auswirkungen mit sich gebracht haben. Als ich etwa drei Monate alt war, fiel meinen Eltern auf, dass ich auf optische Reize nicht ansprach; weder auf glänzende Gegenstände noch auf das Lächeln der Mutter. Das gab Anlass zur Beunruhigung und zur Sorge. Der Augenarzt, dem sie mich vorstellten, vermutete ein ererbtes Augenleiden. Damit lag er aber voll daneben. Auch die Großeltern konnten sich nicht daran erinnern, dass da jemand nicht gut sehen konnte oder gar blind war. Die Ratlosigkeit des Augenarztes war das Startsignal für eine Tour durch die Augenkliniken in Prag, Brünn, Breslau und Wien. Dazwischen fuhren sie mit mir noch zu berühmten niedergelassenen Ärzten und zu solchen mit privaten Augenkliniken. An Breslau und Wien kann ich mich schon erinnern, auch an einen Dr. Peppmüller in Zittau im südlichen Sachsen und an einen finnischen Augenarzt in Wien, der sich beinahe dafür verbürgen wollte, dass das wieder wird, bei guter und vitaminreicher Ernährung und spätestens in der Pubertät. Woher ich das so genau weiß? Meine Geschichte wurde so offen und selbstverständlich erzählt und erzählt, so dass ich im Laufe der Jahre vieles aufgeschnappt habe.

Station in Triebitz

Nach dem Anschluss des Sudetenlandes an das Reich und nach der Proklamation des Protektorats Böhmen und Mähren, wechselte mein Vater die Bahn und somit den Dienstort. Wie das dienstrechtlich vollzogen wurde weiß ich nicht. Jedenfalls zogen wir aus dem Protektorat hinaus ins etwa 7 Kilometer entfernte Triebitz (Trebovice). Eine Dienstwohnung im 1. Stock, bestehend aus drei Räumen, einer Küche, einem großen und einem kleineren Zimmer, sowie einer Speisekammer, einem Keller, ja und einem Abort, zusammen mit der Nachbarsfamilie in einem Dienstgebäude am Bahnhof war ein verbessertes Wohnumfeld. Mein Vater hatte seinen

Arbeitsplatz als Partieführer gewissermaßen vor der Tür. Auch in Triebitz wurde rangiert, wurden Lokomotiven „umgespannt", Güterwagen zur Be- und Entladung bereitgestellt und für die Weiterfahrt nach Landskron oder Mährisch Trübau aus Güterzügen herausrangiert.

In Triebitz gab es sogar als Segnung des Deutschen Reichs eine Mütterberatung. Darunter darf man sich keine Erziehungsberatung vorstellen. Die Kinder wurden gewogen und gemessen, geimpft und oberflächlich untersucht. Ich ging unter den Kriterien, die da zu beachten waren durch, ohne aufzufallen. Meine Mutter nahm sich viel Zeit für mich. Sie spielte mit mir, versetzte sich in die Lage, dass ich Vieles nicht sah, gab mir unerreichbare Gegenstände in die Hand, räumte Gefahren aus dem Weg. Obwohl sie Freude an mir hatte und so Vieles richtig machte, belastete sie mein Zustand so sehr, dass sie ihr Haar seit meiner Geburt glatt und zu einem Knoten gebunden trug. Ein Kind zu haben, das fast nichts sehen konnte, galt schon noch als Makel. So um die Zeit nach Kriegsbeginn am 1. September 1939 entschieden sich meine Eltern für ein zweites Kind. Sie wollten, dass „er" einmal nicht allein dasteht. Am 1. Juli 1940 kam mein Bruder Erwin zur Welt.

Was konnte ich also noch oder nicht sehen? Was mir half, waren Kontraste. Ich konnte die Fenster in einem Zimmer als helle Flächen an der Wand sehen, jedoch so gut wie keine Gegenstände im Raum. Am Abend sah ich das Licht an der Decke und Gegenstände auf dem Tisch, wenn diese sich von der hellen Tischdecke oder

Tischplatte abhoben. Menschen erkannte ich nicht. Draußen gelang es mir bei gutem Tageslicht und bei deutlichem Kontrast Männer und Frauen an den Beinen zu unterscheiden. Männer trugen lange Hosen und ihre Beine waren somit stärker als die Beine der Frauen. Offene Türen hoben sich von der hellen Fassade ab, Fahrzeuge von der Straße. Schatten der Bäume auf der Straße verunsicherten mich, weil ich nicht mehr sicher war, ob da was im Weg war oder nicht. Farben konnte ich nicht unterscheiden. Für mich gab es hell und dunkel und nicht ganz hell oder nicht ganz dunkel. Einen Vogel in der Luft und einen Fisch im Wasser habe ich nie gesehen. An trüben Tagen oder in der Dämmerung hörte ich auf zu sehen. Bei Dunkelheit nahm ich nur noch Lichtquellen wahr.

Wenn sie später mein gutes räumliches Vorstellungs- vermögen und mein Erinnerungsvermögen an banale Dinge bewunderten, hingen diese Fähigkeiten wohl damit zusammen, dass ich mir Innen- wie auch Außen- räume visuell einprägte, so gut ich das halt konnte, um auch noch bei Dunkelheit an bestimmten Merkmalen zu wissen, wo ich war oder wohin ich wollte. Da spielten Gitterroste vor den Türen, Kellerfenster aus denen es moderte, Raumgerüche, die Ausformung von Türklin- ken usw. durchaus eine Rolle. Ich hatte einen starken Drang, Dinge die ich nicht sehen konnte, tastend wahr- zunehmen und Zusammenhänge, die mir unklar blieben, weil zu ihrem Verstehen etwas nicht Sichtbares fehlte, zu hinterfragen.

An meinem Bruder Erwin, der gut sehen konnte, hatte

ich soviel Freude, wie Erstgeborene halt empfinden, wenn sich nicht mehr alles um sie allein dreht. Er hat mir auch alles kaputt gemacht und für meine Ohren zuviel geheult. Meine Eltern mussten aufpassen, ihn nicht zu benachteiligen, denn ihre besondere Aufmerksamkeit galt immer mir, als dem Sorgenkind. Später hat er es bestimmt gemerkt, vielleicht sogar ein Stück weit verstanden, wohl aber auch darunter gelitten.

Als es Zeit dafür war, kam ich in den Kindergarten. Doch das ging nicht gut. Dort war es sehr laut und die Kinder bewegten sich zu schnell und durcheinander im Raum. Wenn wir etwas gemeinsam bauen sollten, sorgte ich oft für Einstürze und bei irgendwelchen Legespielen waren Farben wichtig. Wir hatten ein Puzzle aus Holzwürfeln, deren sechs Flächen jeweils mit einem Teil eines Bildes beklebt waren, da musste ich passen. Am liebsten baute ich Häuser, reihte Bausteine zu langen Zügen aneinander und fuhr damit auf nicht vorhandenen Gleisen, rangierte „Wagen" aus und ein, wie mein Vater. Dafür hatten die anderen kein Verständnis. Sie begriffen nicht, dass der Tisch ein Bahnhof mit Gleisen war und die Bausteine Züge. Also warfen sie mir alles durcheinander. Die Kindergärtnerinnen waren entweder nicht gut ausgebildet oder die Gruppen waren zu groß. Mir gelang es jedenfalls, davonzulaufen. Den Weg nach Hause fand ich. Meine überraschte Mutter verstand das zunächst nicht. Sie brachte mich zurück. Erst als ich meine Flucht wiederholte, durfte ich daheim bleiben. Wir spielten mit Begeisterung blinde Kuh. Das gefiel mir, weil ich die anderen immer erwischte. Wenn meine

Mutter eingekauft hatte, baute ich Züge aus Waschpulverschachteln, Kunsthonigwürfeln, Streichholzpackungen, kurzum aus allem was eckig war. Die Nachbarskinder waren oft bei uns. Meine Mutter las und erzählte uns Märchen. Das war besonders in der Dämmerung sehr schön und oft aufregend und spannend. Natürlich wurde auch gesungen und gelacht.

Ich fand, dass man am Bahnhof wunderbar spielen konnte. Da waren Stöße von Rundhölzern gelagert, zwischen und hinter denen man sich gut verstecken konnte. Da lagen dicke Betonrohre durch die wir krochen oder in die wir hineinkletterten, wenn sie mit der Öffnung auf dem Boden standen. Da waren abgestellte Eisenbahnwagen, die nicht abgesperrt waren, Güterwagen mit Bremserhäuschen, Lastautos, die kamen und fuhren und weniger häufig Personenautos, wie der Doktor eines hatte.

Die Kinder hatten Trittroller und sausten auf dem Vorplatz und zwischen den Gebäuden herum. Ich fuhr auf meinem Dreirad hinterher, was die Beine hergaben. Einmal fuhr ich über einen Gitterrost. Das Vorderrad versank zwischen den Stäben, so dass ich mit den Knien aus voller Fahrt über den Rost rutschte. Es dauerte lange, bis meine Knie wieder abgeheilt waren. Bei einem Sturz schlug ich mir die Unterlippe durch und ein anderes Mal zog ich mir eine Platzwunde am Kopf zu. Viele Beulen und Stürze habe ich längst vergessen.

Weniger passierte beim Schlitten fahren. Da hatte ich die Situation besser im Griff. Der weiße Schnee, die dunkel gekleideten Kinder und die Bäume und

Sträucher hoben sich gut voneinander ab. Dennoch fuhr ich einmal in voller Fahrt gegen einen Mast. Orientierungslos war ich dann aber wieder auf der schneefreien Straße, als einer dunklen Fläche ohne jeden Kontrast.

Krieg hinter der Front

Allmählich machte sich Deutschlands neue Größe und der Krieg in unserem Alltag bemerkbar. Auf einmal war unser Name, selbst in der ohne Urkunde geänderten Schreibweise mit „w" (Doubrawa) nicht mehr genehm. Mein Vater wurde bedrängt, einen deutscheren Familiennamen anzunehmen. Er weigerte sich.
Die Männer am Bahnhof wurden mehr und mehr eingezogen, was meinem Vater wegen eines Herzklappenfehlers erspart blieb. Also musste er wenigstens versetzt werden, so dass er tagelang nicht heim kommen konnte. Damit waren die Frauen am Bahnhof einstweilen zufrieden. Mein Vater hielt nichts von Politik und vom Führer schon gleich gar nichts. Er war auch nicht in der Partei, was man ihm damit vergalt, ihn bei Beförderungen zu übersehen. Man drohte ihm stattdessen nach dem Endsieg die Versetzung in die Ukraine an.
Es war noch vor meiner Einschulung 1943, als die NSV (Nationalsozialistische Volkswohlfahrt) zu einem Vortrag über Volksgesundheit und was dafür zu tun ist, einlud. Meine Mutter ging mehr oder weniger gedrängt auch hin. Die Referentin brachte die Nürnberger Gesetze und die herrschende Meinung für die Landbevöl-

kerung herunter auf die Formulierung: „Krüppel gehören auf den Mist und Mist gehört darauf!" Während der Saal Beifall klatschte, rastete meine Mutter aus. Das war zuviel. Zwei Nachbarinnen schafften es gerade noch, sie daran zu hindern, auf die Referentin loszugehen. Selbst daheim konnte sie sich nicht beruhigen. Was ihr blieb, war die Angst um mich, stand doch meine Einschulung bevor. Die nächstgelegene Blindenschule war in Aussig (Usti nad Labem). Und wer weiß, was sie dort mit mir machen würden. Also ging sie zum Schulleiter in Triebitz, dem Oberlehrer Tomsche, klagte ihm ihr Leid und flehte ihn an, mich in Triebitz einzuschulen. Sie hatte Erfolg. Oberlehrer Tomsche ermöglichte es, dass ich in die Volksschule am Heimatort gehen durfte. Er nahm auf seine Kappe, mich dem Schulamt nicht als blind zu melden. Er selbst führte damals die 1./2. Klasse. Ich durfte oft nachsitzen, nämlich immer dann, wenn im Unterricht etwas dran war, was ich ohne zu sehen, nicht begreifen konnte. Der Herr Oberlehrer schnitt mir Buchstaben aus Pappe aus, damit ich sie mir vorstellen und einprägen konnte. Er ließ mich aber, wie die anderen auch, auf der Schiefertafel schreiben, später auch ins Heft, jedoch ohne Zeilen einzuhalten. Ich selber konnte nicht lesen, was ich geschrieben hatte, wohl aber meine Mutter und der Herr Oberlehrer. Ich saß zwar in der ersten Bank, doch das half nichts. Die Wandtafel konnte ich, von trüben Tagen abgesehen, schon sehen, aber halt nur als dunkles Rechteck vor der hellen Wand. Nach einem Jahr kam ich in die 2. Klasse auch bei Herrn Oberlehrer Tomsche. Im Herbst 1944 wurde die Schule bis auf ein Schulzimmer zum Lazarett. Wir hatten nur mehr an einem Tag in der Woche Schule. Das musste reichen, um die Hausaufgaben vorzuzeigen und neue zu bekommen.

Ich bekam etwa um meine Einschulung herum eine Brille. Sie half eigentlich nichts. Die Augen sollten halt geschont werden. Das war damals die vorherrschende Prophylaxe.

Meine Eltern hatten mich noch nicht „aufgegeben". Meine Mutter betete viel für mich. Wir gingen jeden Sonntag in die Messe, zur Nachmittagsandacht, in die Maiandacht und zum Rosenkranz. Meine Mutter besuchte mit mir Wallfahrtsorte und hoffte gläubig auf ein Wunder. An einen längeren Aufenthalt in Philipsdorf, das muss in Nordböhmen nicht weit von Reichenberg (Liberec) sein, erinnere ich mich noch gut. Das eigentlich Aufregende war, dass die Räder der Lok unseres Zuges bei heftigem Regen auf einer Steigung durchdrehten und wir langsam rückwärts rollten.

Auch sonst probierten sie alle guten Ratschläge, ob von Ärzten oder von wohlmeinenden Leuten an mir aus. Da wurden die Augen gebadet, da musste ich viel Honig essen und Möhren. Ja selbst von guter Butter versprachen sich manche Leute was.

Vor unserem Wohnhaus wurde ein Gleis um einige Wagenlängen für Munitionszüge verlängert. Die Munition wurde von Kriegsgefangenen auf beschlagnahmte LKW verladen und von Wehrmachtsangehörigen in eigens dafür angelegte Depots in den Wäldern verbracht. Den Kriegsgefangenen ging es nicht gut. Meine

Mutter hat regelmäßig ein extra angefertigtes langes und schmales Säckchen mit gekochten Kartoffeln in ein Versteck gebracht und am nächsten Tag dort wieder geleert vorgefunden. Das durfte niemand wissen. Es kamen auch Judentransporte in offenen Güterwagen durch. Sie standen länger auf dem Bahnhof, um kriegswichtige und auch planmäßige Züge vorbei zu lassen. Die Frauen konnten das nicht mit ansehen. Sie packten geschnittenes Brot ein und machten Milch heiß für die armen Leute im Zug. Es gab Wachmannschaften, die wegschauten, aber auch andere. Die Sache eskalierte und meinem Vater wurde mit dem Kriegsgericht gedroht, wenn seine Frau nicht aufhörte, die Juden zu versorgen.

Langsam fingen immer mehr Menschen an, am Endsieg zu zweifeln. Die Parole „Räder rollen für den Sieg" die in großen Buchstaben auf dem Schlepp-Tender der uralten Dampflok stand, die tagsüber für Rangierbewegungen eingesetzt wurde und die nächtens bei Fliegeralarm pfeifen sollte, rissen niemand mehr mit. Die Flieger kamen nicht nachts, sondern tags. Es waren Tiefflieger der Russen, die es darauf anlegten, die Kessel der Lokomotiven zu durchschießen, um so den Nachschub an die Front zu behindern. Auf der anderen Seite des Bahnhofs ging mitten im Feld eine Flak in Stellung, was zur Folge hatte, dass die Tiefflieger die Züge mehr auf freier Strecke angriffen. Immer häufiger blieben Versorgungszüge liegen. Wenn man es geschickt anstellte, konnte man sich eindecken mit Zucker und Mehl in Säcken, Butter und Fleischkonserven, Zigaretten und Spiritu-

osen. Den Plünderern drohten freilich auch hohe Strafen.
Auf dem Schulhof wurde ein Splittergraben angelegt,
der äußerlich wie ein Erdwall aussah. Bei Luftangriffen
sollten wir in Deckung gehen. Wenn nichts anderes
möglich war, hieß das, sich in den Straßengraben zu
werfen und den Kopf zu schützen.

In den Städten wie Landskron und an den Dorfeinfahr-
ten wurden Panzersperren errichtet, die die Rote Armee,
wenn sie denn überhaupt soweit kommen würde, am
Vordringen hindern sollten. Dicke Baumstämme wurden, angeordnet wie zur Fahrbahn hin offene Us neben
der Straße in die Erde gerammt. In die beiden Us aus
Pfählen wurden von oben her Baumstämme eingelegt,
die somit quer zur Fahrbahn lagen. In den Städten baute
man die Sperren so, dass die Stämme hochgezogen wurden und die ganze Anlage wie ein Tor aussah. Im Ernst-
fall brauchte man dann nur noch die Querstämme herunter zu lassen.

Mein Vater wurde wenige Monate vor Kriegsende noch
zum Volkssturm eingezogen. Zusammen mit wesentlich
älteren Männern und ganz jungen Burschen, lernte er
mit einer gewehrähnlichen Holzlatte, wie man das
Gewehr anlegt. Zum Einsatz kamen sie Gott sei Dank
nicht mehr.

Der 8. Mai und was dann kam

An den 8. Mai 1945 erinnere ich mich noch sehr gut. Es
war ein sonniger aber noch kühler Morgen. Ich stand vor

dem Haus in der Sonne. Die Menschen waren so seltsam aufgeregt. So wie sie redeten, schwang da sowohl Freude als auch Sorge mit. Die Nachricht verbreitete sich wie ein Lauffeuer: Der Krieg ist aus! Das Radio habe das gemeldet. Was das zu bedeuten hatte, war mir absolut nicht klar. Ich habe es dann aber erlebt.

Alle hofften, dass die Amerikaner kommen würden. Die großen Mädchen holten ihre Englischbücher und lehrten uns „father and mother". Ob es schon am nächsten Tag oder später geschah, weiß ich nicht. Wir lagen im Garten neben dem Wasserturm und lernten englisch, als Soldaten vor dem Bahnhof vorfuhren. Es waren Russen. Sie besetzten den Bahnhof und feierten gleich ihren Sieg. Einer holte eine Ziehharmonika und sie sangen. Als sie in den herumstehenden Zügen trinkbaren Alkohol fanden, wurden sie immer ausgelassener. Wir alle waren wie versteinert. Ich weiß nicht mehr, wie wir die wenigen Meter ungesehen bis zu unserer Haustür kamen.

Ein Trupp mongolisch aussehender Soldaten, sie hatten auch eine Frau in Zivil dabei, quartierte sich über uns in den Übernachtungsräumen für das Zugpersonal ein. Sie taten uns nichts. Die Frau kam immer wieder, um sich irgendwelche Gegenstände zu borgen, zum Beispiel das Bügeleisen.

Ich bekam mit, dass sich die Mädchen und Frauen vor den Soldaten verstecken mussten und dass es ihnen fürchterlich schlecht ging, wenn sie sich erwischen ließen. Verstecke waren Dachböden, die hintersten Winkel in Scheunen und in den Feldern. Meine Mutter lief nicht weg, was ihr beinahe zum Verhängnis geworden wäre.

Es klopfte an der Tür und dabei klopfte in diesen Tagen immer auch das Herz. Als es heftiger wurde, machte meine Mutter auf. Ein russischer Soldat kam herein, packte sie, drängte sie ins Schlafzimmer und warf sie auf das Bett. Meine Mutter – sie war 44 – wehrte sich und schrie. Einer inneren Eingebung folgend, rief sie, dass sie Tuberkulose habe. Das verstand er und ließ von ihr ab. Ich stand zitternd vor Aufregung dabei und sah nicht, was vorging. Das mit der Tuberkulose sprach sich schnell herum. Im Nu war das ganze Dorf verseucht.

Einmal kam ein Soldat der früheren Wlassow-Armee. Er gehörte nicht zu den Besatzungstruppen. Er fragte, ob er in unserer Küche auf dem Diwan schlafen dürfte. Er würde dann die Wohnung als seine Wohnung kennzeichnen und die Russen würden uns in Ruhe lassen. Darauf gingen meine Eltern ein. Die Sache funktionierte. Aber eines Tages kam er nicht mehr.

Aus dem Dorf berichteten sie, dass die Panzersperren „gehalten" haben. Die Russen kamen mit pferdebespannten Wagen und leichten Fahrzeugen, umfuhren die Sperren seitlich und rückten über die Felder vor. Die meisten zogen zügig weiter, nur kleine Einheiten blieben als Besatzung. Sie holten sich was sie brauchten, Vieh, Lebensmittel und Frauen. Leuten die sie nicht einließen, schlugen sie die Türen ein und bedrohten sie.

Einmal kamen vier russische Soldaten und verlangten Eier. Ihr Anführer sah mich lange an. Er fragte meine verängstigte Mutter, was mit mir los ist. Sie versuchte ihm mit Worten und Gesten meinen Zustand zu beschreiben. Der Soldat bot meiner Mutter an, uns beide

mit nach Moskau zu nehmen, denn dort seien die besten
Spezialisten. Er wandte sich seinen Kameraden zu und
sagte: Gehen wir, die Frau braucht die Eier für das Kind.
Meine Mutter konnte perfekt Tschechisch, in Wort und
Schrift, aber kein Russisch. Gewisse Wörter und Wort-
stämme sind sich wohl doch so ähnlich, dass eine durch
Gesten unterstützte Verständigung möglich war.
Die deutschen Eisenbahner wurden ohne Rücksicht auf
Dienstgrad und Qualifikation als Streckenarbeiter eingesetzt. Wir mussten unsere Dienstwohnung räumen
und fanden bei einem Kollegen meines Vaters in einem
vom Schwamm befallenen Austragshäuschen Unter-
schlupf.
Die Deutschen mussten weiße und dann gelbe Armbinden tragen und Demütigungen aushalten. Die Tschechen
übernahmen die zivile Verwaltung. Sie trieben es bald
schlimmer als die russischen Besatzer oder Befreier.

Erste Welle der Vertreibung

Eines Tages im Juni ging der Gemeindediener durch das
Dorf und verlas nach einem Signal mit seiner Glocke,
dass sich alle Dorfbewohner noch am selben Tage im
Schulgarten einzufinden hätten und soviel Gepäck mitnehmen sollten, wie sie tragen oder auf Handwagen fahren könnten. Die Leute waren wie gelähmt. Sie wussten,
was das zu bedeuten hatte.
Also packten meine Eltern auf den Handwagen, was in
der Eile wichtig schien, Kleidung, Bettzeug, Geschirr,

Dokumente, etwas zu essen und fuhren mit uns zur Schule. Dort wurde selektiert. Alle, die Haus- und Grundeigentum hatten, und das waren die meisten Dorfbewohner, wurden in Marsch gesetzt, angetrieben von tschechischem Personal, überwiegend jungen Leuten, die als Partisanen bezeichnet wurden. Die Triebitzer verließen unter Tränen ihre Heimat, die sie so schnell nicht mehr wieder sehen sollten. Die alten Menschen, die nicht mehr gehen konnten, wurden auf Schubkarren und Handwagen mitgenommen.

Die Zurückgebliebenen wurden noch an Ort und Stelle in Arbeitsbrigaden eingeteilt, mit dem Auftrag, die Felder zu bestellen. Also verbrachten wir den Sommer 1945 auf den Fluren von Triebitz und zogen von einem Acker zum anderen, bis die Ernte eingebracht war.

Die neuen Bauern, Tschechen aus den Städten, verstanden nichts von der Landwirtschaft. Sie suchten sich Höfe aus und wenn die noch nicht vergeben waren, wurden sie von der tschechischen Gemeindeverwaltung (einem Kommissar und einem Rat des Volkes) als Eigentümer registriert. Die meisten hatten nach zwei Jahren abgewirtschaftet, was mit dazu beitrug, die Landwirtschaft zu verstaatlichen.

Uns Kindern ging es am Rande der Brigaden eigentlich nicht schlecht. Die Frauen (es waren nur wenige ältere Männer dabei) wurden von Aufsehern angetrieben. Meine Mutter, obwohl mit der Feldarbeit durchaus vertraut, war dafür zu schwach und außerdem war sie nie richtig gesund. Die Verpflegung durch die neuen Bauern war sehr unterschiedlich. Manche beließen es bei

Wasser und Brot, andere kochten richtiges Essen.

Eines Tages kam mein Vater von der Arbeit auf der Bahnstrecke nicht nach Hause. Meine Mutter machte sich große Sorgen. Was war passiert? Um die Mittagszeit holten ihn zwei Partisanen ab und brachten ihn in die Schule. Dort wurde er verhört. Ein Partisan, der Sohn eines Nachbarn aus Böhmisch Trübau, beschuldigte meinen Vater, seinem Vater gedroht zu haben, ihm das Haus anzuzünden. Sie verlangten ein Geständnis. Mein Vater hatte keine Gelegenheit, zu widersprechen. Als er sich weigerte, schlugen sie ihn blutig. Nachdem er standhaft blieb, misshandelten sie ihn schwer, ließen dann aber von ihm ab und jagten ihn hinaus, mit der Androhung, ihn umzubringen, wenn er auch nur ein Wort darüber verlöre, was ihm geschehen sei. Das war zuviel für ihn. Erst demütigten ihn die Nazis und dann musste er diese Erniedrigung erfahren. Er schleppte sich blutüberströmt nach Hause, wo er zusammenbrach. Meine Mutter war außer sich. Er konnte nicht reden. Wenn sie in dieser Nacht nicht bei ihm geblieben wäre, hätte er seine Drohung wohl wahr gemacht und sich erhängt. Wie tief sie ihn verletzt hatten, zeigte sich daran, dass sein Haar binnen kurzer Zeit weiß wurde und er für den Rest seines Lebens ein gebrochener Mann war.

Zweite Welle der Vertreibung

Ende September kam der zweite Exodus. In einer halben Stunde sollten wir uns vor der Polizeistation einfinden und nur das Nötigste mitnehmen. Es hieß, dass wir für drei Wochen in die Gegend um Policka kämen, um Zuckerrüben zu ernten. Meine Eltern wussten, dass dort keine Zuckerrüben angebaut wurden. Es war schon finster, als wir mit den Lastwagen in Policka ankamen. Wir mussten uns auf dem Stadtplatz in einem Viereck aufstellen. Es dauerte nicht lange, da kamen die tschechischen Bauern aus den Wirtshäusern um den Stadtplatz, um uns zu mustern. Der Sklavenmarkt begann. Kannst du Feldarbeit? Kannst du melken? Kannst du mit Pferden umgehen? Das waren die Anforderungen. Mein Vater ging gleich weg. Er konnte bei Feldarbeit und bei Pferden mithalten. Ehe er zur Bahn ging, war er schon bei einem tschechischen Bauer als Jungknecht. Der Bauer hieß uns seinen Leiterwagen zu besteigen und los ging es. Meine Mutter und mein Bruder blieben zurück, wurden nicht gebraucht. Ein anderer Bauer nahm sie für Stall- und Feldarbeit mit.

Tage später begegneten sich meine Eltern auf der Straße. Es stellte sich heraus, dass wir im gleichen Dorf Korouhev (Kurau) gelandet waren. Es fand sich ein Raum in einem Austragshäuschen eines Verwandten unseres Bauern und so konnten wir immerhin zusammenziehen. Meiner Mutter ging es schlecht. Sie musste einen großen Kuhstall ausmisten und die Kühe füttern und melken und tagsüber auf den Feldern Dünger ausbringen. Zu essen gab es nur trockenes Brot und schwarzen Kaffee. Mein Bruder Erwin bekam nichts, getreu dem Bibelwort „wer nicht arbeitet soll auch nicht essen". Meine Mutter wurde krank. Sie musste häufig zum Arzt

nach Polička. In seiner Praxis sollte sie die weiße
Armbinde nicht tragen. Keiner käme auf die Idee, sie für
eine Deutsche zu halten. Er gab ihr gute Medikamente
und versuchte sie auch seelisch wieder aufzurichten
Mein Vater und ich hatten es besser. Wir fuhren die erste
Zeit mit einem der beiden Pferde Futterrüben ein. Im
Winter musste mein Vater mit dem Pferd geschlagene
Bäume aus dem Wald an den Weg schleppen. Mich mit-
zunehmen, war ihm zu gefährlich. Also blieb ich auf
dem Hof. Ich trug Holz herein, fütterte die Hühner, bekam den Auftrag, verlegte Eier zu suchen, zerrieb auf
dem Heuboden Klee, den mein Vater trocknete, in Zei-
tungspapier zu Zigaretten rollte und rauchte, während
sein Herr eine Zigarette um die andere qualmte. Die
Bäuerin gab mir den Auftrag, Holzscheite in Späne zu
spalten. Als ich das raus hatte, fing ich auch an, richtig
Holz zu spalten ohne hinzuschauen. Was hätte ich auch
den ganzen Tag treiben sollen. Die Kinder der Bauers-
leute waren in der Schule.
Irgendwann im Herbst fuhr meine Mutter mit Erlaubnis
ihres Bauern und ohne weiße Armbinde nach Triebitz, in
der Hoffnung, Wintersachen und Wäsche aus unserer
dortigen Behausung zu holen. Die Möbel waren weg
und auch der gesamte Hausrat. Auf dem Fußboden verstreut lagen Fotos, zertretene Heiligenbilder und unser
Kreuz, das schon am Bahnhof über dem Tisch in der
Küche hing. Es war klar: Niemand rechnete mehr mit
uns in Triebitz. Solche Situationen machten ihr das Atmen schwer und die Tränen flossen.
Der Pfarrer in Korouhev rechtfertigte in seinen Predig-

ten, was mit den Deutschen geschah. Die Zeitung berichtete immer noch von Gräueltaten der Deutschen an Tschechen. Verlassene und zerstörte Armeefahrzeuge standen entlang der Landstraßen, Uniformteile fanden sich in den Wäldern. Man fand auch nur oberflächlich verscharrte Leichen deutscher Soldaten. Die Rote Armee unter General Breschnew fand dort offenbar keinen großen Widerstand.

Den Leuten im Dorf taten wir allmählich Leid. Wir waren in ein intaktes tschechisches Bauerndorf geraten. Der Bäcker schenkte uns Brot, die Leute brachten uns auch abgelegte Kleidung. Zu Weihnachten 1945 hatten wir ein kleines Bäumchen mit drei oder vier Kerzen drauf. Ich habe gerne in ihr Licht geschaut. Auf Veranlassung guter Menschen erhielten wir ein Paket von UNRA oder UNERA einer Hilfsorganisation der Vereinten Nationen. Drin waren Kekse, Datteln, Feigen, Trockenei und zwei Dosen mit Grapefruitsaft, den wir bis dahin noch nie getrunken hatten. Wir lasen das Evangelium, sangen „Stille Nacht", freuten uns, dass wir zusammen sein konnten und waren traurig, weil wir nicht wussten, wie es den Verwandten in Rathsdorf ergangen war.

Unsere Bauern verständigten sich darauf, dass Mutter und mein Bruder Erwin zu Vater und mir auf den Hof kamen. Dadurch wurde Vieles einfacher. Erwin und ich lernten im Umgang mit den Leuten und den Kindern in diesem Jahr soviel Tschechisch, dass wir keine Verständigungsprobleme hatten. Erwin konnte fast kein Deutsch mehr.

Lagerleben erster Teil

Das Bauernjahr 1946 war ins Land gegangen. Ende September oder Anfang Oktober kam jemand von der Gemeindeverwaltung und eröffnete meinen Eltern, dass wir ins Sammellager nach Landskron gebracht und dann mit einem Transport nach Deutschland abgeschoben würden. Der Tischler machte uns zwei große Kisten, die schon etwas von Truhen hatten, mit fest schließendem Decken, einem Bügel für ein Vorhängeschloss und festen Tragegriffen an den Seiten. Der Schuster war bereit, Schuhe neu zu besohlen und große Reichsmarkscheine unter die neuen Sohlen zu packen. Die Mutter röstete reichlich Brotwürfel als eisernen Vorrat. Wie wir nach Landskron kamen, weiß ich nicht mehr. An das Lager kann ich mich allerdings erinnern.

Es handelte sich um ein Barackenlager für Arbeitsmaiden des Reichsarbeitsdienstes. Wir kamen in Baracke 4. Dort standen Stockbetten für 94 Menschen in einem Raum. Die Familien grenzten ihren „Wohnraum" durch Decken und Betttücher ab. Auch nachts brannte das Licht. Es gab eine zentrale Toilettenbaracke. Bei den Männern hatten die Kabinen keine Türen. Dorthin musste man auch zur Nachtzeit, wenn man musste. Wir hatten auch schwerkranke ältere Menschen im Raum, die stöhnten und unruhig waren. Ein alter Mann starb.

Einmal wachte ich auf. Das Bett über mir knarrte und ächzte unter dem Bewegungsdrang zweier Menschen bedrohlich. Weil ich nicht sehen konnte, war ich daran gewöhnt, in kritischen Situationen erst einmal abzuwarten. Gerade die Ungewissheit regte mich innerlich immer sehr auf. Die Sache dauerte nicht lange. Einordnen konnte ich dieses Ereignis erst viel später.

Die Leute in meiner Umgebung überschätzten einerseits mein spärliches Sehvermögen, andererseits handelten und redeten sie so, als sei ich auch taub. Gerade Gespräche, die ich nicht verstand, weil mir dazu noch der Verstand fehlte, habe ich mir besonders gut gemerkt. Immer wenn die Menschen in meiner Gegenwart etwas sagten, was nichts für mich war, redeten sie leiser und richtig geheimnisvoll. Das war für mich das Signal die Ohren zu spitzen. Dabei tat ich das, was ich gerade tat, einfach weiter. Von Kind an blinde Menschen machen sich zwar keine Bilder. Sie speichern aber durchaus taktile Erlebnisse wie Bilder ab, an die man sich im rechten Moment sehr genau erinnert, wie Sehende an ihre Bilder.

Wir Kinder hatten natürlich schnell Kontakt und so schliefen wir auch durchaus in fremden Betten ein. Neben mir lag ein Mädchen, nur wenig jünger als ich. Sie war auf dem Rücken liegend eingeschlafen. Sie merkte nicht, dass ich ihr Hemdchen nach oben schob und sie vorsichtig betastete. Ich wusste nur, dass Mädchen und Frauen nicht wie Männer pinkeln. Mir wurde schnell klar, woran es ihnen fehlt. Ich hatte das Gefühl, etwas Verbotenes getan zu haben. Also sagte ich nichts. Beschäftigt hat mich diese meine erste Begegnung mit dem anderen Geschlecht aber schon noch sehr. Nur allmählich kam ich hinter die geheimnisvollen Unterschiede.

Sie warteten mit unserem Transport bis das Lager voll war. Zur Vorbereitung erhielten wir Waggonnummern, die wir an der Kleidung befestigen sollten. Wir hatten Nr. 3. Noch im Oktober öffnete sich das Lagertor. 1200 Menschen machten sich auf den Weg Richtung Bahnhof. Die Männer verluden unsere Habe auf Lastwagen. 30 oder 40 Menschen mit Sack und Pack wurden in einem Güterwaggon zusammengepfercht. In der Mitte stand ein Kanonenofen und ein Eimer für die Notdurft. Das war's. Die Fahrt dauerte drei oder vier Tage. Tagsüber standen wir viele Stunden auf Abstellgleisen. Es gab Suppe, Wasser mit etwas Gemüse drin. Gut, dass wir unser geröstetes Brot hatten. Gut auch, dass sie uns nicht in offenen Güterwagen transportierten, wie die Deutschen die Juden.

Einfahrt frei nach Bayern

Am Grenzbahnhof in Domazlice (Taus) trat ein amerikanischer Offizier in die Waggontür. Er bezweifelte, dass jede Person die 50 Kilo Gepäck hat, wie das zwischen den Großmächten für die Aussiedlung der Deutschen vereinbart war. Also ließ er unseren Waggon und stichprobenweise mehrere andere räumen und nachwiegen. In unserem Waggon waren einige ehemalige deutsche Soldaten, die außer einem Kochgeschirr nur hatten, was sie auf dem Leibe trugen. Der Eiergroßhändler aus Landskron hatte dafür einige Kisten mehr.
Augenzwinkernd wurden die Kisten verteilt. Ein etwa

14-jähriger Junge trat immer dann, wenn der Ami nicht hersah, kräftig auf die Waage. Alles war in Ordnung, und wir luden wieder ein. Inzwischen wurden die Menschen auf Bahnsteig 1 immer mehr. Es waren Leute aus dem Transport, die weniger als 50 Kilo Gepäck besaßen. Der Amerikaner verwehrte ihnen die Aufnahme in die amerikanische Zone Deutschlands. Es hieß, dass sie in die Russenzone kommen würden. In Taus entschied ein Ami, ob wir später Bürger der DDR oder der Bundesrepublik Deutschland werden sollten. Das war eine Weichenstellung fürs Leben.

Als unser Zug durch Nürnberg mit dem Ziel Rangierbahnhof rollte und die Menschen durch die Luftschlitze und die einen Spalt weit offene Waggontür blickten, sahen sie nur zerstörte Häuser. Ziel war Schwabach.

Lagerleben zweiter Teil

Wir verließen den Zug und gingen geordnet Richtung Vogelherdlager. Dort fanden wir saubere Baracken vor und eine Dusch- und Badebaracke in der Mitte des gekiesten Lagerhofes. Wir durften, ja mussten, nach und nach alle baden. Von Schwabach aus wurden wir in ganz Mittelfranken verteilt. Wir kamen nach Fürth. Die Fahrt erfolgte mit alten Personenzugwagen. Manche Fenster waren einfach mit Brettern vernagelt. Unterwegs gab es mehrere Stellen, an denen der Zug nur langsam fahren konnte, wegen der nur behelfsmäßig wieder hergestellten Brücken.

Das Lager am Reichsbodenweg in Fürth war übel, verdreckt und verwanzt. Bis Kriegsende waren Kriegsgefangene dort. Die Baracke 2 hatte einen Mittelgang und rechts und links Räume mit je zwei Fenstern. An den Wänden standen Stockbetten, in der Mitte ein langer aber schmaler Tisch und zwei Bänke. Einen Kanonenofen gab es auch.

Wir kamen mit Familie Stindl aus Triebitz, mit deren beiden Großmüttern, einem allein stehenden Mann, einem älteren Ehepaar aus der Gegend von Komotau zusammen in eine Stube. Mit den Stindl-Mädchen gab es Streit darüber, bis wohin der Tisch uns oder ihnen gehörte. Dass da auch noch andere Leute Ansprüche hätten geltend machen können, war kein Thema.

Die Wanzen setzten uns arg zu. Mein Vater will in einer Nacht bis zu 500 getötet haben. Es gab auch Mäuse und Ratten. Soweit es überhaupt Strom gab, ließen wir nachts das Licht brennen. Das half.

Brennmaterial wurde zugeteilt. Je Stube und Woche gab es einen Marmeladeneimer Kohle und ein kleines Bündel Holz. Der Winter 1946/1947 war sehr kalt und schneereich. Waldfrevel waren da angesagt. Die Männer suchten bei Tag einen Baum aus, den sie nachts fällten, in tragbare Stücke zersägten und hinter den Betten zwischenlagerten, bis die Polizei da war. Woher war die Säge? Mein Vater brachte zwei Sägeblätter sicher verpackt in einer unserer Kisten von drüben mit. Den Bügel holte er ebenfalls aus dem Wald.

Das Lagerleben dauerte bis zum August 1947. Weihnachten 1946 bescherten uns Kinder die Amerikaner.

Wir wurden mit Armeelastwagen nach Fürth gebracht, wo in einem Saal schon alles vorbereitet war. Ich bekam ein Auto zum Aufziehen – einen Käfer – und etwas Anzuziehen. Mit dem VW-Käfer habe ich gerne gespielt. Ich habe Steigungen gebaut, um zu sehen, was er noch packt. Später machte ich ein Elektroauto draus, indem ich einen Stromabnehmer am Dach befestigte und den Wagen natürlich mit Federkraft an einer Oberleitung entlang fahren ließ.

Die Leute waren damit beschäftigt, das tägliche Leben zu organisieren. Die Männer suchten Arbeit und Wohnraum, die Frauen standen Schlange, wenn es sich herumsprach, dass es irgendwo in der Stadt etwas zu kaufen gab. Nach Fürth ging man zu Fuß über die Siebenbogenbrücke.

Die Lagerverpflegung war wenig und nicht gut. Die Verantwortlichen sollen da einiges auf die Seite gebracht haben. Wir mussten erfahren, dass mit Geld so gut wie nichts mehr zu kaufen war. Der Tauschhandel blühte. Wenn man Zigaretten hatte, ging fast alles.

Die Mädels, die sich mit den Amerikanern einließen, hatten natürlich alles. Von den Moralisten im Lager wurden sie durch die Bank verachtet. Die handelten sicher nicht alle aus Berechnung. Viele gingen mit in die Staaten und wurden dort glücklich.

Im Stadtwald hatten die Amerikaner eine Müllkippe. Dort fand mein Vater einmal einen gusseisernen Spülkasten aus einer Toilette. Mit primitiven Werkzeugen baute er daraus einen Küchenherd, für den Fall, dass wir „in Wohnung" kommen sollten.

Doubrava bei Walter

Im August 1947 war es nach einigen Fehlschlägen so
weit. Wir zogen in das beschlagnahmte Wohnzimmer
eines älteren Ehepaares in der Nürnberger Straße ein.
Welche Freude die hatten, eine vierköpfige Flüchtlings-
familie in ihre Wohnung zu bekommen, kann man sich
vorstellen. Wir liefen unter „Flüchtlinge", waren im
Flüchtlingslager, erhielten einen Flüchtlingsausweis.
Der Begriff „Heimatvertriebene" setzte sich erst nach
und nach durch. Die vom Krieg zermürbten und durch
Fliegerangriffe selbst geschädigten „Bayerer" – so
nannten wir die Einheimischen – gaben uns schon zu
verstehen, dass wir besser daheim geblieben wären.
Man muss sich das klar machen: In ein vom Krieg zer-
störtes Land schwappten Millionen Menschen, denen es
an allem fehlte.
Das Wohnzimmer der Familie Walter hatte 20 qm. Ein
Schrank und ein Tisch waren drin, sowie ein schmaler
und hoher Eisenofen, auf dem nicht gekocht werden
konnte. Die zugesicherte Küchenbenutzung reduzierte
sich darauf, Wasser holen zu dürfen.
Aus einem Bunker im Stadtpark holten wir Bettgestelle
und auf einen besonderen Bezugsschein sogar Matratzen.
Mein Vater ging wieder zur Reichsbahn. Er arbeitete in
der Gepäckaufbewahrung am Hauptbahnhof in Fürth.

Mein Bruder Erwin kam in die Schule und ich im
September ins Internat der Blindenanstalt in Nürnberg.
Das Gebäude war schwer getroffen und nur notdürftig

nutzbar gemacht. Meine Mutter weinte, als sie sah, wo sie mich lassen sollte. Eines der Schulzimmer war mit einem Seil abgeteilt. Hinter dem Seil hing der Fußboden durch, so dass Absturzgefahr bestand. Die alte Dampfheizung fiel oft aus. Im Schlafsaal standen Eisenbetten. Bei starkem Regen kam das Wasser durch die Decke. Die Schränke hatten keine Rückwände. An Decken und Wänden fehlte der Putz. Der Parkettboden aus besseren Zeiten war wohl durch Löschwasser aufgequollen.

Am Samstagmittag durften mich meine Eltern stets abholen und am Montag zum Schulbeginn zurückbringen. Ich fing als 10-Jähriger noch einmal in der 1. Klasse an. Bis Weihnachten konnte ich die Blindenschrift. Nach Weihnachten rückte ich in die 3. Klasse vor und im Schuljahr 1948/1949 kam ich altersgerecht in die 5. Die schaffte ich sogar, aber wie!

Man sagt, ich sei ein sensibles Kind gewesen. Meine Reaktion auf die Überschätzung meines Restsehvermögens, den Druck nicht aufzufallen und mich anzupassen, als Flüchtlingskind abgestempelt zu sein, von den Kindern im Internat und in der Schule gehänselt zu werden führten dazu, dass ich zu stottern anfing und zum Bettnässer wurde. In der Straßenbahn redeten die Leute ungeniert darüber, dass man so etwas im Dritten Reich wohl besser vergast hätte. Ich traute mich nicht zu antworten, weil ich zu aufgeregt war. Und dann dieses Mitleid: Ein Kind mit einer hörbaren Rotznase wollte sein Eis nicht mehr. Die Mutter kam auf die Idee, es dem armen blinden Buben da zu schenken. Ich fühlte mich so gedemütigt, dass ich es fallen ließ. Ich litt sehr unter einem Lehrer, so dass ich am Montag früh am liebsten als krank daheim geblieben wäre. Manchmal schaffte ich das auch.

Bessere Zeiten

Um diese Zeit war meine Mutter mit mir bei Dr. Bergler, einem berühmten Augenarzt in Weißenburg. Er war sehr geduldig mit der Untersuchung meiner immer zitternden Augen. Dann nahm er mich zwischen seine Schenkel, streichelte väterlich meinen Kopf und sagte mir und meiner weinenden Mutter die Wahrheit. Kein Augenarzt könne da mehr helfen. Beide Sehnerven waren von Anfang an offenbar nicht entwickelt. Er machte mir aber Mut. Ich solle einfach fleißig lernen, um es trotzdem zu etwas zu bringen. Er erzählte von einem blinden Architekten, der Häuser baut, die er nicht sieht und von blinden Richtern und Lehrern. Der Besuch bei Dr. Bergler war für mich ein Schlüsselerlebnis. Da ist etwas mit mir passiert. Da war wieder eine Weichenstellung.

In der 6. Klasse wurden meine Leistungen besser und besser. Später bedrängte mein Lehrer Dr. Ernst Dorner die Eltern, mich auf das Aufbaugymnasium für Blinde in Marburg zu schicken. Doch daraus wurde nichts. Mein Vater wurde 1950 wegen Dienstunfähigkeit pensioniert. Sein Ruhegehalt reichte nicht zum Leben. Meine Mutter ging hinzuverdienen. Die Fürsorgebehörde in Ansbach lehnte die Übernahme der Internatskosten in Marburg mit der Begründung ab, dass ich auch in Nürnberg soviel lernen könne, um meinen Lebensunterhalt zu verdienen. Eine höhere Schulbildung zu bezahlen, sei nicht Aufgabe der Fürsorge. Also blieb ich in Nürnberg.

Nach der Entlassung aus der Volksschule (1952) besuchte ich eine damals neu eingerichtete Aufbauklasse mit kaufmännischer Ausrichtung und viel Steno und Maschinenschreiben. Im Schuljahr 1953/54 wurde ich zum Betriebstelefonist mit Abschlussprüfung vor der Oberpostdirektion ausgebildet und bei den Grundig-Werken in Fürth eingestellt.

Meine Sprachstörung, die bei der Prüfung nicht aufgefallen war, überwand ich erst vollständig, als auch mein Selbstwertgefühl wuchs. Die Sehenden, denen wir Blinde möglichst in unseren Leistungen überlegen sein sollten, um überhaupt eine Chance zu haben, erwiesen sich gar nicht als die beinahe unfehlbaren Supermenschen. Ich merkte bald, dass sie auch nur mit Wasser kochten. Das war befreiend und tat gut.

Peter Leppich und seine "Action 365" sprachen mich sehr an. Ich trat in ein Kernteam ein und arbeitete fleißig in der "Action Federkiel". Da galt es mit Leserbriefen Einfluss auf gesellschaftliche und politische Entwicklung zu nehmen, natürlich im Sinne der katholischen Soziallehre und katholischer Grundwerte.

Ich war von der Richtigkeit der Einbindung der Bundesrepublik in das westliche Bündnis überzeugt. Obwohl ich die Wehrpflicht für richtig hielt, machte ich mir einen Spaß daraus, zur Musterung zu gehen. Mit Erwin, der mich begleitete, verabredete ich, dass ich meine

Blindheit möglichst lange zu überspielen gedachte. Natürlich kam ich damit nicht weit. Ich genoss es aber, wie ratlos sie reagierten. Es muss schon provozierend gewirkt haben, als ich in Gegenwart der Presse meinen Wunsch äußerte, zur fliegenden Gebirgsmarine eingezogen zu werden.

Damals begann ich damit, eine Familiengeschichte zu schreiben, kam aber über die Erhebung von Daten und Fakten und einige „heiße" Seiten über das Unrecht der Vertreibung und die Glorifizierung der Heimat nicht hinaus.

Ich trat beim Bayerischen Blindenbund ein, weil mich die Solidarität bei der Durchsetzung sozialpolitischer Forderungen ansprach. Ich spielte Schach, sah was meine Altersgenossen so trieben. Während sie sich aufs Moped schwangen und davon fuhren, empfand ich schon Freude daran, dass ich allein den Weg von meinem Schachclub nach Hause bewältigen konnte.

Im Versehrtensportverein Nürnberg mussten sie über meinen Aufnahmeantrag erst nachdenken, denn ich war der erste „Zivilblinde", so nannte man uns in Abgrenzung von den Kriegern.

Beim Blindenbund boten sie einen Tanzkurs an. In den 50ern wurde noch viel getanzt. Ich versuchte es mit den Mädchen. Und wenn ich nicht ankam, machte ich meine Blindheit dafür verantwortlich, was ja nicht so ganz von der Hand zu weisen war, aber sicher nicht immer der Grund gewesen sein mag. Die Mädchen meines Alters waren mir irgendwie zu albern und zu oberflächlich. Ich fühlte mich eher von sanfteren Frauen und Frauen, die bereits eine gewisse Lebenserfahrung hatten, angesprochen. Doch das blieb nicht so.

1961, am Geburtstag von meiner Jugendfreundin aus Triebitz, begegnete ich Martha. Das war wieder eine Weichenstellung. Wer das ist? Sie ist seit 1963 meine Frau. Es stellte sich heraus, dass sie 1939 in Mährisch Weißwasser geboren wurde, in Niederlipka bei Grulich (Kraliky) bis zur Vertreibung lebte, dass wir zur gleichen Zeit in Fürth in der Baracke 2 des Lagers waren und auch in Fürth jahrelang nur um die Ecke wohnten. Auf einer fünftägigen Berlinfahrt im November 1961, also nach dem Mauerbau, haben wir uns verliebt und im Januar 1963 geheiratet. Die Mauer ist nicht mehr, uns aber gibt es noch.

Martha trug viel dazu bei, dass ich ein möglichst normales Leben führen konnte. Viele Jahre bildete ich mir ein, dass meine Blindheit für Martha kein Problem sei. Ich ließ mich davon leiten, wie selbstverständlich sie mit mir umging, seit wir uns kennen lernten. Sie musste wohl Martha heißen, um vieles abzufangen. Ich rebellierte, als Toni Spandri, der unseren Lebens- und Glaubensweg begleitete, eines Tages behauptete, dass ich auf Marthas Kosten lebe. Das tat schon weh, wie halt die Wahrheit oft nicht bequem ist. Das schließlich akzeptieren zu können, half uns.

In kurzen Abständen kamen unsere drei Söhne auf die Welt. Martha, die zu Hause die Älteste war, wuchs mit steigenden Anforderungen. Es war interessant zu sehen, wie die Kinder mit einem Vater, der nicht sehen konnte, umzugehen lernten. Papa sah mit der Hand und so sah er halt vieles nicht. Martha merkte das und ließ nicht zu, mich „auszutricksen". Mein Umgang mit den Kindern war einfacher als mit den Enkeln.

Neben meiner beruflichen Karriere lernte ich nicht nur mich mit dem weißen Langstock im Verkehr zu bewegen, sondern endlich auch voll zu meinem Leben als Blinder zu stehen, das heißt, mein Anderssein nicht mehr als Makel, sondern als meine Normalität zu sehen. Ich begriff, dass es auf mich ankam, den Menschen, die Probleme mit meiner Situation hatten, aus meiner Überlegenheit heraus zu helfen, mit mir in Interaktion zu treten. Ganz leicht ist das nicht, zum einen von banalen Handlungen ausgeschlossen zu sein und zum anderen wegen eben solcher banalen Fähigkeiten bewundert zu werden. Das Fehlen des Augenkontakts irritiert sehende Menschen schon sehr.

Ich habe gelernt, dass Gott der Herr der Geschichte ist und erfahren, dass es in meinem Leben Menschen gab, durch die er eingegriffen hat. Ich bin mit meinem Leben, also mit meiner Geschichte, versöhnt. Es hätte viele Varianten gegeben, mich zu dieser Erkenntnis zu bringen. Eine, und die für mich gedachte, war, mich Drüben und Herüben blind erleben zu lassen und aus mir einen dankbaren Sudetenbayern zu machen.

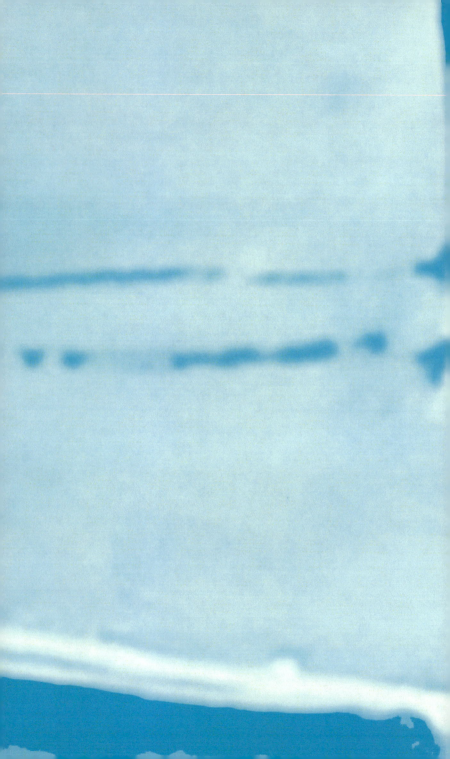

Elisabeth Stindl-Nemec

Erinnerungen an Vertreibung und Neubeginn

Wohin mich das Heimweh führte

Von den ersten Kriegsjahren habe ich in meinem Geburtsort Triebitz, der an der Eisenbahnlinie Prag-Olmütz liegt, wenig mitbekommen. Meine Heimat lag fernab von jenen Orten, in denen Politik gemacht wurde und Hitlers Armeen auf den großen Schlachtfeldern fochten. Ich wurde 1937 geboren. Es war das Jahr mit der höchsten Arbeitslosigkeit nach dem ersten Weltkrieg. Sorge und Not waren in vielen Familien eingekehrt. Als im Oktober 1938 das Sudetenland dem Deutschen Reich eingegliedert wurde, wurden die Mitglieder der Sudetendeutschen Partei nun NSDAP-Mitglieder. Sie nahmen wieder Einfluss auf das sozialpolitische Geschehen. Die arbeitslosen Telegrafenarbeiter in unserem Dorf waren in kurzer Zeit wieder eingestellt, die vorzeitig entlassenen Bahnarbeiter ebenfalls. Damit änderte sich schlagartig die wirtschaftliche Situation der Bevölkerung in unserem Ort.

Was ich damals vom Krieg wusste, war die Tatsache, dass der Vater nicht da war und die Mutter ihn einige Male in der Nähe der Front besucht hatte. Nach ihrer Rückkehr, erzählte sie recht anschaulich von Bombardierungen der Bahnhöfe und dass sie viel Glück gehabt hatte, lebend davon gekommen zu sein. Von da an stand ich große Ängste aus, wenn meine Mutter verreiste.

An ein Erlebnis kann ich mich noch besonders gut erinnern. Es war Hochsommer. Ich war auf der Wiese am

Haus und half der Großmutter, das Heu zu wenden, als ein Flugzeug in niedriger Höhe über uns hinweg flog. Es war das erste Flugzeug, das ich in meinem jungen Leben gesehen hatte und es machte mir schrecklich Angst. Meine Mutter war zu dieser Zeit gerade in Prag und ich glaubte, sie bereits tot. Beruhigen konnte ich mich erst wieder, als die Mutter am nächsten Tag heil nach Hause gekommen war.

Und dann im Mai 1945 kam der Krieg direkt in unser entlegenes Fleckchen Erde. Deutsche Soldaten kehrten von der Front aus Russland zurück. Eines Nachts hörte ich Schritte, viele Schritte; es klang als wäre es eine ganze Armee, die müde am Haus vorbeischlurfte. Am nächsten Morgen saß ein verwundeter Soldat mit am Frühstückstisch. Er hatte keine Kraft mehr zum Weiterlaufen gehabt. Großmutter hatte die offenen Wunden an seinen Füßen bereits verbunden und erklärte uns Kindern, dass er nun für eine Weile bei der Familie wohnen müsse. Nachbarn erzählten von schweren Kisten und Decken, die von den Soldaten in den Sternteich geworfen worden waren und auch von Munition, die sie im Wald vergraben hatten. Die Einheit hatte es eilig gehabt und sich der Lasten entledigt.

Die Eile der deutschen Soldaten verstanden die Dorfbewohner erst, als kurze Zeit danach russische Truppen in das Dorf einmarschierten und Quartier nahmen. Ich erinnere mich an diese Zeit nur verschwommen und zwar an Männer, die mich und meine Schwester Elfi mit Süßigkeiten und kleinen Spielkarten beschenkten. Einige waren dunkelhäutig mit schrägen Augen.

Ich sehe noch das Bild vor mir, wie eines Nachts Männer vor mir standen und aggressiv nach *Pani*, nach meiner Mutter fragten, weil das Bett der Mutter noch warm war. Ich war zu Tode erschrocken. Wohin könnte die Mutter gegangen sein und was wollten diese Männer von ihr? Am nächsten Tag berichtete die Mutter, dass sie mit meiner Schwester auf den Heuboden geflohen sei und dann die Leiter hinter sich hochgezogen habe. Die Mutter erklärte, dass sie Elfi mitnehmen musste, weil sie doch noch zu klein sei und allein nicht zurückgeblieben wäre. Ganz sicher hätte sie nach ihr gerufen und wäre ihr nachgelaufen und hätte so ihren Fluchtort verraten. Das waren also böse Männer gewesen, weshalb hätte die Mutter sonst fliehen müssen?

Ich erfuhr auch von Spielgefährtinnen, die nur einige Jahre älter waren, und denen die Eltern während der Soldatenzeit eine Schlafstätte im Keller des Hauses zurechtgemacht hatten. Der Zugang zum Keller wurde mit einer schweren Kommode zugestellt. Bei meiner Freundin Rosi und ihrer Mutter waren alle Vorsichtsmaßnahmen umsonst, sie wurden von den Russen vergewaltigt.

Jeden Morgen holten die Männer, die sich vorübergehend im Garten des Nachbarn niedergelassen hatten, die Eier aus den Nestern und erwarteten, dass die Großmutter ihnen Ziegenmilch gab. Am Ende nahmen sie selbst die Hühner und alles mit weg, was noch an männlicher Kleidung im Haus vorhanden war. Sie nahmen sich, was sie gerade brauchen konnten auf ihrem Weg gegen Westen.

Ein Zeitzeuge erinnert sich:

„In den Wohnungen wurde alles durchwühlt und am Fußboden verstreut. Von den Bauern wurde das Vieh fortgetrieben. Wenn die Russen in der Nacht an die verschlossenen Türen schlugen, sind die Frauen und Mädchen zum Fenster hinaus gesprungen und haben sich auf den Feldern im Korn versteckt, das gerade so kniehoch gewachsen war. Die Russen haben mit Scheinwerfern die Felder nach Frauen abgesucht. Wenn sie eine Frau sahen, die davonlief, schossen sie einfach nach ihr. Die ganze Zeit über dauerten die Plünderungen und die Jagd nach Frauen. In der Nacht hörte man die Schreie. In der Schule wurden Parteimitglieder und solche Väter, deren Söhne bei der SS waren, eingesperrt und misshandelt" (E.Janele, S. 91 f. (4)).

Die Mutter, die Großmutter, meine Schwester Elfi und ich blieben, wie durch ein Wunder, verschont und überstanden diese Schreckenswochen äußerlich heil.

Das wirklich Schreckliche sollte sich jedoch noch durch Tschechen ereignen, durch Menschen, mit denen die deutsche Bevölkerung von 1918 bis Kriegsende friedlich in guter Nachbarschaft gelebt hatte. Einige von ihnen hatten sich zu wahren Sadisten entwickelt.

Der Zeitzeuge fährt fort:

„Die Ausweisung der deutschen Bevölkerung kam plötzlich, ohne Vorankündigung. Am 21. Juni 1945, vormittags um 11 Uhr, trommelte der Gemeindediener: Um 13 Uhr müssen alle Einwohner deutscher Nationalität auf der Pfarrwiese bei der Schule aufgestellt sein. Jeder nahm in aller Eile einige Habseligkeiten und Lebensmittel, soweit noch Vorrat da war. Das alles wurde auf ein kleines Wägelchen geladen, und damit ging es auf die Wiese. Dort wurden die Bewohner sortiert: alle, die eine größere Landwirtschaft hatten, und Frauen mit kleinen Kindern, wurden auf eine Seite gestellt, und auf die andere Seite kamen solche Personen, die die leeren Bauernhöfe mit dem noch übrigen Vieh versorgen mussten. Dann begann der Leidensweg in einen elf Kilometer entfernten Ort. Kranke wurden auf einen Wagen geladen, wenn sie nicht mehr weiter konnten. Die Tschechen haben immer wieder verlauten lassen, wem es nicht passt, der soll es nur sagen, den erschießen wir gleich. Dort übernachteten wir in den Scheunen eines großen Bauernhofes. Am nächsten Tag wurden wir zum wiederholten Male durchsucht, Geld und Schmucksachen weggenommen, ebenso die Lebensmittel und auch einen großen Teil der Kleidung und Wäsche. Wir mussten dann auf den umliegenden Bauernhöfen und auch auf dem Felde arbeiten. Dann kamen tschechische Bauern und suchten sich Leute zur Arbeit. Die Alten und Kranken wurden eines Tages fortgeführt. Wohin, weiß niemand, und man hat von ihnen nichts mehr gehört" (E. Janele, S. 92). Auch ein Teil von meiner Familie war auf diesem Leidensweg dabei.

Auf Anweisung der tschechischen Regierung mussten wir weiße Armbinden tragen; damit wurden wir Deutschen für die Tschechen Freiwild für Erniedrigungen und Stigmatisierung. Aus Erzählungen erfuhr ich später, dass auch der Onkel bei einem gemeinsamen Appell unter den Hieben der Gewehrkolben zu leiden hatte. Sein Aufbegehren wurde erneut mit Schlägen beantwortet, bis er blutüberströmt, fast zu Tode geprügelt, am Boden liegen blieb.

Zwei meiner Tanten hatte man kurzerhand die Haare geschoren, als sie versuchten noch einmal in das nahe Haus zu gehen, um Kleidung und etwas Hausrat zu holen. Sie wurden auf Lastautos verladen und in ein Sammellager verfrachtet. Von dort ging es nach einigen Wochen in Viehwaggons in das ihnen unbekannte Deutschland. Meine Großmutter, bei der wir in der Moozerei (Kleine Landwirtschaft) am Sternteich wohnten, musste sich im Nachbarort ebenfalls einem Transport anschließen.

Die Mutter hatte sich mit uns Kindern in der Mühle, bei Freunden im Nachbarort, versteckt gehalten und war dem Appell zum Transport entgangen. So sehr sie sich gewünscht hatte wegzuziehen, wollte sie aber unter keinen Umständen die Heimat ohne unseren Vater verlassen, der sich noch in einem Kohlenbergwerk in Mährisch-Ostrau in tschechischer Gefangenschaft befand. Meine Mutter sprach fließend die tschechische Sprache und sie verstand sich gut mit den Tschechen. Sie erlaubten ihr mit uns Kindern in der Moozerei wohnen zu bleiben. Gerne hätten sie uns die tschechische Staatsbürgerschaft gegeben.

Eines Tages – es muss Ende Juli, Anfang August 1945 gewesen sein – sah ich unsere Großmutter auf das Haus zukommen. Ich konnte es nicht fassen. Ich lief in das Haus und informierte die Mutter. Welch eine Freude über dieses Wiedersehen! Die Großmutter hatte mit einigen anderen mutigen Frauen in Dresden den Transport verlassen und sich über das Riesengebirge bis nach Ostböhmen durchgeschlagen. Sie hatte von schrecklichen Ereignissen erzählt. In einem Viehwaggon seien die Menschen zusammengepfercht wie eine Rinderherde Richtung Riesengebirge gefahren. Lange hätten sie nicht gewusst wohin die Fahrt gehen sollte. Auch wenn der Zug auf offener Strecke stehen geblieben war, durften sie den Waggon nicht verlassen. Erst nachdem sie die Grenze in Richtung Sachsen passiert hatten, konnten sie endlich während einer Pause ihre Notdurft im Freien verrichten. Es waren wohl besonders die Kinder, die unter den Hunger litten. Dann habe es Kranke gegeben, die zusammengekauert gesessen seien und sich aneinander fest gehalten hatten, und Einige von ihnen seien verstorben. Meine Mutter wollte von Großmutter wissen, weshalb sie zurückgekommen sei und die Strapazen dieses langen Fußmarsches auf sich genommen habe? Sie wusste doch, was sie in der Heimat zu erwarten hatte! Die Großmutter wollte unbedingt wieder nach Hause, uns wieder sehen und ihre Tiere.

Immer mehr tschechische Familien wurden in die von Deutschen verlassenen Häusern einquartiert. Meine Schwester und ich freundeten uns mit einigen tschechischen Kindern an und wir verbrachten die Tage herumstreunend in den noch leer stehenden Häusern. Dabei lernten wir spielend die tschechische Sprache. Schulunterricht gab es schon lange nicht mehr. Es gab aber auch andere tschechische Kinder, solche die mir oft im Gebüsch auflauerten, wenn ich vom Bauer mit der Kanne Milch für das Abendessen kam. Zwei Burschen hielten mich fest und ein dritter spuckte in die Milchkanne. Ich lief dann weinend nach Hause. Ich verstand die Welt nicht mehr. Es waren doch auch tschechische Kinder mit denen wir spielten und Spaß miteinander hatten.

Die Mutter klärte mich auf. Die Deutschen würden so für die Verbrechen bestraft, die NS-Leute in diesem Land begangen hatten. Und wir alle mussten nun unter der Bestrafung leiden.

Die Mutter wollte nach diesen Ereignissen auf keinen Fall mehr bei den Tschechen bleiben. Ihre Sehnsucht richtete sich nach Westen; sie wollte da leben, wo die anderen Verwandten und Freunde jetzt wohnten. In Absprache mit dem tschechischen Kommissar wurden die Papiere für den letzten Transport, der von Ostböhmen nach Westdeutschland gehen sollte, fertig gestellt.

Der Vater hatte Heimaturlaub beantragt. Als er eines Tages vom Kohlenbergwerk, wo er in tschechischer Gefangenschaft war, mit seinem wenigen Gepäck, abgemagert und mit einem Vollbart vor uns stand, war er für mich ein fremder Mann. Vier Jahre hatte ich ihn nicht gesehen und der Krieg hatte ihn verändert. Meine Erinnerungen an den Vater deckten sich nicht mit dem Erscheinungsbild des Mannes, der nun vor mir stand. Eine gewisse Fremdheit sollte zwischen uns bis zu seinem Tode bleiben.

Mein Vater ging nicht mehr zurück in die Gefangenschaft. Er ließ sich mit uns ausweisen. Wir gehörten zu den Vertriebenen, bei denen laut Forderungen der Westmächte bereits ‚Mindeststandards' gewährleistet sein sollten. Ausgestattet mit je fünfzig Kilo Gepäck pro Person, fuhren wir im Herbst 1946 zusammen mit anderen Familien in einem Viehwaggon in westliche Richtung, in eine ungewisse Zukunft. Wir waren jedoch gesund, wir waren beisammen und hatten den Mut zu einem Neuanfang.

Nacht für Nacht träumte ich die gleichen Szenarien: nicht vom Transport, nicht vom Abschied von den Tieren, der mir wahrlich nicht leicht gefallen ist, nein. Entweder ereigneten sich im Traum Katastrophen und ich war auf der Flucht vor Feinden, oder ich träumte vom Sternteich und vom Vater, wie er mit mir und meiner Schwester am Ostersonntag frühmorgens im Garten den Sonnenaufgang erwartet hat, um danach Ostereier zu suchen; der Vater im Ruderboot auf dem See, neben sich hatte er mich sitzen. Immer nur der Vater. Warum träumte ich nie von meiner Mutter? Weshalb denn nicht? Bis ich diese Frage beantworten konnte, sollte es noch ein weiter Weg zurück werden.

Schloss Burgfarnbach in Fürth

Der Neubeginn im Gräflichen Schloss

Durch die Vertreibung aus dem Sudetenland, wurde unsere Großfamilie völlig auseinander gerissen. Ein Teil landete in der russisch besetzten Zone, im heutigen Mecklenburg-Vorpommern, ein anderer in Nordhessen; weitere im südlichen Bayern und auf der Schwäbischen Alb. Wir kamen nach Burgfarrnbach in das Gräfliche Schloss. Wir hatten sechs Monate Lagerleben im Landkreis Fürth in Mittelfranken hinter uns. Auf engstem Raum war die Familie mit drei weiteren Familien dort in einem Barackenzimmer untergebracht gewesen.

Prägend für das Ortsbild von Burgfarrnbach ist das Gräfliche Schloss. Seit dem Mittelalter gab es hier adelige Grundherren, zuletzt die Grafen von Pückler und

Limpurg. 1986 erwarb die Stadt Fürth das Schloss mit dem Park und renovierte es. Im Festsaal des Hauses finden heute offizielle Empfänge und kulturelle Veranstaltungen statt, während des Winterhalbjahres musikalische Soireen.

Gräfin Anna Julie hatte damals nach Kriegsende das Schloss den Heimatvertriebenen zur Verfügung gestellt. Es waren fast ausschließlich Familien aus dem Sudetenland. Nur eine halbe Etage des Schlosses und einen Teil des Parks behielt die Gräfin mit ihren Angestellten für sich.

Im Schloss wurde unserer Familie mit den beiden Großmüttern im zweiten Stock ein Zimmer mit Stockbetten und einem Ofen zugewiesen. Vier Wände trennten uns von den übrigen Heimatvertriebenen ab, grenzten uns ein und gaben uns gleichzeitig Geborgenheit, ja sogar Intimität nach den Monaten des Lagerlebens. Mein Vater, als gelernter Schreiner, begann mangels Werkzeugen das Holz zu bearbeiten für das erste Zimmerbuffet mit einem Hobel und einem Taschenmesser. Die Großmutter wanderte tagsüber mit dem Rucksack durch die Dörfer und bettelte bei den Bauern um ein paar Kartoffeln, um etwas Gemüse. Meine Schwester und ich waren unterernährt. Unsere Bäuche waren aufgebläht von der Wassersuppe, die es Tag für Tag gab. Wie oft standen wir hungrig vom Tisch auf. Elfi hatte es besonders getroffen. Sie kam deshalb mit anderen Flüchtlingskindern über das Deutsche Rote Kreuz zur Erholung für drei Monate in die Schweiz. Soweit ich mich erinnern kann, verdiente unser Vater 1947 als Anwärter für die

Beamtenlaufbahn bei der Bahn wöchentlich dreißig Reichsmark. Damit musste unsere Mutter für sechs Personen den Haushalt bestreiten.

Den Existenzkampf im Nachkriegs-Deutschland erlebten wir Kinder natürlich mit, und wir waren auch persönlich beteiligt. Für ein Stück Brot mit echter Butter und Wurstbelag klaubten wir während der Sommermonate beim Bauern Kartoffelkäfer auf oder sammelten Bucheckern, die wir danach verkauften. Auch beim Kartoffel- und Ährenlesen mussten wir mitmachten.

Der große Schlosspark mit den uralten Rotbuchen, deren Äste bis zum Boden reichten, war für uns Kinder ein wahres Spielparadies. Jede freie Minute verbrachten wir im Freien. An manchen Tagen kam eine Erzieherin aus der Stadt und holte alle Kinder, die im Schloss lebten, in den Festsaal (Ahnensaal). Ich habe dieser Erzieherin viel zu danken, denn sie förderte meine Kreativität. Ich spielte am liebsten Theater. Komische, humorvolle Rollen lagen mir. Nichts konnte mich hindern, an den Proben teilzunehmen. Selbst mit eingemummtem Kopf – denn immer wieder hatte ich Mittelohrentzündung – ging ich zu den Proben. Antibiotika gab es noch nicht. Die Mutter hielt zwar an der Feuerstelle erhitzte Hölzer an die Ohren, aber alle Bemühungen halfen nicht. Kaum war eine Entzündung abgeklungen, flackerte die nächste schon wieder auf. All diese Unannehmlichkeiten hielten mich nicht von den Proben ab.

Die Erzieherin organisierte mit uns Kindern Musikkonzerte und Ausstellungen, die unsere Bastelarbeiten, Handarbeiten und auch Gemaltes zeigten. Jährlich zum

Geburtstag der Gräfin wurde für einen Liederabend geprobt. Er sollte ein kleines Dankeschön für ihre Großzügigkeit sein, Heimatvertriebenen in den Jahren nach dem Kriegsende, vorübergehend eine neue Bleibe gegeben zu haben.

Meine Schwester und ich lernten Gleichaltrige kennen, die mit ihren Familien ebenfalls im Schloss untergebracht waren, und wir freundeten uns an. Leider mussten wir von einigen bald wieder Abschied nehmen. Die neu gewonnenen Freunde emigrierten mit ihren Familien nach Amerika oder Kanada, um dort eine neue Heimat zu gründen. Briefe und Fotos, die uns erreichten, ließen Neid aber auch Bewunderung aufkommen. In hellblauen oder rosa Tüllkleidern mit weiten Röcken, geschminkt und mit bunten, scheinbar echten Vögeln auf dem Arm, waren sie kaum wieder zu erkennen. So vermittelten sie einen zwar faszinierenden, jedoch fremden und unnatürlichen Lebensstil.

In der Schule waren wir Kinder aus dem Schloss die Fremden, die von dem Wenigen was es nach dem Krieg allgemein gab, auch noch etwas abhaben wollten, um zu überleben. Die dürftigen Kleidungsstücke, die wir zum Anziehen hatten, wurden von der Mutter aufgetrennt, gewendet und wieder neu genäht.

Eine der schönsten Erinnerungen aus der Zeit im Gräflichen Schloss sind die Wanderungen mit den Eltern und der Großmutter durch den Stadtwald. Meine jüngere Schwester und ich saßen in einem kleinen Leiterwägelchen. Heimwärts war er voll geladen mit Reisig, Holz und Zapfen, die wir im immer lichter werdenden Wald sammelten. In den Monaten August und September pflückten wir auch Heidelbeeren. Unser Vater durchstreifte Jahr für Jahr bestimmte Stellen im Wald nach Pfifferlingen und Steinpilzen. Mit Gesang und Vorfreude auf das gesammelte Festessen am Abend ging es heimwärts.

Trotz Verlust der Heimat erinnere ich mich nur an das Schöne. Wir waren als Kinder und Jugendliche eng mit der Natur verbunden. Als belastend erlebten wir lediglich, dass die Eltern nicht miteinander in Frieden lebten. Nach Kriegsende war dies nicht einfach für die Eltern. Während der Abwesenheit des Vaters war es zunächst schwierig für unsere Mutter sich auf die neue Situation ohne Mann einzustellen. Sie musste ja alles selbst in die Hand nehmen. Nach seiner Rückkehr musste sie wieder zurück in die Küche. Der Vater seinerseits wurde mit den schrecklichen Kriegserinnerungen nicht fertig, was die Beziehung ebenfalls belastete. Immer wieder erzählte er Geschichten aus dem Kriegsgeschehen und fand bei mir und bei meiner Schwester aufmerksame Zuhörerinnen.

Es gab aber auch gute Zeiten. Die Eltern trafen sich mit befreundeten Familien aus dem gleichen Heimatort Triebitz, die es ebenfalls nach Mittelfranken verschlagen hatte. In ihren Gesprächen pflegten sie die Hoffnung eines Tages wieder nach Hause zu gehen.

Das Leben unserer Familie nahm seinen Lauf. Trotz Hunger, beengter Wohnverhältnisse und Streitereien der Eltern erlebten wir Kinder glückliche Stunden in den Jahren unmittelbar nach Kriegsende.

Stimmt das wirklich? Meine Schwester Elfi erzählt heute noch wie sie versuchte durch ‚Spaß machen' mich zum Lachen zu bringen. Das hätte ich fast vergessen. Ich war als junges Mädchen oft traurig. Von meinen Altersgenossinnen habe ich mich bald zurückgezogen. Ich fühlte mich hässlich, anders als die anderen. Und meine nächtlichen Träume waren immer noch die gleichen: Nacht für Nacht lebte ich im Traum am Sternteich. Ich konnte die Veilchenteppiche sehen, die sich im Frühjahr am Teichrand ausgebreitet hatten. Oder es waren die Störche aus ihrem Winterquartier zurückgekehrt und sie suchten am Seeufer nach Fröschen. Ich sah auch Vater und mich im Kahn an das andere Ufer des Sternteiches paddeln. Dort hatten Wildenten, Blasshühner und Haubentaucher im Schilf ihre Nester und brüteten ihre Eier aus. Enteneier schmeckten besonders köstlich und waren für uns während der Wirtschaftskrise eine Delikatesse.

Jahrzehntelang habe ich mich gefragt, was mich so an den Sternteich fesselt? Viele Umwege musste ich gehen, bis mir endlich und dies schmerzlich bewusst wurde, wem meine Sehnsucht galt.

Triebitz - Sternteich

Die Reise an den Sternteich

Es war die Zeit als meine Mutter und ich uns entschieden in die alte Heimat zu fahren. Ich erinnere mich noch wie Mutter sich sträubte und nicht mitfahren wollte. Ich ließ jedoch nicht locker und beharrte auf ihre Begleitung. Es war für uns beide ein mutiger Schritt.
Es war alles wie vor vierzig Jahren: Der See lag da, ruhig, einsam. Er wirkte mit seinen 100 Hektar größer als ich ihn in Erinnerung hatte. Das Haus gab es nicht mehr. Dafür stand fast an der gleichen Stelle ein neues Haus, von Tschechen erbaut. Der Zugang zum Brunnen war nun außerhalb des Hauses. Der große Birnbaum im Garten fehlte, auch die Veilchen am Ufer des Sees. Es

war Ostern. Um diese Zeit blühten sie immer. Junge Katzen überquerten unseren Weg und streiften unsere Füße, so als würden sie sich an frühere Zeiten erinnern. Vom ehemals großen Meierhof, der in den 1920er Jahren vom damaligen Pächter von der Thurn-Taxischen Verwaltung gekauft worden war, standen noch die Toreinfahrt und einige Stallungen. Eingefallene Wände und Steinhaufen erinnerten an das Wohnhaus des Gutshofes. In unserem Geburtsdorf Triebitz lebten Tschechen in den Häusern der Deutschen, die nach dem Krieg vertrieben worden waren. Die Häuser wirkten verfallen und ungepflegt. Das Haus der Großeltern, in dem die erste Frau meines Großvaters vier Kinder und später seine zweite Frau fünf Kinder zur Welt gebracht hatten, gab es auch nicht mehr. In der Reihenfolge war meine Mutter das jüngste der Kinder. Auch sie brachte ihr erstes Kind, mich, in der gleichen großen Stube im Haus der Großmutter zur Welt.

Wir fuhren im Auto von Haus zu Haus. Meine Mutter war aufgeregt und benannte die jeweiligen Bewohner, die früher darin lebten. Dann wollte sie nur noch weg. Nichts mehr sehen, an nichts sich mehr erinnern müssen.

Am nächsten Tag, zog es mich noch einmal zum Sternteich, bevor wir uns endgültig verabschieden sollten. Meine Mutter und ich gingen Arm in Arm entlang des Sees, friedlich, so schien es.

Ich blickte meine Mutter von der Seite an: im Mantel mit Hut und Gehstock sah sie aus wie eine 73-jährige Frau eben aussieht. Dann sah ich die jüngere Frau:

Schlank mit etwas verhärmten Gesicht, das Haar vorne nach hinten gerollt. Im Nacken wurden dünne Zöpfe ineinander geflochten zu einer Art Nest und mit Spangen gehalten. Wenn sie lächelte, blitzte ein Goldzahn und verlieh ihr Scharm. Vergangenheit und Gegenwart verschwammen ineinander. Eine Bildreihe löste die andere ab: Die junge Mutter führt die Schwester an der einen Hand und an der anderen mich. Elfi, adrett gekleidet mit Schleife im Haar und ich barfuss, die Schürze verkehrt angezogen, weil auf der anderen Seite Flecken sind. So stehen wir da und warten auf den Vater, den wir lange nicht gesehen hatten.

Die Mutter holte mich aus meinen Erinnerungsbildern in die Gegenwart zurück indem sie ihre Erinnerung an früher aussprach. Auch sie hatte an die Zeit gedacht als Vater oft mit uns im Kahn zur Insel gerudert war. Das war also damals vor vierzig Jahren. Und heute, was ist heute? Unser Vater lebt doch nicht mehr. Neben mir ging eine alte Frau, meine Mutter. Die gleiche Person. Meine Mutter war die zarte Frau von damals und die gebrechliche von heute. Mutter! Ein Schrei löste sich aus meiner Kehle und ich rief nach ihr, der Mutter. Ich habe diesen Schrei wie einen Hilferuf in Erinnerung.

Diese Reise in die Vergangenheit lüftete endlich den Grund für meine Träume. Mein Heimweh wich der Realität. Dieser Prozess war schmerzlich und heilsam zugleich. Ich konnte nun beginnen, meine Mutter wahrzunehmen als junge Frau und Mutter von damals verstrickt mit ihrer Herkunftsfamilie, beeinflusst durch die Auswirkungen von zwei Weltkriegen und wie sie versucht hat, uns Kinder zu versorgen und zu beschützen während der Abwesenheit des Vaters. Von nun an träumte ich nie mehr vom Sternteich.

Es war also nicht der Verlust der Heimat mit allem, was das Herz einer Neunjährigen bewegte: die Freunde im Dorf, die Tiere der Großmutter, der Sternteich, die großartige Natur in der wir lebten, die eine tiefe Traurigkeit in mir zurückließen. Ich hatte mich nach der Liebe meiner Mutter gesehnt, die ich im Herzen verloren hatte. Meine Mutter war bereits hinfällig und alt, als ich die Liebe zu ihr wieder spüren und ihre Liebe mein Herz erreichen konnte. Heute bin ich sehr dankbar für dieses Geschenk. Es gibt mir die Kraft das eigene Alter mit all seinen Herausforderungen anzunehmen.

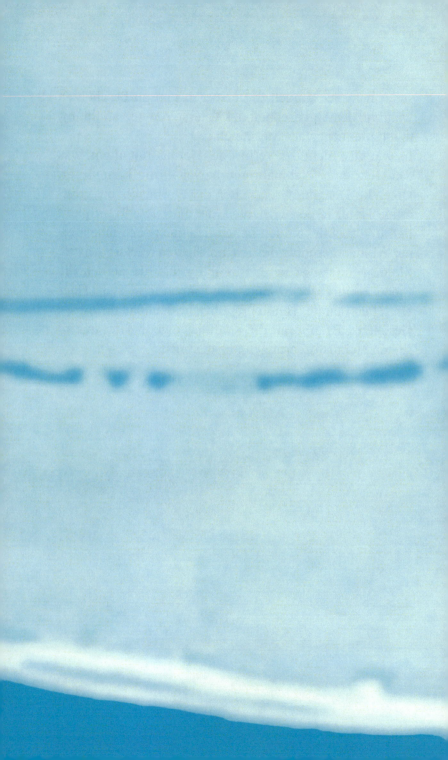

Helga Schenk

Wiedersehen mit der alten Heimat

Meine Familie stammt aus dem Sudetenland: von 1938
– 1945 ein deutsches Randgebiet des heutigen Tsche-
chiens. Nach Kriegsende hatten wir russische Besatzung. Unsere Wohnung mussten meine Mutter, Schwester und ich innerhalb von zehn Minuten verlassen. Wir
wurden auf Lastkraftwagen in ein Barackenlager gebracht. Mitnehmen durften wir lediglich unser Luft-
schutzgepäck, was jeder während des Krieges stets
bereit hatte. Das alles spielte sich in Komotau (jetzt
Chomutov) ab. Mein Vater kam Mitte Mai mit Hilfe
eines jüdischen Freundes, den wir bereits vor dem Krieg
kannten, aus dem Arbeitslager zu uns. Nun war unsere
Familie wieder vollständig, und wir wurden Ende Mai
1946 einem Transport angeschlossen. Wir waren also
keine Flüchtlinge wie später oft irrtümlich angenommen
wurde, sondern Vertriebene. In Viehwaggons verladen,
ging die Reise am 28. Mai 1946 nach Dieburg bei Darmstadt in ein Lager. Von dort aus wurden wir im Oden-
wald aufgeteilt. Für die Familien, in deren Häuser wir
einquartiert wurden, war dies ebenso unangenehm, wie
für uns.
Nach Jahrzehnten, nämlich 1984 habe ich im Reisebüro
einen Urlaubsflug gebucht und bei dieser Gelegenheit
fand ich einen Prospekt von Studiosus-Reisen „Prag und
die Kunst in Böhmen". Die Reise ging bis Kukus (jetzt
Kuks), unserem Geburtsort. Da wurde ich natürlich hell-
wach. Auch meine Schwester war mit der Anmeldung

für die ausgeschriebene Reise einverstanden. Kukus ist ein Dorf; jetzt nur noch bekannt durch eine sehr schöne Barock-Kirche und Sandsteinfiguren von dem Tiroler Bildhauer Matthias von Braun. Wir haben mit der Reiseleiterin vereinbart, dass wir an der Besichtigung nicht teilnehmen, sondern zu unserem Geburtshaus gehen. Wir waren sehr aufgeregt. Schließlich waren wir vierzig Jahre nicht in unserer Heimat gewesen. Ohne meine Schwester wäre aus dieser Reise nichts geworden, denn sie spricht tschechisch, ich aber kaum ein Wort.

Immer näher kamen wir unserem ehemaligen Haus, das 1896 von meinen Großeltern erbaut worden war. Es liegt mitten in einem großen Garten. Das Eingangstor führte von einer Sandstraße, die nie asphaltiert wurde, in den Garten, neben dem die Elbe als ein noch kleines Flüsschen fließt. Mein Großvater war damals Schulleiter in dem Dorf, und Herr Dvorsky, der nach der Vertreibung mit seiner Familie in das Haus meiner Großeltern eingezogen war, wurde sein Nachfolger.

Das Tor war nicht verschlossen und so konnten wir in den Garten gehen, der sehr verwildert war; kein Wunder bei der Größe und dem Alter der Eheleute. Die Haustür war ebenfalls offen und es gab auch keine Klingel. So machten wir uns durch Rufen bemerkbar. Da kam der alte Lehrer angeschlurft. Meine Schwester erklärte die Absicht unseres Besuches. Er war allein zu Hause, seine Frau war beim Zahnarzt, was er sehr bedauerte.

Wir wurden sehr freundlich aufgenommen. Unser Gefühl nach so langer Zeit wieder am Heimatort zu sein, kann man nicht beschreiben. Hier in Kukus verlebten wir jahrelang unsere Schulferien; es war für uns Kinder ein Paradies. Nicht viel, aber einiges hatte sich inzwischen verändert: Aus unserer damaligen Küche war ein Bad geworden und aus dem Wohnzimmer eine Küche. Alle Möbel waren noch da. Wir glaubten zu träumen. Meine Schwester unterhielt sich angeregt mit Herrn Dvorsky; ich bat sie, mir nichts zu übersetzen, damit wir ja keine Zeit verlieren. Im Bus konnte sie dies ja nachholen. Wir hatten ja nur eine halbe Stunde Zeit und die verging viel zu schnell. Der sehr nette Herr Dvorsky begleitete uns bis auf die Straße. Zum Abschied bat er uns, den Besuch zu wiederholen, seine Frau würde sich freuen, uns kennen zu lernen. Wir versprachen wiederzukommen und machten uns auf den Weg zum Bus. Dort wartete schon neugierig unsere kleine Reisegesellschaft. Wir mussten natürlich sofort berichten.

Nach diesem Besuch entstand ein reger Briefverkehr mit den Eheleuten Dvorsky. Ich konnte in Deutsch schreiben, denn Frau Dvorska konnte deutsch lesen. 1986 verstarb leider Herr Dvorsky. Aber der Briefverkehr ging weiter; die Einladung zu einem zweiten Besuch auch.

1988 beschlossen meine Schwester und ich die Reise privat zu wagen. Schriftlich vereinbarten wir einen Termin. Wir wohnten vier Tage in Prag und fuhren dann per Bus bis Königinhof. Von dort holten uns Herr Dvorsky Junior und seine Frau, die wir noch nicht kannten, mit dem Trabi ab. Sie gingen direkt auf uns zu; es war ein herzlicher Empfang. In Kukus angekommen, wurden wir mit Würstchen und Kartoffelsalat verwöhnt. Leider war Frau Dvorska wieder nicht dabei. Sie lag im

Krankenhaus und hatte einen Herzschrittmacher bekommen. Ein Besuch bei ihr war aber vorgesehen. Meine Schwester und die beiden quasselten; für mich alles ein Kauderwelsch.

Im Laufe des Gespräches kamen wir auch auf den Friedhof in Hermanitz, einem Nachbardorf, zu sprechen. Auf dem Friedhof liegen mein Großvater und ein Onkel begraben. Sofort wurde uns vorgeschlagen, auf dem Weg zu Frau Dvorska, das Grab zu besuchen. Die Schwiegertochter suchte eine ausgediente Milchflasche und der Sohn holte Blumen aus dem Garten. Wenn das mein Großvater gewusst hätte, nach so vielen Jahren. Nun kamen Blumen aus seinem geliebten Garten auf sein Grab.

Der Großvater war 1941 gestorben. In der Erinnerung stand die Beerdigung vor mir. Ich war damals zwölf Jahre. Meine Schwester und ich gingen als einzige Enkelkinder hinter dem von Pferden gezogenen, gläsernen Leichenwagen. Es war kalt und sehr windig. Ich weiß noch, dass ich immer Angst hatte der Wagen könnte umfallen. Das ganze Dorf war auf den Beinen. Der Weg zum Friedhof war immerhin vier Kilometer. So war das eben damals. Heute kaum vorstellbar.

Das alles waren unvergessliche Eindrücke. Nun, wir wurden vertrieben, aber dafür waren doch diese tschechischen Menschen nicht verantwortlich, die uns liebevoll entgegenkamen!

Weiter ging es in das Krankenhaus zu Frau Dvorska. Wieder ein liebevoller Empfang. Man spürte einfach Freude und innere Zuwendung. Meine Schwester übersetzte mir, dass es ein großer Wunsch von ihr war, uns kennen zu lernen.

Nach einem herzlichen Abschied, ging unsere Fahrt weiter nach Königrätz zu einer Tochter der Familie, wo wir zum Kaffee eingeladen waren. Auch hier war eitel Sonnenschein und wir haben uns sehr wohl gefühlt. Wir wollten mit dem Bus nach Prag zurückfahren. Das wurde aber nicht erlaubt. Herr Dvorsky Junior fuhr uns mit seinem Trabi zu unserem Ausgangspunkt zurück. Es war ein sehr schöner erlebnisreicher Tag, an den wir gerne zurückdenken.

Zuhause angekommen, ging oft das Telefon: Tanten und Onkel wollten alles über unsere Reise wissen. Sie waren zunächst nicht begeistert, dass wir ein zweites Mal in die Heimat fahren wollten. Ihr Groll gegen die Tschechen war noch groß. Sie sind eben eine Generation vor uns und haben damals alles verloren, was schwer erarbeitet worden war. Man muss auch dafür Verständnis haben.

Nachtrag (von der Herausgeberin):

Eine freundschaftliche Beziehung zwischen Tschechen und Deutschen schien nach Kriegsende kaum denkbar. Diese Feststellung hat ihre Wurzeln in den geschichtlichen Ereignissen nach 1918.

Zur Zeit der Österreich-Ungarischen Monarchie war die deutschsprachige Mehrheit die kulturelle und politisch führende Schicht. Mit In-Kraft-Treten der Versailler Verträge im Jahr 1919 wurde die deutsche Bevölkerung zu Bürgern der neu gegründeten Tschechoslowakischen Republik. Viele Deutsche fühlten sich damals als Bürger zweiter Klasse, deren Sprache und Kultur von den Behörden unterdrückt wurde. Als Minderheit mussten sie um ihren Status fürchten.

Durch die Zugehörigkeit zur „Großmacht des Deutschen Reiches" hofften die Sudetendeutschen den alten Einfluss zurück zu gewinnen. Hinzu kam, dass die seit Ende der zwanziger Jahre anhaltende Wirtschaftskrise die Sudetendeutschen besonders hart getroffen hatte.

Die Deutschen, die außerhalb der Landesgrenzen lebten, „heim ins Reich" zu holen, ohne Krieg das „Unrecht von Versaille" zu tilgen – konnte man dagegen sein? Kaum jemand ahnte, dass Hitler, dem sie 1938 zujubelten, sie längst für seine eigenen Zwecke instrumentalisiert hatte. Nun wurden die Tschechen sechs Jahre Opfer einer schrecklichen Okkupation. Sie wurden als ein Volk zweiten Ranges behandelt. Tschechoslowakische Soldaten mussten fluchtartig das Sudetenland verlassen und sie schworen Rache.

Auf der Prager Burg verabschiedete Hitler am 16. März 1939 einen Erlass, der das Schicksal der Tschechoslowakei besiegelte. Aus einem freien Staat wurden das „Protektorat Böhmen und Mähren", ein Anhängsel des „Großdeutschen Reiches".

Angesichts dieser Vorgeschichte waren bei Kriegsende nur wenige Tschechen gut auf die Deutschen zu sprechen. Und so nahm 1945 das Schicksal seinen Lauf: „In den Morgenstunden des 5. Mai eskalierte die Situation. In der Prager Innenstadt strömten zunehmend mehr

Tschechen zusammen. Die aufgebrachte Menge riss Straßenschilder ab und übermalte deutsche Aufschriften mit tschechischen Parolen. Tschechische Fahnen wurden gehisst, deutsche Soldaten angegriffen und entwaffnet. Überall wurden deutsche Dienststellen überfallen, Waffendepots geplündert. Die Lage spitzte sich dramatisch zu, als Aufständische den Rundfunksender Prag II eroberten und diesen für ihre antideutsche Propaganda einsetzten. ‚Smrt Nemcum' – ‚Tod den Deutschen' hallte es über den Äther. Wie ein Lauffeuer griffen die Unruhen von einem Stadtteil auf den nächsten über. Die Liste der Grausamkeiten, die unmittelbar nach Kriegsende in der tschechischen Hauptstadt begangen worden sind, ist lang. Die Täter, die sich nun für das Terrorregime Hitlers rächen wollten, waren zum größten Teil Mitglieder der spontan zusammengestellten tschechischen „Revolutionsgarde": Sie vergewaltigten Frauen, prügelten alte Männer zu Tode, vereinzelt wurden sogar Kinder in die Moldau geworfen. Verwundete deutsche Soldaten wurden aus den Lazaretten und Krankenhäusern gejagt oder noch in ihrem Bett erschossen. Halbwüchsige Jugendliche in der Uniform der Hitlerjugend wurden öffentlich gefoltert. Es gab wohl einen Unterschied zwischen den normalen tschechischen Bürgern und den Revolutionsgarden. Der Aufstand in Prag war jedoch der Auftakt, auf den viele Tschechen im ganzen Land gewartet hatten. Überall erhoben sie sich gegen die deutsche Zivilbevölkerung. Von Prag ausgehend, richtete sich ihre Gewalt bis in den letzten und fernsten Winkel des Landes" *(Guido Knopp, S. 363 ff (3))*.

Für die deutsche Bevölkerung bestand Zwang zum Tragen einer weißen Armbinde. Sie stand für eine Politik der kollektiven Bestrafung. „Das ganze deutsche Volk ist für Hitler, Himmler, Henlein und Frank verantwortlich, und das ganze Volk muss auch die Strafen für die begangenen Verbrechen tragen", konnte man kurz nach der Kapitulation der deutschen Wehrmacht im Mai 1945 in einer tschechischen Propagandaschrift lesen *(Guido Knopp, S. 358)*. Damit wurden die Deutschen öffentlich gebrandmarkt und zum Freiwild besonders für die tschechischen Revolutionsgarden, die im Gefolge der Roten Armee in das Sudetenland einrückten. Die Sowjets, die sich eher im Hintergrund hielten, ließen den Partisanen weitgehend freie Hand.

Präsident Beneš‛ – bis 1945 im Londoner Exil – gelang es, Verbündete in den Westalliierten und im Kreml zu gewinnen, die seinen Plänen für einen „Bevölkerungstransfer" zustimmten. Die Beschlüsse der Münchner Konferenz, in denen Hitler das Sudetenland als ein Teil des Deutschen Reiches abgesichert hatte, wurden annulliert. Es begann die Zeit der so genannten „wilden Vertreibungen": Zuerst traf es Großbauern oder Geschäftsinhaber, die enteignet und sofort nur mit einem Rucksack zu Fuß über die Grenze gejagt wurden; es folgten häufig Verpflichtungen zur Zwangsarbeit, Verhaftungen (besonders der ehemaligen Angehörigen der NSDAP und alle, auch vermeintliche „Nazis"). Sie wurden vor das Volksgericht gestellt, zur Zwangsarbeit im Kohlenbergwerk verurteilt oder erschossen. Zu einer zweiten Gesetzeskategorie, mit der die Existenzgrundlage der

Deutschen zerstört wurde, gehörten vermögensrelevante Gesetze. Ein bereits im Mai 1945 verkündetes Gesetz beinhaltete, dass Eigentum „staatlich unzuverlässiger Personen" der Nationalverwaltung unterstellt werden – Deutsche galten per se als „unzuverlässig". In einem Ergänzungsdekret vom Juni 1945 wurde die Übertragung deutscher Besitztümer festgelegt: Tschechen und Slowaken sollten sich auf konfisziertem Grund und Boden ansiedeln dürfen. Diese als „Benesˇ-Dekrete" berühmt – berüchtigt gewordenen Regierungsanweisungen bedeuteten in ihrer Summe die entschädigungslose Enteignung aller Deutschen in der Tschechoslowakei.

So waren längst viele Weichen gestellt, als sich im Juli 1945 in Potsdam die Siegermächte des Zweiten Weltkrieges trafen, um über das künftige Schicksal Europas zu beschließen. In der Tschechoslowakei hatte damit die Phase der „wilden Vertreibung" ein Ende. Bei der weiteren organisierten Umsiedlung sollten laut Forderungen der Westmächte „Mindeststandards" gewährleistet sein: fünfzig Kilo Gepäck und tausend Reichsmark pro Aussiedler. Insgesamt mussten 2,8 Millionen Sudetendeutsche ihre Heimat verlassen. 241 000 von ihnen starben während der Vertreibung an Hunger, Entkräftung, den Folgen von Misshandlungen, in den tschechischen Konzentrations- und Aussiedlungs-Lagern oder aufgrund von Todesurteilen illegaler „Volksgerichte" am Galgen sowie auf den Strassen nach Österreich und Deutschland.

Knut Loewenhardt

Familienzusammenführung sozialistisch

„Mein Chef möchte Sie sprechen"!

Am Freitag, dem 19. November 1971 war ich nachmittags nach Berlin geflogen, um mich am Wochenende mit Gitta zu treffen. In Tempelhof hatte ich bei Hertz einen kleinen BMW vorbestellt, mit dem ich zu Heinz B. fuhr. B. war ein Kollege aus meiner Assistentenzeit im Augusta-Viktoria-Krankenhaus in Berlin-Friedenau. Er hatte mir angeboten, bei ihnen zu übernachten. Er und seine Frau wohnten am westlichen Ende von Berlin in der Nähe der Heerstraße. Ich weihte Heinz in meine Geschichte ein – er hatte Gitta übrigens 1959 im AVK kennen gelernt – und fuhr am Samstag früh über den Übergang Heinrich-Heine-Straße nach Ostberlin. Gitta hatte wieder einmal im Interhotel am Alexanderplatz ein Zimmer genommen, wo sie mich schon erwartete. Sie erzählte mir, dass ihre Schwester Bärbel uns mit einem Entenbraten zum Abendessen erwarten würde. Wir fuhren dann erst in den Intershop beim Hotel „Unter den Linden" und parkten in der Clara-Zetkin-Straße. Später fiel uns auf, dass dort auch ein gelber Wartburg, ein in der DDR gebauter PKW, parkte. Drin saßen bei geöffneten Türen zwei vollschlanke Männer in Anoraks, die so betont unauffällig belegte Brötchen aßen, dass man ihnen die Stasizugehörigkeit aus hundert Metern ansah. Nachdem wir Whisky und Zigaretten gekauft hatten, fuhren wir ohne besonderes Ziel die Karl-Marx-Allee ostwärts und immer weiter Richtung Hoppegarten. Kurz vor Erreichen der Stadtgrenze wendete ich und wir fuhren wieder zurück. Während dieser Fahrt habe ich Gitta erzählt, dass ich am Vorabend den Fluchthelfer Wolfgang angerufen und ihn davon unterrichtet habe, dass wir auf seine weiteren Dienste verzichten wollen, weil uns alles zu gefährlich schien. Wir beschlossen, auf eine offizielle Ausreisegenehmigung zu warten, auch wenn mir Rechtsanwalt Stange wenig Hoffnung gemach hatte, es sei denn, Gitta bekäme Drillinge. Als alles in dem im Gegensatz zu den Hotelzimmern hoffentlich wanzenfreien Auto besprochen war, fuhren wir wieder zurück und gingen in ein Altberliner Restaurant innerhalb des Interhotels zum Mittagessen. Es gab Leber auf Berliner Art mit Zwiebeln, Apfelscheiben und Kartoffelbrei. Zur Verdauung tranken wir einen polnischen Whisky mit einem Büffelgrashalm in der Flasche. Danach gingen wir zum Mittagsschläfchen in Gittas Hotelzimmer. Aus dem Schläfchen wurde natürlich nichts, weil wir uns mit viel schöneren Dingen beschäftigten. Plötzlich läutete das Telefon. Bärbel rief an und sagte, dass bei ihr ein Mann im Ledermantel gewesen sei, der sich nach Gittas derzeitigem Aufenthalt erkundigt habe, weil „etwas mit Vati sei". Beim Blick aus dem Fenster habe sie noch eine gelbe Wartburg mit zwei Männern im Anorak gesehen, die weggefahren seien, während der im Ledermantel auf der Straße auf und ab lief. Wir ahnten nichts Gutes, sprangen aus dem Bett, zogen uns an, machten das Bett ordentlich und setzten uns aufs Sofa. Wir saßen noch nicht richtig, als es an der Tür klopfte. Ich öffnete und herein traten die beiden Anorakmänner. Sie wiesen sich kurz als Angehörige der Staatssicherheit aus, fragten Gitta, ob sie Frau Dr. Kramer sei und ließen sich ihre Papiere zeigen. Danach fragten sie mich, wer ich sei. Ich gab ihnen meinen Pass und sagte, dass ich bei meiner Cousine zu Besuch sei. Darauf sagte einer der beiden zu Gitta: „Mein Chef möchte Sie sprechen" und zu mir gewandt: „Sie können gerne mitkommen". Ich antwortete, dass ich das unbedingt wolle. Gitta durfte noch ihre Handtasche mit ein paar Kleinigkeiten nehmen, dann mussten wir unsere Mäntel anziehen und wurden nach unten eskortiert. Als Gitta an der Rezeption ihr Zimmer bezahlen wollte, hieß es, das sei schon erledigt. Im Wartburg wurden wir nach hinten gesetzt. Die Türen ließen sich nicht von innen öffnen. Wir fuhren zunächst kreuz und quer durch Ostberlin bis wir schließlich in Karlshorst vor einem großen dunklen Gebäude, der damaligen Zentrale der Staatssicherheit, anhielten. Der eine unserer Bewacher ging in das Gebäude und der andere holte aus seiner Aktentasche eine Leberwurstsemmel und begann, sie zu verzehren. Es schien eine Ewigkeit zu dauern bis unser Bewacher aus dem Gebäude wiederkam. Er sagte zu dem Fahrer nur: „nach Dresden" und los ging die Fahrt zunächst über die Straße, die ich am Vormittag schon mit Gitta gefahren war und dann auf die Autobahn. Meine Bemerkung, dass vor dem Hotel noch mein Leihwagen stünde und mein Passierschein nur bis 24 Uhr gültig sei wurde mit dem Hinweis, dass es auch in Dresden einen Flughafen gäbe und sie sich schon um das Auto kümmern würden, entkräftet. Wir fuhren die Autobahn Richtung Süden und bogen bald bei einer kleinen Tankstelle ab. Dort stand ein schwarzer Wolga – eine russische Staatskarosse – aus der zwei Stasibeamte stiegen, um sich mit unseren Bewachern zu unterhalten. Offensichtlich sollte die Wolgabesatzung mich beim Verlassen des Sowjetsektors verhaften und war erstaunt, dass ich bereits mit im Wartburg saß. Nach kurzer Unterredung wurde mir bedeutet, in den Wolga umzusteigen, aber meine Bitte, mich noch nicht von Gitta zu trennen, fand erstaunlicherweise Gehör. Vor der Weiterfahrt bat ich, die Toilette aufsuchen zu dürfen. Ein Bewacher begleitete mich bis zur Toilettentür. Eigentlich musste ich gar nicht, aber inzwischen war wohl klar, dass wir so schnell nicht wieder frei wären. In meinem Portemonnaie hatte ich einige leicht verschlüsselt notierte Telefonnummern aus Ost und West, die die Stasi nicht unbedingt finden sollte. In der Toilette zerriss ich den Notizzettel, warf die Schnipsel in die Schüssel und spülte alles weg.

Als ich wieder ins Auto einstieg – ich saß jetzt vorne und Gitta hinten – war es mucksmäuschenstill. Gitta und ich trauten uns nicht, miteinander zu sprechen, die Bewacher sagten sowieso nichts, nur aus dem Radio tönte leise vorwiegend östliche Schlagermusik, darunter „Über sieben Brücken musst Du gehen", gesungen von Frank Schöbel.

Ich hatte jetzt Zeit, alles nochmals in Gedanken nachzuvollziehen, was letztlich zu dieser Fahrt geführt hatte.

Einen Tag nach meinem vierundvierzigsten Geburtstag (am 27. August 1970) überstürzten sich die Ereignisse. Meine damalige Frau Birgit erklärte mir, dass sie einen anderen Mann liebe und ihn heiraten wolle. Ich war einverstanden, bestand jedoch darauf, dass unsere drei Söhne im Alter von 12, 10 und 9 Jahren bei mir bleiben sollten. Abgesehen von dem Schock für die Kinder verlief die Trennung ziemlich unproblematisch. Schwieriger gestaltete sich die Suche nach einer passenden Haushälterin. Mehrere Versuche scheiterten. Schließlich sprangen zunächst Birgits Mutter (genannt Gaggi) und meine Mutter (genannt Mummi) ein.

Eine junge Studentin, die bald Heiratsabsichten äußerte, gab ein kurzes Intermezzo und dann gewann ich Monika L., eine Kindergärtnerin, die ich vom Segelfliegen kannte. Sie führte zunächst alleine und später zusammen mit Mummi den Haushalt und übernahm vorbildlich die Kinderbetreuung.

Kurz nach meiner Scheidung im September 1970 erhielt ich von Gitta die übliche Urlaubskarte. Diesmal kam sie aus Sotschi in Georgien am Schwarzen Meer. Gitta lernte ich bereits Ostern 1956 kennen, als ich mit Birgit, meiner ersten Frau, auf einem Goggo-Roller nach Berlin zu Mummis Schwester, Tante Li gefahren war. Sie und ihr Mann, Onkel Walter, waren während des Krieges wegen der Luftangriffe auf Magdeburg – wo Onkel Walter Finanzgerichtspräsident war – in die Wohnung von Mummis Mutter nach Berlin-Nikolassee gezogen, da in den Randbezirken von Berlin weniger Luftangriffe zu erwarten waren. Während unseres Aufenthaltes in

Berlin besuchten wir auch die Familie Kramer im Ostteil der Stadt. Wilfriede Kramer war eine Cousine zweiten Grades von Mummi und in zweiter Ehe mit Gerd Kramer verheiratet. Ihr erster Mann Herbert Borsutzky, der Vater von Gitta und ihrer jüngeren Schwester Bärbel war 1942 in Russland als Luftwaffenoffizier gefallen. Nach Wilfriedes Eheschließung mit Gerd Kramer erhielten die beiden Mädchen per Verfügung den Nachnamen „Kramer". Wir verbrachten damals 1956 einen schönen Nachmittag in der Linienstraße im Bezirk Prenzlauer Berg. Die knapp 16-jährige Gitta gefiel mir sehr gut, aber es blieb bei lockerem Briefkontakt mit der Familie Kramer und bei mit westlichen Backzutaten gefüllten Päckchen zu Weihnachten. Damals war ich Assistenzarzt auf der Röntgenabteilung der Städtischen Kliniken Karlsruhe. Am 1. Mai 1959 wechselte ich als erster Assistenzarzt ans Auguste-Viktoria-Krankenhaus in Berlin-Friedenau. Die Mauer war noch nicht gebaut und so war es auch kein Problem, Kramers zu besuchen. Bärbel und besonders Gitta machten bei mir im Krankenhaus Gegenbesuche. Ich hatte zunächst dort ein kleines Zimmer, ehe wir eine Wohnung in Berlin-Lichterfelde fanden und meine Frau Birgit mit unserem ersten Sohn Sven und Daps, unserem Langhaardackel, nachziehen konnten. Während Bärbel deutlich zutraulicher war, habe ich mich doch auf Gittas Besuche mehr gefreut. Manchmal lud uns Heinz B. in sein Zimmer zum Abendessen ein und es gab Spiegeleier mit Ketchup. Die Vorliebe dafür hat Gitta noch immer und zelebriert das Spiegeleierfrühstück am

Samstag und Sonntag besonders genussvoll. Inzwischen war am 3. Januar 1960 ein dicker Axel geboren und wir planten eine Faschingsparty. Als wir beim Schmücken waren, kam Gitta auch mal wieder vorbei und half beim Aufhängen von Girlanden. Ich hielt die Leiter und als sie herunterkam konnte ich mich einfach nicht bremsen und gab ihr einen harmlosen Kuss. So habe ich es jedenfalls in Erinnerung, während Gitta dieses Ereignis stets negiert. Zu der Party hatten wir sie natürlich auch eingeladen, aber als ich abends beim Klingeln an die Tür eilte, stand Bärbel davor. Gitta war durch eine Kieferhöhlenentzündung völlig außer Gefecht gesetzt, worauf Bärbel freudestrahlend einsprang. Meine Enttäuschung war nicht zu übersehen, aber es wurde trotzdem ein feuchtfröhlicher Abend.

In dieser Zeit rief Pappi an und fragte, ob ich zum ersten September nach Darmstadt kommen könne, um mit ihm eine Gemeinschaftspraxis aufzumachen. Er wollte sich von seinem Partner trennen, fühlte sich aber mit 68 Jahren nicht mehr fit genug, die Praxis alleine zu führen. Ich sagte zu und wir zogen bereits im Juli nach Darmstadt. Von da an verlagerte sich der lockere Briefwechsel mit Familie Kramer auf Gitta. Einmal schickte ich ihr auch ein Kinderlehrbuch. Am 13. August 1961 errichtete die DDR die Berliner Mauer und am 17. August wurde Björn geboren.

Die Arbeit in der Praxis machte mir viel Spaß, besonders als ich merkte, dass es mir gelang, neue Überweiser zu gewinnen. Wir tauchten auch etwas ins Gesellschaftsleben ein, machten Ehepaartanzstunden mit und gewannen neue Freunde aus der Nachbarschaft und dem Kollegenkreis.

Am 21. Mai 1967 heiratete Bärbel in Ostberlin. Zum gleichen Zeitpunkt war dort ein Röntgenkongress. Ich beschloss, beide Ereignisse miteinander zu verbinden. Für Bärbels Hochzeitsfeierlichkeiten kam ich wegen langer Wartezeit am Sektorenübergang Heinrich-Heine-Straße zu spät und so fuhr ich gleich in die Wohnung von Kramers in der Wilhelm-Piek-Straße Ich kam zum Kaffee gerade richtig und ich war von Gitta begeistert, als ich sie wieder sah. Während des Nachmittags flirtete ich ein wenig mit Gitta und erzählte ihr, dass ich im Auto eine Flasche Whisky hätte. Den wollte sie gerne probieren und so rannten wir übermütig vom zweiten Stock die Treppe runter. An einem Treppenabsatz blieben wir spontan stehen und gaben uns einen wunderschönen Kuss. Der Whisky wurde aber nicht vergessen und wir nahmen beide im Auto sitzend einen kräftigen Schluck. Ob damals in der DDR schon die 0%o -Grenze galt, hat mich dabei nicht interessiert. Am Abend fuhr ich wieder nach West-Berlin und am nächsten Tag nach Darmstadt.

Wie gesagt, erhielt ich im September 1970 Gittas Urlaubskarte aus Sotschi und erinnerte mich sofort deutlich an sie und an unsere bisherigen Begegnungen. Ich musste unbedingt erfahren, was aus ihr geworden war, denn ich hatte das zwingende Gefühl, sie könnte die Frau für mich sein. Also schrieb ich ihr von meiner Scheidung und dass ich sie gerne mal wieder sehen

würde. Die Antwort kam postwendend, zwar etwas reserviert wegen der Tatsache meiner Scheidung, aber gleichzeitig mit einer festen Planung für das Wiedersehen. Ich sollte am Samstag, dem 5. Dezember nach Berlin kommen und sie um 12:30 Uhr im Café Lindencorso treffen. Ich war überpünktlich und setzte mich an einen freien Tisch so, dass ich die Tür im Auge hatte. Als nach einer halben Stunde immer noch kein Gittchen gekommen war, musterte ich die Anwesenden. Dabei fiel mein Blick auf eine junge Frau zwei Tische näher zur Tür und mit dem Blick ebenfalls dorthin gerichtet. Nachdem ich ziemlich sicher war, dass sie es sei, bat ich die Bedienung, die einzelne Dame zu fragen, ob sie Frau Dr. Kramer sei. Sie drehte sich um, ich erkannte sie sofort, stand auf und gab ihr einen Kuss. Der verunglückte allerdings etwas, weil Gitta es nicht so schnell wollte. Nach kurzer Begrüßungsunterhaltung fuhren wir   zu
Bärbel   . Bärbel fiel aus allen Wolken, während ihr Mann, Winni, keine besonderen Gefühlsregungen zeigte. Auch als ich ihn später näher kennen lernte, war er immer sehr ruhig, auch wenn er erklärte, dass der Sozialismus den Kapitalismus besiegen würde. Außerdem war da noch die dreijährige Tochter Birgit mit Rotznase und dem Kopf einer Puppe in der Hand. Die Haare der Puppe steckte sie ständig zusammen mit ihrem Daumen in den Mund und der Naseninhalt tropfte auf die Haare. Ich weiß nicht mehr, was wir   damals für eine Erklärung gaben, aber wir sprachen wohl eher von einem Zufallsbesuch.

Am späten Nachmittag ging ich mit Gitta ins Café Budapest. Ob ich ihr dort schon eröffnete, dass ich sie heiraten wolle, weiß ich nicht mehr genau. Auf alle Fälle war es ein schöner Nachmittag, an dem wir viel voneinander erfuhren. Mein Outfit gefiel Gitta überhaupt nicht. Ich trug eine graue Hose, einen schwarzen Blazer, ein lachsfarbenes Hemd und eine grob gemusterte Krawatte. Später sagte sie mir, ich hätte wie ein Papagei ausgesehen. Außerdem hatte ich in meinem Köfferchen Fußspray, was wohl suspekt anmutete. Für Sonntag lud Bärbel uns zum Mittagessen ein. Gitta fuhr abends wieder nach Fürstenwalde und ich nach West-Berlin. Damals gab es nur Tagespassierscheine.

Wir schrieben uns ab da immer öfter. Mit der Zeit wurden es drei bis vier Briefe pro Woche. Im Januar fuhr ich wieder nach Berlin und brachte Gitta einen Karneol-Anhänger mit eingraviertem Loewenhardt-Wappen mit. Es sollte eine Art Vorverlobungszeichen sein. Gitta plante bereits einen gemeinsamen Urlaub in Bulgarien. Sie legte die Zeit auf Anfang Juni fest, nannte mir das von ihr gebuchte Hotel und ich stellte fest, dass dieses Hotel auch bei Scharnow gebucht werden konnte. Vorher kam aber noch die richtige Verlobung. Wir waren uns soweit näher gekommen und darüber klar geworden, dass wir heiraten wollten. Wie es funktionieren sollte, war uns noch nicht klar. Zur Verlobung, die aber ohne Feier vor sich ging – Bärbel und Winni durften ja nichts wissen, denn zu diesem Zeitpunkt hätten sie uns womöglich angezeigt – , brachte ich Gitta einen Brillantring mit eingravierten Vornamen und dem Datum 13.3.1971 mit.

Über Ostern fuhr ich mit den Kindern nach Berlin. Wir bekamen eine Aufenthaltsgenehmigung für drei Tage und wohnten alle im Interhotel, ich natürlich mit Gitta in einem Zimmer. Wenn wir mal alleine seien wollten, spielten die Jungen Fahrstuhlführer in zwei nebeneinander liegenden großen Aufzügen. Da Björn und Axel sich wegen des damaligen Bürstenhaarschnittes sehr ähnlich sahen, kam es vor, dass Gäste, die mit Axel in dem einen Aufzug hochgefahren waren, beim Runterfahren in dem anderen Aufzug Björn ganz erstaunt fragten, ob er nicht eben noch in dem Nachbaraufzug gewesen sei. Gitta und die Jungen haben sich gegenseitig prächtig verstanden. Bei einem Ausflug zum Müggelsee lernten sie ihren Hang zum Albernsein kennen. Beim herzlichen Abschied auf dem Ostbahnhof hatte ich den Eindruck, dass alle sich lieb gewonnen hatten.

Wieder in Darmstadt beschloss ich, einen Fluchthelfer zu suchen. Der einzige Rechtsanwalt, den ich kannte, war Jürgen Z. Ich rief ihn an und erfuhr, dass sein Sozius so etwas mache. Diesen suchte ich in Karlsruhe auf und er versprach mir, mich für 3000 DM mit einem Fluchthelfer zusammenzubringen. Zum verabredeten Termin flog ich nach Berlin-Tempelhof, traf dort in der Halle den RAW und schrieb ihm den geforderten Scheck aus, worauf er mir den Fluchthelfer Wolfgang in einem Café des Flughafens zeigte. Ich ging zu ihm und nach kurzem Gespräch verabredeten wir uns für den Abend in seiner Wohnung in der Kantstraße.

Ich klingelte bei Wolfgang F., der Türschließer schnurrte und ich betrat ein typisch Berliner Treppenhaus mit breiter Treppe, Holzgeländer und gefliestem Fußboden. Im zweiten Stock war die Wohnungstür bereits geöffnet, ich trat ein und wurde von Wolfgang in sein Arbeitszimmer geführt. Es war nicht besonders groß und bestand im Wesentlichen aus einem mit allerlei Schreibkram bedeckten Schreibtisch, zwei oder drei Bücherregalen, einem Schreibtischstuhl, einem kleinen Tisch und drei weiteren Stühlen. Wolfgang war etwa 30 Jahre alt, schlank und trug eine stützende Halskrawatte. Er hatte bei einem Autounfall in Zusammenhang mit einer "Schleusung" – Hilfe beim ungesetzlichen Passieren einer Grenze – ein Schleudertrauma erlitten. Nachdem ich ihm meine Wünsche mitgeteilt hatte, erläuterte er mir das weitere Vorgehen. Gitta sollte durch seine Organisation auf nicht näher beschriebenem Wege alleine oder mit bis zu zwei anderen über die Grenze gebracht werden. Die Angelegenheit würde 25.000 DM kosten, was aber erst nach Auftragserledigung zu zahlen wäre. Dies war es zunächst. Ich sollte mich nach meinem Urlaub wieder bei ihm melden.

Inzwischen hatte ich aus der Zeitung erfahren, dass der Westberliner Anwalt Stange zusammen mit dem Ostberliner Anwalt Dr.Vogel bei Familienzusammenführungen und Ausreisegesuchen hilfreich zusammenarbeiten würden. Ich suchte also noch Herrn Stange auf und schilderte ihm meine Wünsche. Er nahm Gitta in eine Liste auf, machte mir aber keine große Hoffnungen für ein schnelles Gelingen. Wäre sie Blumenverkäuferin und nicht Ärztin gewesen, dann könnte es schneller gehen. Gleichzeitig schrieb ich nach Intervention meines Freundes Claus-Eberhard ein offizielles Ausreise-ersuchen an den damaligen Geschäftsführer der F.D.P. und Minister für Innerdeutsche Angelegenheiten, Herrn Mischnick.

Am Mittwoch, dem 9. Juni 1971 startete ich Richtung Bulgarien. Mummi war für die Zeit meines Urlaubs als Oberaufsicht nach Darmstadt gekommen. Sie hatte uns jede Menge Marschverpflegung eingepackt und ich hatte für Gittas gerade gewesenen Geburtstag ein Kleid, einen Bikini und ein paar Shorts – damals auch als heiße Höschen bekannt – im Gepäck. Die erste Etappe führte mich über Klagenfurt, den Loibelpass und Ljubljana nach Jugoslawien, wo ich in Novi Sad in einem Motel übernachtete. Die nächste Etappe war Sofia, wo ich bei einem Bekannten eine Pause einlegte. Ich fuhr mit meinem 7er BMW noch bis Plovdiv und übernachtete in einem Hotel. Beim Abendessen kam ein Mann ins Lokal und verkaufte Rosen. Plovdiv wurde als „die Rosenstadt" apostrophiert und man sah in den Vorgärten, auf Plätzen und an Straßenrändern tatsächlich viele Rosenbeete. Ich fragte ihn, ob er mir 31 rote Rosen verkaufen könne. So viele hatte er nicht bei sich, brachte sie aber in etwa einer halben Stunde. Zu meinem Hotelzimmer gehörte eine Dusche mit tiefer Wanne. Diese füllte ich mit Wasser, das leider auch nach längerer Zeit nur lauwarm aus der Leitung kam. Trotzdem legte ich die Rosen hinein, aber am nächsten Morgen hatten sie sich schon deutlich geöffnet. Ich startete früh und erreichte Nessebar gegen 10 Uhr. Das Hotel Kristall war bald gefunden, nachdem ich im örtlichen Reisebüro meinen

Gutschein von Scharnow in einen Hotelgutschein und Essenmarken umgetauscht hatte. Auch bulgarisches Geld – Lev und Stotinki – bekam ich dort. Das Hotel war ein lang gestrecktes dreistöckiges Gebäude mit je einem Eingang in der Mitte jeder Hälfte. Ich ging zunächst in die rechte Hälfte und fragte, ob Frau Dr. Kramer schon angekommen sei. Auf die Rückfrage, wo sie herkäme, sagte man mir, dass für Gäste aus dem sozialistischen Ausland der linke Eingang zuständig wäre. Aber auch dort war sie noch nicht eingetroffen. Nach langer Diskussion mit der Empfangsdame – beziehungsweise Aufpasserin – an der Rezeption teilte sie mir ein Zimmer im sozialistischen Teil zu. Das Zimmermädchen brachte mir eine Vase für die Rosen und ich richtete den verspäteten Geburtstagstisch für Gitta her. Beim Auspacken stellte ich fest, dass die hart gekochten Eier schon nach Schwefelwasserstoff rochen und warf sie in den Abfalleimer. Danach ging ich vor das Hotel, schaute etwas „spazieren", als plötzlich Gitta mit ihren Freundinnen (drei Krankenschwestern) aus dem Kreiskrankenhaus Fürstenwalde, wo Gitta Assistenzärztin in der Kinderabteilung war, vor mir standen. Die Begrüßung war sehr freudig und herzlich; allerdings war Gitta damals in der Öffentlichkeit schon so sparsam wie heute. Gitta und eine ihrer Freundinnen hatten ein gemeinsames Zimmer zugeteilt bekommen, aber ich regelte die Zimmerverteilung so, dass ich Gitta bat, ihr Gepäck zu mir zu bringen und bei mir einzuziehen. Ich hatte eben solch ein Doppelzimmer wie alle anderen. Es war klein mit Balkon zur Straße, die Betten standen hintereinander, im Bad war die Dusche nicht abgetrennt, so dass das Duschwasser sich im ganzen Raum verteilte. Ich gratulierte Gittchen jetzt richtig und ungehemmt zum Geburtstag. Alle meine anziehbaren Geschenke passten wie angegossen.

Wir verlebten einen wunderschönen Urlaub, meistens alleine, gelegentlich aber auch zusammen mit Gittas Freundinnen. Letzteres besonders dann, wenn wir mit meinem Auto Ausflüge in die Umgebung machten. Einmal holten wir eine russische Reiseleiterin, die Gitta von früher kannte, in einem anderen Hotel ab. Dabei musste ich in einiger Entfernung parken, damit niemand sehen konnte, dass Galina in ein westliches Auto stieg.

Gitta und ich stritten uns in den Wellen um eine Luftmatratze, wobei Gitta leider eine blutige Nase bekam, wir versteckten uns in den Dünen und machten FKK. Dabei wurden wir aus verschiedenen Richtungen von unauffällig auffällig versteckten Männern beobachtet. Gitta meinte, es könnten Stasimänner sein, während ich sie eher für Spanner hielt. Wir aßen an Deck eines als Restaurant umfunktionierten alten Seglers mittags Spiegeleier und tranken Wodka-Orange. Wir wurden braun und brauner, tobten ausgelassen im Schwarzen Meer herum, tranken viel Rotwein, verspielten in der Spielbank etwa 100 Mark und mussten dann auf dem Heimweg ins Gebüsch beziehungsweise hinter eine Eselplastik pullern. Gitta hatte mir in einem ihrer Briefe geschrieben „Ich warne Dich, ich kann ganz albern sein". Das war sie auch, und ich fand es schön. Schön und anregend war auch das gemeinsame Duschen, wobei unser Badezimmer manchmal überzulaufen drohte. Viel Zeit verbrachten wir natürlich auch damit, uns zu lieben, und dies nicht nur nachts. Als Gitta wieder abreisen musste, fuhr der Bus zum Flughafen direkt unter unserem Zimmer am Hotel vor. Die meisten waren schon im Bus, aber wir waren noch im Bett. Gitta hatte schreckliche Angst, dass irgendwelche Geräusche aus unserem Zimmer durchs offene Fenster bis zum Bus gedrungen waren. Es hatte aber keiner der Mitreisenden eine dumme Bemerkung gemacht.

Einmal, als Gitta und ich abends ins Hotel kamen und ich von der Aufpasserin den Zimmerschlüssel verlangte, sagte diese: „Diese Frau wohnen nicht hier, das nicht gut", worauf ich antwortete: „Ich finde das sehr gut".

Während bei meiner Ankunft sowohl von den Zimmermädchen als auch vom Rezeptionspersonal dankbar mitgebrachte Strumpfhosen, Kugelschreiber und Nescafé angenommen wurden, sagte bei meinem Auschecken als ich Kaffee hinstellte, die Frau an der Rezeption: „Danke, wir haben selber". Ich habe den Kaffee unter den Augen eines scheinbar unbeteiligten Zeitungslesers trotzdem stehen gelassen.

Auf dem Heimweg wurde ich nach etwa 150 km von der Polizei auf einem Motorradgespann angehalten. Sie überprüften aber nur meine Papiere. Die Heimfahrt einschließlich der Grenzkontrollen verlief mit nur einer Übernachtung problemlos. Als ich von Würzburg aus Am Haselberg in Darmstadt anrief, wollte Mummi wissen, ob ich Gitta mitgebracht hätte.

Ich fuhr, beziehungsweise flog jetzt alle drei bis vier Wochen nach Berlin, um mich mit Gitta mal bei Bärbel, aber oft auch im Interhotel zu treffen. Einmal war Mummi mit. Sie war etwas schockiert, dass ich in meiner Hose vor dem Bauch beim Grenzübergang eine Schallplatte für Gittchen versteckt hatte. Es war „Ich bin wie ich bin", gesungen von Vicky Leandros. Dieses Lied war damals brandaktuell. Als Gittchen mich mal in einem Brief auf die Platte ansprach und ich sie mir dann bewusst anhörte, glaubte ich, dass sie sich weitgehend mit dem Text identifizierte. Dadurch wurde es unser Lied. Wir hatten auch ein gemeinsames Sternbild, die Kassiopeia. Wenn wir beide von verschiedenen Orten das Sternbild sahen, hatten wir das Gefühl, es könne unsere Gedanken transferieren. Als wir einmal abends am Neptunbrunnen vor dem Roten Rathaus saßen, bewunderten wir den besonders schönen Vollmond.

Zum Teil waren die Treffen auch dadurch geprägt, dass ich auf Anweisung von Wolfgang Kurierdienste leisten musste. Ich bekam Treffpunkte genannt, an denen sich Gitta mit zwei ausreisewilligen Studenten treffen sollte. Die Studenten wurden von ihren westlichen Freundinnen begleitet. Wir trafen uns in Unterführungen in der Nähe des Pergamonmuseums. Einmal traf ich in einer miesen Gegend Berlins einen farbigen jungen Mann aus Madagaskar, der wohl die Gruppe raus bringen sollte. An einem der nächsten Wochenenden trafen sich die Drei in Ostberlin. Sie übernachteten in einer Privatwohnung und fuhren am nächsten Morgen mit einem blauen VW, der dem einen Studenten gehörte auf die

Autobahn Richtung Magdeburg. Letzteres habe ich aber erst später erfahren. Mein Freund Claus W. hatte mich an diesem Wochenende Anfang Oktober nach Berlin begleitet. Ich hatte vorher 25.000 Mark auf die Dresdner Bank in Berlin zur Abholung transferiert. Wir holten das Geld ab und begaben uns in eine Wohnung, die uns der damalige Geschäftsführer des Hotels Kempinski zur Verfügung gestellt hatte. Er gehörte zu unserem damaligen Darmstädter Bekanntenkreis. Dass seine Wohnung konspirativ genutzt werden sollte, haben wir ihm natürlich nicht erzählt. Wir brauchten halt ein Telefon, auf dem uns Wolfgang gefahrlos anrufen konnte.

Am Vormittag gingen Claus und ich bei herrlichem Herbstwetter im Dahlemer Park spazieren. Später wurde erzählt, wir hätten Ballermänner dabei gehabt, dabei waren es nur zwei Walkie-Talkies. Am späten Nachmittag rief Wolfgang in der Wohnung an und sagte, dass die Ausreise – im juristischen Jargon „Schleusung" – nicht geklappt habe. Es hätte kein Kontakt zwischen beiden Seiten stattgefunden. Erst in Darmstadt erfuhr ich von Gitta, dass sie nach Magdeburg gefahren waren, dort das Auto geparkt hätten und dann zu Fuß an eine vor bezeichnete Autobahnbrücke gelaufen seien. Als sie sich dort im Gebüsch versteckten, sahen sie auf der Brücke ein Fahrzeug der Volkspolizei. Wohl aus diesem Grund fuhr das Auto, das sie für das Fluchtauto hielten, ohne zu halten durch. Die Drei gingen traurig wieder nach Magdeburg und fuhren nach Berlin zurück, wo sie sich trennten.

Claus und ich fuhren wieder nach Darmstadt. Das Geld versteckte ich unter meiner Matratze. Von Wolfgang erhielt ich die Nachricht, dass am 31. Oktober 1971 der nächste Versuch stattfinden solle. Dazu müssten wir uns im Treptower Park einfinden und dort mit den Studenten treffen. Weitere Informationen würden wir im Park erhalten. Als ich am Samstag, dem 30. Oktober nach Berlin flog, las ich im Flugzeug, dass am nächsten Tag der damalige sowjetische Präsident Breschnew nach Ostberlin käme und vom Flughafen Schönefeld vorbei am Treptower Park in die Innenstadt fahren würde. Das verursachte bei mir ein ungutes Gefühl. Tatsächlich, als ich am nächsten Tag mit Gittchen in den Treptower Park kam, um die Studenten zu treffen, wimmelte es nur so von Volkspolizei. Gittchen warf heimlich noch ein paar Schuhe in einen Parkmülleimer, weil sie möglichst wenig Gepäck mitbringen sollte. Wir liefen also im Angesicht der Vopos im und um den Park spazieren und die Drei erhielten auch die Nachricht, zu einer bestimmten Zeit an einem bestimmten Parkplatz zu sein. Wir trennten uns und ich fuhr wieder nach Westberlin. Am Grenzübergang wurde ich aus der Reihe gewinkt und musste mein Auto so in einer Mauerecke parken, dass ich später nur durch schwieriges Manövrieren wieder weg kam. Ein Vopo nahm mir meinen Pass ab und brachte ihn erst nach längerer Zeit zurück. Vermutlich musste er erst sicher sein, dass Gitta sich noch in der DDR befand. Sie befand sich tatsächlich noch dort, denn als sie an den Parkplatz kamen, fuhr das offensichtliche Fluchtauto auffallend schnell davon. Warum, haben wir nie erfahren. Übrigens wurden die Schleusungen vorwiegend von Diplomaten afrikanischer Staaten durchgeführt.

Wir verabredeten schriftlich, uns am 19. November 1971 wieder im Interhotel zu treffen.

„Die ersten Frauen sind da"

Am 8. November 1972 klingelte gegen 16 Uhr das Telefon am Haselberg. Es war ein Mittwoch und so war ich zu Hause. Mummi, Sven, Axel und Björn waren auch da. Als ich abhob, meldete sich Gaggi und sagte: „Ich habe eben im Fernsehen mitbekommen, dass die ersten Frauen aus den DDR-Gefängnissen über die Grenze nach Westen abgeschoben wurden und jetzt auf dem Weg in das 1946 eingerichtete Aufnahmelager für Heimatvertriebene in Gießen sind". Außerdem meinte sie, Gitta in einem Omnibus erkannt zu haben. Ich war natürlich wahnsinnig aufgeregt und rief meine in Gießen lebende Schwester Ute an mit der Bitte, rauszubekommen, ob Gitta dabei sei. Eine halbe Stunde später rief Ute zurück und sagte: „Knut, sie ist da". Da ich nicht alleine fahren wollte, nahm ich Sven mit. Auf dem Weg zur Autobahn holte ich in der Gärtnerei Kalbfuß in der Heidelberger Straße noch einen Strauß Rosen. Während die Autobahn unter den Rädern meines blauen BMW 728i dahin floss, dachte ich zurück:

Wir waren am 20. November 1971 nachts in Dresden angekommen, hatten das stählerne Tor der Untersuchungshaftanstalt des Ministeriums für Staatssicherheit (MfS) passiert und hielten vor einer kleinen Eingangstür. Mir wurde bedeutet, auszusteigen und ich musste ohne Abschied von Gittchen den „Wartburg" verlassen. Hinter der Tür war ein Treppenhaus und rechts ging es durch eine weitere Tür in einen kleinen Raum. Dahinter waren ein Volkspolizist (Vopo), ein kleiner Tisch und ein Regal mit Trainingsanzügen, Unterwäsche, Socken, Pantoffeln, Taschentüchern, Handtüchern, Essbestecken, Kämmen, Zahnbürsten, Zahnpasta, Seife, Waschschüsseln, Bettwäsche und Wolldecken. Ich wurde aufgefordert, Schmuck und Uhr abzulegen und die Taschen zu leeren. Außer dem Geldbetrag wurden mein Ausweis und das Scheckbuch sowie zwei Ringe aus Gold (gelb) und eine Uhr gelb registriert. Dann musste ich mich völlig ausziehen und zugeteilte Unterwäsche, einen Trainingsanzug, Socken und Pantoffeln anziehen. Auf die auf Kommando vorgestreckten Unterarme bekam ich zwei Decken, blau karierte Bettwäsche, eine Waschschüssel, ein Handtuch, Kamm, Zahnbürste, Zahnpasta und Seife, wurde durch eine weitere Tür in den typischen Innenraum eines Gefängnisses geführt und aufgefordert, die Eisentreppe bis in den zweiten Stock zu gehen. Dort wurde ich an einem umlaufenden Gang von einem anderen Vopo empfangen, der mich zu einer vom Gang abgehenden Zelle führte, diese aufschloss, auf die linke von einer Holzpritsche deutete und sagte: „Die Eeß", womit er meinte, ich sei die Nummer eins. Ich war noch nicht lange in meiner Zelle, als die Klappe in der Tür aufging und ein Becher Tee sowie ein Teller mit Brot, Margarine, einem mickrigen Brathering und einer Gurke hereingereicht wurde. Da ich auf den Brathering keinen Appetit hatte, warf ich ihn ins Klo, aber welch Schreck, als ich ihn wegspülen wollte, war keine Vorrichtung vorhanden. Man musste klingeln und zu einem im Guckloch erscheinenden Vopo-Kopf sagen: „Bitte spülen, Herr Hauptwachtmeister". Die verschiedenen Dienstgrade lernte ich aber erst später. Da ich Angst hatte, wegen Vernichtung von Nahrungsmitteln zur Verantwortung gezogen zu werden, verzichtete ich auf das Klingeln. Im so genannten Dritten Reich gab es nämlich den Straftatbestand der Vernichtung von Nahrungsmittel und gewisse Ähnlichkeiten zwischen Nationalsozialismus und Kommunismus ließen sich ja nicht verleugnen. Pappi hatte früher einmal gesagt: „Der einzige Unterschied ist der, dass es in Russland kälter ist". Ich nahm also eine vorhandene Klobürste –im Knastjargon Lissi genannt- und versuchte, damit den Hering wegzustochern. Das gelang auch und gleichzeitig wurde das Wasser im Siphon fast entfernt. Nachdem ich mein Brot und die Gurke gegessen hatte und mich etwas auf die Strohmatratze gelegt hatte, pochte es plötzlich an die Wand. Nach einer Weile merkte ich, dass es immer die gleiche Folge mehrerer Klopfsequenzen mit kleiner Pause war und ich zählte zu den Zeichen das Alphabet auf, wobei ich immer wieder auf die Buchstabenfolge K-L-O kam. Das erstaunte mich, weil ich glaubte, es seien meine Anfangsbuchstaben, K für Knut und L-O für Loewenhardt und ich mir nicht vorstellen konnte, dass mein Zellennachbar meinen Namen kannte. Viel später kam ich erst darauf, dass es „Klo" hieß und ich damit aufgefordert wurde, das Klo mit Lissi leer zu pumpen und dann die leere Röhre als Telefon zu einer anderen Zelle zu benutzen. Wenn das Wachpersonal bemerkte, dass man „telefonierte", wozu man den Kopf tief in die Schüssel stecken musste, brachen sie das Gespräch dadurch ab, dass sie im Vorbeigehen die Spülung betätigten.

Nach etwa einer Stunde ging die Zellentür auf – man musste beim Aufschluss immer aufstehen und den Vopo ansehen – und ich wurde, obwohl ich alleine war aufgerufen: „Die Ees". Das hieß, dass ich raus treten sollte. Ehe ich raus treten durfte, rief der Posten meiner Etage noch die anderen Etagen auf: „Erde", „Erster", „Zweiter", „Dritter", um zu verhindern, dass zwei Gefangene gleichzeitig auf den Gängen waren und sich sehen konnten. Ich wurde in den vierten Stock geschickt und rannte die Treppen hinauf, immer noch in der absurden Hoffnung, nach einem Verhör wieder nach Hause zu können. Auf dem obersten Flur wurde ich von einem Vopo in Empfang genommen, der mich einen längeren Gang mit mehreren Ecken entlang führte. An jeder Ecke musste ich mich mit dem Gesicht zur Wand stellen, bis sicher war, dass hinter der Ecke nicht noch ein Gefangener war. Ich wurde in einen großen Raum gebracht, in dessen Mitte ein langer rechteckiger Tisch stand. An der Kopfseite saß ein schwarzhaariger Hauptmann und ich nahm ihm gegenüber auf einem Hocker Platz. Nach den üblichen Fragen zur Person erhielt ich eine Tasse Kaffee und im Lauf der Nacht auch noch eine oder zwei der mir abgenommenen Zigaretten. Als mein Kaffee alle war und ich noch Durst hatte, nahm ich die Tasse und ging zu einem an der Seite befindlichen Waschbecken, um mir Wasser einzufüllen. Der Hauptmann rief sofort nach einem Posten, weil er dachte, ich wäre aufgestanden, um ihn anzugreifen.

Bis etwa drei Uhr morgens dauerte das Verhör, wobei ich die ganze Vorgeschichte schildern musste. Der Hauptmann schrieb selber mit und ich musste zum Schluss unterschreiben. Später stellte sich heraus, dass Gittas und meine Aussagen völlig überein stimmten, wir also beide die selben wichtigen oder auch weniger wichtigen Einzelheiten verschwiegen hatten. Am Sonntag wurde wie jeden Tag um 6 Uhr mit einem schrillen Pfiff und dem Ruf „Aufstehen" geweckt. Ich lag noch im Bett, das heißt auf der Strohmatratze, die nachts auf die 70 cm breite Holzpritsche gelegt wurde, als plötzlich die Klappe in der Tür aufging und ein Wasserschlauch durchgesteckt wurde. Ich musste mich sehr beeilen, meine Waschschüssel unter die Schlauchöffnung zu halten, denn sonst wäre meine Zelle nass gewesen. Nach dem Waschen kam das Frühstück: Brot, Margarine, Marmelade und Malzkaffee. Gegen 9 Uhr hieß es wieder „Die Ees" und ich musste erneut in den vierten Stock, wo ich einer Haftrichterin vorgeführt wurde, die mir den Haftbefehl wegen Menschenhandels vorlas. Bei dieser Gelegenheit konnte ich zum ersten Mal meine Tränen nicht zurückhalten. Mir wurde klar, in was für eine Situation ich Gitta aus Liebe gebracht hatte und dass meine Kinder jetzt auf unbestimmte Zeit keinen Vater hätten. Ich wurde unter Vorlage eines Verzeichnisses noch gefragt, ob ich einen bestimmten Rechtsanwalt wolle. Ich nannte Dr. Vogel aus Ostberlin, dessen Namen ich vom Westberliner Anwalt Stange erfahren hatte. Gitta kannte den Namen auch.

Zum Mittagessen gab es Kohlroulade mit Kartoffelbrei und einen schrumpeligen Apfel. An weitere Mahlzeiten kann ich mich nicht genau erinnern. Sie waren in der Regel gut bürgerlich und öfters gab es einen Nachschlag. Einmal gab es Milchreis mit Apfelmus, was mir zum ersten Mal in meinem Leben geschmeckt hat.

Am nächsten Tag wurde ich zu den „Effekten" geführt. Die Effekten waren keine Wertpapiere, sondern die Stelle, an der das persönliche Eigentum verwahrt wurde. Mir wurde eröffnet, dass mein Auto – ein Leihwagen – aus Berlin geholt worden und einschließlich des Werkzeugs beschlagnahmt worden sei. Im Auto war ein Grabgesteck, das wir am Sonntag zum Grab von Gittchens Mutter in Köpenick bringen wollten, die Flasche „Black and White", die wir im Intershop gekauft hatten und Zigaretten. Die Zigaretten wurden uns nach und nach zugeteilt, das Grabgesteck ließ ich vernichten und der Whisky sollte Bärbel gegeben werden, falls sie mal eine Besuchsgenehmigung bekäme.

Irgendwann erfolgte die erkennungsdienstliche Behandlung – Foto von drei Seiten und Fingerabdrücke – sowie eine ärztliche Untersuchung.

Als willkommene Abwechslung wurde ich etwa dreimal wöchentlich zu meinem Vernehmer geholt. Es war ein ruhiger, menschlicher Oberleutnant, der mich auch mal an sein Fenster treten ließ, um mir die Elbwiesen mit dem Segelflugplatz zu zeigen und sich mit mir über seinen kranken Sohn unterhielt. Er wiederholte die Vernehmung des Hauptmanns, wobei er noch mehr ins Detail ging. Einmal zeigte er mir als Beweismittel ein Bild, auf dem Gitta und ich an einer Straßenecke zu sehen waren. Es wurden immer wieder die gleichen Themen angesprochen, wohl um die Konstanz der Aussagen festzustellen.

Ich durfte bei ihm auch einen Brief an Mummi und die Kinder und einmal monatlich an Gitta schreiben. Die Antworten musste ich bei ihm lesen, nachdem sie vorher zensiert waren.

Als der erste Brief von Mummi kam – sie war sofort nach meiner Verhaftung nach Darmstadt gefahren – sagte mein Vernehmer: „Es ist da". Ich dachte an einen Entlassungsbeschluss oder etwas Ähnliches, aber es handelte sich nur um die Nachricht, dass Mummi die 25.000 DM unter meiner Matratze gefunden hatte. Manchmal wurde ich zum Schreiben in einen kleinen Raum gesetzt, wo das Fenster zwar auch vergittert, aber nicht verblendet war, sodass man auf den Garagenhof sehen konnte. In dem kleinen Raum bekam ich gelegentlich Spiegeleier, Kuchen oder Orangen, ich denke, weil ich aus der BRD war und man die in der BRD verbreitete Ansicht, in der DDR gäbe es keine Orangen, widerlegen wollte.

An einem der ersten Abende hatte ich ein schreckliches Erlebnis. Ich wurde auf „Erde" geführt, mein Bewacher schloss eine Tür auf und ließ mich hineingehen. Es war ein schwach beleuchteter, dunkel gekachelter Raum mit einer Brause an der Decke. Als ich diese sah, fielen mir die Berichte von den Konzentrationslagern ein, wo aus den Brausen Gas kam. Ich brach zum zweiten Mal in Tränen aus und fragte: „Was soll ich denn hier?" Der Bewacher – ein Feldwebel, genannt der „Schnelle", weil er immer besonders schnell unterwegs war – beruhigte mich, drückte mir Seife und ein Handtuch in die Hand und sagte: „Nu duschen". Das tat ich dann auch und es passierte nichts.

Eine ähnliche Situation gab es auch am nächsten Tag. Ich wurde wieder auf „Erde" geführt. Dort ging es ins Freie zu einem runden Backsteinbau mit lauter Türen. Eine Tür wurde geöffnet. Sie führte zu einem spitzwinkligen, oben offenen Abteil von etwa 3 m Länge und an der Türseite einem 1 m Breite. An der Spitze stand wie auf dem Mittelstück einer Torte ein Feldwebel mit einer Pistole. Ich bekam wieder Angst und dachte, jetzt würde ich erschossen. Ich sollte in dem „Tortenstück" aber nur herumlaufen, das nannte sich Freigang. So ein Freigang fand an jedem Wochentag statt und dauerte 15 Minuten. Wieder in der Zelle, erhielten die Raucher durch die Klappe Feuer für die Zigarette.

Jeden Tag gab es eine Zeitung „Die Junge Welt" oder eine Dresdener Lokalzeitung. Außerdem bekam man pro Woche ein Buch. Das konnte 50 oder auch 800 Seiten haben, das heißt, dass man pro Tag 7 oder 110 Seiten lesen konnte. Ich las Werke von Balzac, Dostojewski, den „Schwejk" von Hasek. Bei dem nur durch einen Schlitz hereinkommenden Tageslicht und einer schwachen Funzel über der Tür war das Lesen ganz schön anstrengend. Vor der Nachtruhe musste man die Brille herausgeben, damit man sich nicht mit dem Glas die Pulsadern aufschneiden konnte.

In der ersten Woche kam auch ein von Dr. Vogel beauftragter Dresdener Rechtsanwalt, Herr Völske. Nachdem ich ihm meine Geschichte erzählt hatte, sagte er, ich solle nicht in Panik ausbrechen, wenn der Staatsanwalt bei der Gerichtsverhandlung fünf Jahre Gefängnis fordern würde, denn in spätestens einem Jahr wäre ich wieder draußen.

Etwa 14 Tage vor Weihnachten, als ich von einer Vernehmung zurückgeführt wurde, war das zweite Bett belegt. Mein Zellengenosse war Rudi D. aus Görlitz. Wir haben uns natürlich pausenlos unsere Geschichten erzählt. Abends brummte mir der Schädel. Rudi war zwei Jahre älter als ich, arbeitete als Fachmann für Kältetechnik bei „Schwarze Pumpe" in Riesa und wohnte in der Bahnhofstraße. Von seiner Wohnung konnte er gut den Bahnhof von Görlitz einsehen. Das bekam wohl auch der BND – Bundesnachrichtendienst der BRD – heraus und trat mit ihm in Kontakt. Schließlich musste Rudi dem BND alle Bewegungen von Güter- und Militärzügen melden. Irgendwann kam es heraus und er wurde mit seiner Frau Irmchen festgenommen.

Wie ich später erfuhr, kam Irmchen in Gittas Zelle. Diese befand sich auf der Station „Erde" nicht weit von dem Duschraum. Ich bekam das dadurch raus, dass ich Gittas Schritt kannte und man in einem meistens ruhigen

Gefängnis die Geräusche gut analysieren kann. Die Frauen durften sich nämlich abends nochmals waschen und mussten sich das Wasser aus dem Duschraum holen. Aus den dabei entstehenden Geräuschen machte ich mir meinen Reim, einen richtigen Reim, wie sich später herausstellte.

Heiligabend war es besonders still. Wir hatten zum Abendbrot mit Salzstangen dekorierte Brote bekommen. Außerdem gab es Dresdner Stollen und eine Orange. Als in einer Zelle ein Häftling laut und gut ein Weihnachtslied sang, bekam ein anderer Häftling in seiner Zelle einen Tobsuchtsanfall und musste mit Gewalt beruhigt werden.

Wenn die Sonne durchs Zellenfenster schien, wanderten die Schatten der Gitterstäbe an der Wand entlang. Aus den festen Essenszeiten und dem Erhaschen einer Uhr bei Vernehmungen hatte ich mir in Gedanken eine Sonnenuhr konstruiert. Als der Schnelle mich einmal kurz vor dem Mittagessen zum Vernehmer holte, sagte ich erstaunt: „Was, kurz vor 12 Uhr noch zur Vernehmung?" Er sprang in die Zelle, fand aber keine Uhr und beruhigte sich wieder.

Als ich an einem Tag Anfang April von einer Vernehmung in meine Zelle zurückkam, war Rudi weg. Ein paar Tage später wurde mir eröffnet, dass Anfang Mai die Gerichtsverhandlung sei und zur Vorbereitung erhielt ich ein Strafgesetzbuch der DDR. Darin konnte ich lesen, dass bei allen in Zusammenhang mit Republikflucht aufgeführten Paragraphen schon die Vorbereitung strafbar war. Es genügte schon, einen Bürger der DDR zu fragen, ob er ausreisen wolle und man ihm dabei helfen solle.

Die Verhandlung war für drei Tage angesetzt. Wir wurden in Einzelkabinen in Barkas – ähnlich einem Ford Transit – ins Gericht transportiert, sahen uns aber erst im Gerichtssaal. Gittchen hatte stark abgenommen. Wir konnten uns kurz mit einem flüchtigen Kuss begrüßen, wurden dann aber auseinander gesetzt. Den Vorsitz führte eine Richterin; ihr beigegeben waren zwei Schöffen. Die Anklage erhob Staatsanwalt Zöllner. Es wurde gleichzeitig gegen uns und die beiden Studenten verhandelt. An Zeugen wurde unter anderen Gittas damaliger Chef, Herr Dr. Scholz vernommen. Bei der Verhandlung wurden wir nochmals einzeln nach unseren Personalien, unseren persönlichen Verhältnissen und zum Tathergang befragt. Nach den Plädoyers des Staatsanwaltes und der Verteidigung erfolgte die Urteilsverkündung am dritten Tag. Vorher trat das Gericht aber noch einmal in die Hauptverhandlung ein, weil es in den Akten festgestellt hatte, dass ich über Mischnick (Minister für Gesamtdeutsche Fragen – F.D.P.) für Gitta einen regulären Ausreiseantrag gestellt hatte. Ob dadurch nur die Korrektheit des Gerichts bewiesen werden sollte oder sich für mich das Strafmaß hätte ändern können, kann ich nicht sagen. Ich erhielt jedenfalls dem Antrag entsprechend, 4 Jahre und 8 Monate Haft. Gitta bekam mit 2 Jahren und 6 Monaten ein Vierteljahr weniger als beantragt, weil sie die Verführte war und bei der Verhandlung von ihrem Krankenhauschef ein gutes Zeugnis bekam.

Wieder in der Bautzener Straße wurden wir beide nach zwei Tagen zur gleichen Zeit in das Zimmer vom Hauptmann geholt, durften uns küssen und an der Längsseite des Tisches gegenüber Platz nehmen. Ein großes Gespräch kam im Beisein des Hauptmanns nicht auf. Dafür streichelten wir uns unter dem Tisch mit unseren bestrumpften Füßen.

Weitere zwei Tage später wurden wir mit dem Barka in das Gefängnis in der Schießgasse gebracht. Das Auto hielt auf dem Gefängnishof und als Gitta nach mir ausstieg, fielen wir uns in die Arme und küssten uns innig. Wir durften dann sogar noch gemeinsam die Treppe im Gefängnis hochgehen, wobei ich ihr zuflüsterte, dass es höchstens ein Jahr dauern würde. Ich war trotz allem Optimist geblieben. Dann wurden wir aber getrennt und es ging zunächst wieder zu den Effekten und dann in eine Zelle. Ich kam in eine Viererzelle, die einschließlich mir mit 6 Gefangenen belegt war. Mein Platz war ein Strohsack auf dem Boden. Ich war mit lauter DDR-Bürgern in einer Zelle. Einer erzählte unausgesetzt Witze sowie wahre oder halbwahre Geschichten, die er zum Teil theatralisch illustrierte. Manchmal habe ich wirklich Tränen gelacht. Leider dauerte der Spaß nicht lange, denn als man merkte, dass ich aus der BRD war, wurde ich in eine Einzelzelle verlegt. Nur wenige Tage hatte ich noch einen Zellengenossen, einen ganz jungen Mann, der kleinen Mädchen Pornos gezeigt, und irgendwelchen Kontakt zu den Darmstädter Marienschwestern hatte. Auch in der Schießgasse gab es einen Freigang, der sich aber im Innenhof abspielte und wobei viele

Gefangene gleichzeitig im Kreis liefen. Wenn die Frauen dran waren, glaubte ich auch hier, Gitta an ihrem Schritt zu erkennen. Ich durfte Gitta zu ihrem Geburtstag in der Schießgasse noch einen Brief schreiben, ehe ich Mitte Juni zusammen mit anderen Gefangenen zum Bahnhof gebracht und in einen vergitterten Wagen eines D-Zuges gesetzt wurde, der sich später aber nur wie ein Bummelzug fortbewegte.

Endstation war der Bahnhof in Cottbus, wo alle ausstiegen und paarweise mit Handschellen den Bahnsteig entlang gehen mussten. Das war im morgendlichen Berufsverkehr nicht so schön, auch, weil wir seit der Verurteilung wieder unsere Zivilkleidung trugen. In Cottbus blieb ich aber nur zwei Nächte, denn während der Einkleidung wurde wieder bemerkt, dass ich alleine unter lauter DDR-Bürgern war. Die Ein- beziehungsweise Umkleidung wurde also rückgängig gemacht, und ich wurde weiter nach Berlin transportiert. Dort ging es vom Ostbahnhof – dem früheren Schlesischen Bahnhof – mit grüner Minna in eine Sammelzelle des Polizeipräsidiums in der Keibelstrasse. Dort verbrachte ich eine Nacht und wurde dann in die Strafvollzugsanstalt Rummelsburg verlegt. Dieses Gefängnis liegt an der Straße nach Köpenik und besteht aus mehreren Backsteinbauten. Ich kam zunächst in einem Aufnahmebau in eine Zelle mit Dreistockbett. Mir wurde das oberste Bett zugeteilt. Nur gut, dass ich damals noch gelenkig war. Es erfolgte wieder der übliche Ritus mit Effekten, Aus- und Einkleiden. Dann kam ich mit anderen in einen Warteraum. Ein Gefangener, der mit mir wartete, fragte mich: „Wie viel hast Du denn gekriegt?" Ich: „4 Jahre und 8 Monate." Darauf er: „Und wie lange sitzt du schon?" Ich: „7 Monate." Er: „Da kannste mal sehen wie schnell die Zeit vergeht. Den Rest sitze ich auf einer Arschbacke ab." Das hat mich natürlich ungemein beruhigt.

Schließlich wurde ich in den Zellenbau 8 eskortiert und kam in eine Zelle mit 6 Doppelstockbetten. Meine Zellengenossen waren zwei Kenianer, ein Libanese, ein Italiener und ein Philippiner. Die Kenianer waren Mörder, der Libanese war mit Heroin erwischt worden, der Libanese hatte Fernsehgeräte verschoben und der Philippiner war an größeren Schmuggeleien beteiligt gewesen. An die Untaten des Italieners kann ich mich nicht mehr erinnern. Alle waren deutlich jünger als ich, dafür war deren Strafmaß deutlich höher als bei mir. Sie waren richtige Kumpel und gaben mir von ihrer Sonderverpflegung ab. Bis auf den Italiener hatten sie sich als Moslems ausgegeben. Auch Zigaretten bekam ich genug, da der im Bett unter mir liegende Philippiner aus einer geheimnisvollen Quelle Stangenweise „Rothmans" bekam.

Wie ich erfuhr, war der ganze Zellenbau mit Gefangenen aus dem kapitalistischen Ausland und mit DDR-Bürgern, die irgendein Verbrechen zu Gunsten der BRD begangen hatten, belegt. Die Gefangenen wurden zu Arbeitsbrigaden von etwa 30 Mann zusammengestellt. Jede Brigade wurde von einem Brigadier – gesprochen „Bridscher" – geführt, der das Bindeglied zum Erzieher herstellte. Meiner im Erdgeschoss hieß Krause, oder nannte sich so. Die Bridscher waren Strafgefangene DDR-ler, der Erzieher ein Leutnant oder Oberleutnant der Volkspolizei. Der Erzieher war für mehrere Brigaden eines Flurs zuständig.

Am nächsten Morgen marschierte die Brigade, der ich zugeteilt war, in den Zellenbau 2, in dem auf 3 Etagen verschieden Arbeiten für den Nachfolger der AEG, das in Treptow befindliche Werk EAW ausgeführt wurden. Bald lernte ich auch den negativen Werbeslogan für EAW: „Einbauen, Ausbauen, Wegwerfen".

Ich kam in einen Raum, in dem elektrische Schalter gefertigt wurden. Es wurden Kontakte, die in bestimmter Weise aus einem flachen Metallstück gebogen werden mussten, in braune Kunststoffkörper – in der DDR hieß das Material Plaste – gesteckt und wieder an einem anderen Platz mit vorgebogenen und isolierten Kabelstücken verlötet. Ich war zunächst ein Kontaktebieger. Die Anderen erkannten in mir natürlich gleich den Neuen, umringten mich und fragten mich aus. Das ging, weil wir überpünktlich mehrere Minuten vor Arbeitsbeginn eintrafen. Während der Arbeitszeit durfte man seinen Arbeitsplatz zu Privatgesprächen selbstverständlich nicht verlassen, abgesehen davon, dass die Verpflegung sich nach der täglich kontrollierten Arbeitsleistung richtete. Zunächst gab mir einer ein Drittel einer Puck. Das war ein kleinfingergroßes zigarettenähnliches Zigarillo mit grünbrauner Hülle und grobem Tabak. Als ich den ersten Lungenzug gemacht hatte, fing der Raum sich an zu drehen und ich konnte gerade noch verhindern, hinzufallen. Später habe ich dann auch

Puck vertragen. Als ich erzählte, dass ich aus der BRD und Arzt sei, sagten alle: „Spätestens Weihnachten bist du zu Hause."

Diese eintönige Arbeit verrichtete ich bis etwa Mitte August, unterbrochen von einem einwöchigen Aufenthalt in einer Krankenstube. Eines Nachts hatte ich im Bett liegend Schwindelgefühle und beim morgendlichen Aufstehen bemerkte ich, dass meine Unterschenkel stark geschwollen waren. Ich hatte so genannte prätibiale Ödeme. Also meldete ich mich krank und wurde nachmittags zur Untersuchung geführt. Die Ärztin verfügte eine Verlegung ins Krankenrevier im Erdgeschoss eines am Rand des Geländes liegenden Zellenbaus. Dort kam ich in eine größere Einzelzelle mit einem richtigen Bett. Das Fenster war zwar auch vergittert und verblendet, aber es drang trotzdem viel Licht ein. Von einem ebenfalls inhaftierten Arzt aus der DDR –ich traf ihn später nach seiner Entlassung und Abschiebung in die BRD in einer feudalen Frauenarztpraxis im Europa-Center von Westberlin wieder- wurde ich eingehend untersucht. Er verordnete mir ein Diuretikum zum Entwässern und sorgte auch sonst dafür, dass ich gut behandelt wurde. Nach vier oder fünf Tagen waren die Ödeme weg und ich empfand die Einsamkeit in der Krankenzelle so deprimierend, dass ich bei einer Visite einen Heulanfall bekam. Daraufhin wurde ich einem Psychologen vorgestellt. Wir hatten ein sehr angenehmes Gespräch, bei dem sich herausstellte, dass er Bärbel vom Studium her kannte. Leider habe ich seinen Namen vergessen. Kurz nach diesem Gespräch wurde ich wieder in meine eigentliche Zelle zurück verlegt. Ich ging auch wieder zur Arbeit, an deren Eintönigkeit sich nichts änderte, aber die Gespräche mit den Mitgefangenen lokkerten die Zeit angenehm auf. Abends in der Zelle erzählten wir uns aus unserem Leben, spielten Schach oder lasen, zum Beispiel „Der stille Don" von Scholochow.

An den Wochenenden wurden wir aus den Zellen geholt und mussten oder durften etwa eine halbe Stunde auf dem Hof im Gleichschritt marschieren oder uns im Laufschritt bewegen.

In den Gesprächen wurde immer wieder das Gerücht genährt, dass von Zeit zu Zeit so genannte Aktionen stattfinden würden, das heißt, dass einzelne oder mehrere Häftlinge ohne Vorbereitung aus der Zelle oder vom Arbeitsplatz geholt wurden und dann unter geheimnisvollen Ritualen in die BRD abgeschoben würden.

Eines Morgens im August dachte ich, jetzt wäre ich dran. Leutnant Müller, der Erzieher vom ersten Stock, trat in den Arbeitsraum und rief: „Strafgefangener Loewenhardt mitkommen". Ich folgte ihm mit Herzklopfen, während die Zurückgebliebenen mir „viel Glück" nachriefen. Wir gingen im Treppenhaus bis zum Erdgeschoss, wo kurz vor Erreichen der Ausgangstür ein anderer Erzieher Leutnant Müller etwas zuflüsterte. Nach kurzem Gespräch zwischen den beiden stoppten wir vor dem letzten Raum auf dem Gang und ich musste eintreten. Leutnant Müller wies mir einen Platz und ein anderer in dem Raum anwesender Häftling klärte mich auf. Ich war in der TKO (Technische-Kontroll-

Organisation) gelandet und musste kleine Elektroschalter auf ordnungsgemäße Herstellung prüfen und mit einem Stempel versehen. Es handelte sich um Schalter für Kühlschränke, die in der BRD unter dem Namen „Privileg" von „Quelle" verkauft wurden. Alles, was in dem Bau gefertigt wurde, ging durch die TKO, wurde geprüft und mengenmäßig festgehalten. Nach der Produktivität des Einzelnen richtete sich die Verpflegungsklasse. Bei Normerfüllung gab es Normalverpflegung, ab 135% wurde Zusatzverpflegung (Butter oder bessere Wurst) und unter 85% reduzierte Verpflegung ausgegeben. Außerdem hatte die Arbeitsleistung Einfluss auf die Lohngutschrift. Die TKO-Tätigkeit wurde automatisch mit 135% eingestuft.

Ich weiß übrigens jetzt noch nicht, ob ich damals auf „Aktion" gehen sollte, oder ob alles nur Psychoterror war. Auf alle Fälle hatte Rechtsanwalt Stange Mummi einige Tage vorher versichert, dass ich zu meinem Geburtstag zu Hause sei und am Vorabend des Arbeitsplatzwechsels hatte Hans Dieter Lueg im „Bericht aus Bonn" erstmalig die bis dahin geheime Tatsache verkündet, dass die BRD Häftlinge aus der DDR abkaufen würde.

Nach diesem Arbeitstag wurde ich dem Kommando von Leutnant Müller zugeteilt und daher in den ersten Stock des Zellenbaus verlegt. Dort war ich nur mit Bürgern aus Westdeutschland zusammen. Über mir lag einer, der bei einem Motorflug im Tiefflug über eine wandernde Mädchenschulklasse hinweg geflogen und dabei ein Mädchen getötet hatte. Er wurde in der BRD verurteilt, floh aber während eines Hafturlaubs, klaute sich auf einem Privatflugplatz ein Flugzeug und flog in die DDR, wo er auf einer Wiese landete. Er wurde sofort verhaftet und wegen Verletzung des Luftraums verurteilt.

Irgendwann erhielt Mummi eine Besuchserlaubnis, wegen ihres Alters und der weiten Anreise sogar für eine statt der sonst üblichen halben Stunde. Wenn man Besuchserlaubnis hatte, hieß das „Sprecher". Am fraglichen Tag hatten etwa 10 Häftlinge gleichzeitig Sprecher, und ich musste sie in einer Reihe mit militärischen Kommandos zu dem entsprechenden Bau führen.

Wir wurden in einen langen Raum gebracht, der ähnlich wie Fahrkartenschalter in einem Großbahnhof angelegt war. Über einer schmalen durchgehenden Tischplatte befanden sich zehn „Fenster" mit einer Sprechmembran in der Mitte. Auf beiden Seiten waren Stühle oder Hocker. Die Besucher saßen schon auf ihren Plätzen. Mummi war mit dem Flugzeug gekommen, wobei Jutta sie begleitet hatte. Ich nahm gegenüber von Mummi Platz. Wegen der Glasscheibe konnten wir uns nur mit Worten begrüßen und nicht berühren. Eigentlich sprachen wir über belanglose Dinge, das heißt, dass Mummi mir nicht andeutete wie meine Entlassungsaussichten wären. Irgendwie erwähnte sie im Gespräch, dass ich ein guter Mathematiker sei, was zur Folge hatte, dass ich wieder einen neuen Arbeitsplatz bekam. Mein junger Nachbar wurde von seiner Besucherin gefragt, warum er gelbe Streifen auf seiner Kleidung habe, worauf er antwortete: „Damit ich auf dem Zebrastreifen nicht überfahren werde". Zum Abschied gab Mummi mir noch eine Fotokollage von Gitti und den Kindern. Auf dem Rückweg in den Zellenbau war ich noch so durcheinander, dass ich einmal das Kommando „links schwenkt Marsch" vergaß, worauf der erste in der Reihe stur auf eine Mauer zu marschierte und erst in letzter Sekunde die Schwenkung selbständig ausführte.

Am nächsten Arbeitstag kam Leutnant Müller zur TKO, ließ mich aufstehen und führte mich ins Dachgeschoss in einen kleinen Raum mit zwei Schreibtischen, Stühlen und Regalen. Dort erklärte er mir, dass ich wegen meiner Mathematikkenntnisse Kommandoschreiber würde. Meine Aufgabe bestand darin, die tägliche Arbeitsleistung jedes einzelnen Gefangenen in dem mit Dachgeschoss vierstöckigen Bau zu erfassen, an Hand einer Preistabelle die Produktivität des Kommandos in DM-Ost (offiziell: Währung der Deutschen Notenbank) auszurechnen und für jeden Häftling die Verpflegungsstufe zu bestimmen. Zum Rechnen hatte ich eine schöne alte Rechenmaschine mit Zahlenschieber und Multiplizierkurbel.

Ich konnte mich im gesamten Bau frei bewegen, da ich die Arbeitsleistung jeweils am Arbeitsplatz notieren musste. Täglich musste ich die fertigen Listen im Meisterbüro abgeben.

Während meiner Bürotätigkeit hatte ich gelegentlich Besuch von anderen Bewachern, die sich mit mir ganz normal unterhielten. Das war stets eine schöne Abwechslung. Wenn ich mal eine Rechenpause hatte, erstellte ich mir eine Kartei in Scheckkartenformat mit den Daten aller Häftlinge und versteckte sie in meinen Schreibtisch. Ich hatte die absurde Idee, diese Kartei bei meiner Entlassung mitnehmen zu können.

In meiner Zelle, die übrigens Verwahrraum hieß, war ich Verwahrraum-Ältester und musste abends beim Durchgang des Wachhabenden melden: „Verwahrraum 27, belegt mit 6 Mann, keine besonderen Vorkommnisse. Es meldet Strafgefangener Loewenhardt". Jeden Morgen vor dem Abmarsch zur Arbeit musste die Zelle geputzt werden. Der gestrichene Zementfußboden wurde gefegt, gewischt und gebohnert. Das Bohnern geschah so, dass ein Häftling sich mit jedem Fuß auf einen weichen Lappen stellte und dann solange im Schlittschuhschritt durch die Zelle glitt, bis der Boden glänzte. In größeren Abständen wurde der Boden mit Messerklingen abgezogen und danach mit rotem Bohnerwachs eingerieben. Auf der Glasplatte über dem Waschbecken mussten die Zahnputzbecher mit darauf parallel zueinander in schrägem Winkel abgelegten Zahnbürsten in Reihe aufgestellt werden, jeweils unterbrochen von den ebenfalls ausgerichteten Rasierapparaten. Während wir in der Zelle nur kaltes Wasser hatten, konnten wir uns beim wöchentlichen Duschen im Duschraum auch mit warmem Wasser erfreuen. Es wurden immer die Häftlinge von zwei Zellen gleichzeitig zum Duschen geführt. Dabei konnte ich die dollsten Tätowierungen bewundern. Ein so genannter Langstrafer hatte tatsächlich auch seinen Penis tätowiert. Nach dem Duschen gab es frische Bett- und Unterwäsche. Eine Garnitur Unterwäsche – lange gestreifte Unterhose und Unterhemd – diente als Schlafanzug.

An meinem Geburtstag begann die Olympiade in München. Ich durfte als Geburtstagsgeschenk und wegen guter Führung fast den ganzen Tag in den Fernsehraum und musste mir dabei 5 Stunden Diskuswerfen ansehen. Zu meinem Geburtstag gelang es einem Mithäftling, mir eine Schachtel Zigaretten zu schicken. Sonst konnten wir einmal wöchentlich in einem kleinen Gefängnisladen Zigaretten, Süßwaren und Kosmetikartikel kaufen, wobei der Betrag von unserem Arbeitskonto abgebucht wurde.

Einmal holte mich Leutnant Müller in sein Zimmer und beschuldigte mich, Naziparolen an die Wand des Duschraums geschrieben und außerdem homosexuelle Beziehungen zu dem Brigadier zu haben. Diese aus der Luft gegriffenen Beschuldigungen haben natürlich schwer an meinem Nervenkostüm gerüttelt. Erst als ich ihm sagte, wie absurd es sei, mich homosexueller Beziehungen zu beschuldigen, wo ich doch aus Liebe zu Gitta im Gefängnis sei, entließ er mich und erwähnte die Angelegenheit nie mehr.

Am 8. Oktober 1972 war 23igster Jahrestag der Gründung der DDR. Wir wurden wieder in kleinen Gruppen in den Duschraum geführt, aber nicht zum Duschen. Der Leutnant trat ein und las uns einen Erlass vor, nach dem aus Anlass dieses Jahrestages eine Amnestie verkündet worden sei und alle Häftlinge, außer denen, die ein Verbrechen gegen das Leben begangen hätten, zwischen dem 1. November 1972 und dem 31. Januar 1973 entlassen würden. Zurück in der Zelle haben wir noch bis spät in die Nacht freudig darüber diskutiert. Der Alltag verlief zunächst unverändert weiter. Eines Tages kam Leutnant Müller in meine Bürozelle und sagte, ich solle eine Liste aufstellen, welcher Gefangene warme Anziehsachen geschickt haben wolle, da die Entlassungen in der kalten Jahreszeit stattfinden würden und einige ja im Sommer verhaftet worden seien. Als ich ihm sagte, dass ich keine Klamotten brauche, schrie er mich an: „Anziehsachen sind keine Klamotten, Klamotten sind Steine". Beim Rückmarsch in den Zellenbau rief er mich heraus und bedeutete mir, dass ich sowieso nicht unter die Amnestie falle, da ich ja wegen Menschenhandels verurteilt sei. Ich dürfe aber meiner Bekannten (penetrant wurde Gitta als Bekannte und nicht als meine Braut bezeichnet) mitteilen, dass sie mich nach ihrer Entlassung in die DDR dann im Februar 1973 besuchen könne. Als Gitti diesen Brief erhielt, glaubte sie, dass ich völlig durchgedreht sei.

Zum Glück kam aber alles anders. Etwa am 28. Oktober wurden wir nicht mehr zur Arbeit geführt, sondern zellenweise zu den Effekten gebracht, wo wir unsere Zivilkleidung und die uns abgenommenen persönlichen Dinge erhielten. Danach wurden wir in einen in der Gefängnisbäckerei eingerichteten Verkaufsraum geführt, wo wir für den Rest des erarbeiteten Geldes einkaufen konnten; es hieß „Abkauf". Ich erstand für jeden Sohn eine lederne Brieftasche, für mich ein paar gefütterte Lederhandschuhe und 3 Schachteln Zigaretten der Marke „Duett" zu einem Gesamtpreis von 77,35 DM-Ost. Von diesen Zigaretten wurden am selben Tage einige bereits konsumiert.

Am 31. Oktober wurden alle abends in einen großen Raum geholt, wo uns ein Offizier verkündete, dass wir am nächsten Morgen früh in die BRD abgeschoben würden. Wir wurden noch darauf aufmerksam gemacht, dass bei Fluchtversuch sofort geschossen würde. Wir mussten am 1. November morgens auf dem Hof antreten, bekamen Marschverpflegung, einen Entlassungsschein und eine Fahrkarte zum Heimatort ausgehändigt. Danach bestiegen wir einen Omnibus und fuhren über die Autobahn Richtung Westen. Kurz vor dem Grenzübergang Marienfelde bog der Bus auf eine Landstraße ein, und es ging über mehrere Dörfer nach Oebisfelde an der Zonengrenze. Dort wurden wir in einen Personenzug gesetzt, der sich Richtung Westen langsam in Bewegung setzte. Nach dem Passieren des so genannten Todesstreifens, der sich die ganze, ab Mai 1952 von der DDR als „Staatsgrenze West" bezeichnete, Grenze entlang zog und aus einem 10m breiten Kontrollstreifen mit Stacheldrahtzaun und Selbstschussanlagen sowie einem 500m breiten Schutzstreifen vor einer 5km breiten Sperrzone bestand, fuhren wir im Bahnhof Helmstedt ein. Dort durften wir erst aussteigen, nachdem wir von bewaffneten Beamten des Bundesgrenzschutzes dazu aufgefordert wurden. Von den Beamten des BGS wurden wir übrigens mit „Du" angesprochen, während in der Haft stets das korrekte „Sie" und in der Untersuchungshaft auch der Dr.-Titel gebraucht wurde. Wir wurden dann in das Bahnhofsgebäude eskortiert, wobei die Beamten ihre Waffen schussbereit trugen. Keiner durfte die Kolonne zum Beispiel zum Telefonieren verlassen. Man sperrte uns in einen Raum, wo wir von der Bahnhofsmission belegte Brote und Kaffee bekamen. Sodann wurden einzeln unsere Personalien festgestellt und in Wiesbaden beim Bundeskriminalamt nachgefragt, ob etwas vorläge. Ich schätze, dass mindestens ein Drittel des Transports sofort wieder verhaftet wurde, darunter auch der erwähnte Flieger. Alles ging sehr langsam, da man offensichtlich nicht geglaubt hatte, dass die DDR bereits am ersten Tag der Amnestie einen Großteil Häftlinge entlassen würde. Die nicht wieder Verhafteten wurden nach einiger Zeit in Gruppen zu 3 bis 4 Mann zum Bahnhofsvorplatz geführt und von dort mit Jeeps des BGS nach Helmstedt gebracht. Das Auto hielt vor einer größeren Villa, wir gingen hinein und mussten in verschiedenen Warteräumen warten. Jetzt wurden erst Vernehmungsbeamte des BGS herbeizitiert und es dauerte, bis endlich so gegen 16:00 Uhr die Einzelvernehmungen anfingen. Ich war relativ schnell fertig und machte den Beamten mit meiner Geschichte wohl die wenigsten Probleme. Jedenfalls wurde ich, nachdem ich darauf gedrungen hatte, nach der Vernehmung mit einem Jeep zum Bahnhof Helmstedt gebracht. Dort ging in absehbarer Zeit kein Zug Richtung Darmstadt. Da ich Mummi durch einen plötzlichen Anruf nicht erschrecken wollte, rief ich meinen Freund Paul H. dessen Telefonnummer ich auswendig wusste. Es meldete sich seine Frau Uli, da Paul in San Franzisko war, wo sie ihn anschließend noch anrief und wegen der Zeitverschiebung aus dem tiefsten Schlaf riss. Ich bat also Uli, Mummi schonend auf mein Kommen vorzubereiten, sagte ihr, dass ich mit einer Taxe bis zur westlichen Autobahnraststätte Göttingen fahren würde und es schön wäre, wenn mich dort jemand abholen könnte. Im Vertrauen auf ein gutes Gelingen stieg ich in ein Taxi, fuhr zur angegebenen Raststätte, bezahlte mit einem Scheck 200,00 DM, setzte mich an einen Tisch, bestellte etwas zu essen und zu trinken und wartete. Nach Mitternacht stürmten Claus Eberhard und Karl-Friedrich in den Gastraum, nachdem Claus vorher schon irrtümlich in der Raststätte Ost nach mir gesucht hatte. Nach kurzer herzlicher Begrüßung fuhren wir Richtung Darmstadt. Ich denke, dass wir so gegen halb Drei vom Steinern Kreuz in den Haselberg einbogen. Dort standen Sven, Axel und Björn auf der Straße, ich stieg aus und sie sprangen an mir hoch. Gemeinsam gingen wir nach Hause, wo Mummi, Ute mit Hans und vielleicht auch Ulrike mit Peter versammelt waren. Nach der freudigen Begrüßung wurde es noch eine lange Nacht. Nach ersten Berichten von beiden Seiten sorgte dann aber der erstmalig seit einem Jahr wieder genossene Guntersblumer Wein für die nötige Bettschwere. Am nächsten Tag hielt es mich aber nicht lange im Bett. Zunächst rief ich bei BMW an, gab den Auftrag meinen blauen 720i wieder fahrbereit zu machen und an den Haselberg zu bringen. Irgendwie hatte das Darmstädter Echo von meiner Rückkehr erfahren und schickte gleich einen Reporter zu mir. Am nächsten Tag wurde mir in dem Zeitungsbericht der Darmstädter der Satz „die Krott is gefresse" in den Mund gelegt, obwohl ich diesen Satz bis dahin noch nie gehört hatte. Am übernächsten Tag begann ich wieder mit der Praxis. Während meiner Abwesenheit hatte sich Ulrikes damaliger Mann Peter um das Fortbestehen der Praxis gekümmert. Mit Unterbrechung waren zwei verschiedene Vertreter da, die aber nicht für eine kontinuierliche Sprechstunde sorgten. Bei meiner Rückkehr war schon einige Wochen keine Sprechstunde mehr gewesen, so dass ich praktisch einen neuen Anfang machen musste, wobei mir die Kollegen, die mir vorher Patienten überwiesen hatten, wieder die Treue hielten.

Nach diesen rückblickenden Gedanken musste ich mich darauf konzentrieren, das Aufnahmelager zu finden.

Wir waren jetzt bereits am Stadtrand von Gießen und suchten im Dunkeln das Aufnahmelager. Zum Glück hatte Ute mir den Weg gut beschrieben. Ich parkte vor dem bewachten, einer Kasernenanlage ähnlichen Gelände, erklärte dem Pförtner mein Anliegen und durfte mit Sven passieren. Wir gingen zu dem vom Pförtner gezeigten Speisesaal, traten ein und sahen etwa fünfzig Männer und Frauen an Tischen sitzen. Gitta hatte immer noch ihren DDR-typischen Dutt, sie saß mit dem Rücken zum Eingang. Ich nahm den Rosenstrauß fest in die Hand, schlich mich an und umarmte sie von hinten. Vor den anderen Leuten fiel der Begrüßungskuss halboffiziell aus. Gitti sagte mir, dass sie am nächsten Tag zu einer Vernehmung müsse. Sie hatte schon ein Zimmer zugeteilt bekommen, aber da Ute in Mummis Wohnung die Betten für uns gerichtet hatte und ich dem Pförtner die Sachlage erklärte, durften wir das Gelände wieder verlassen. Wir fuhren zu Ute, hielten uns aber nicht lange bei dem vorbereiteten Abendbrot auf, ließen Sven bei Ute und begaben uns in Mummis Wohnung. Dort begaben wir uns bald in die Betten, wo ohne Zuschauer und Zuhörer endlich die richtige Begrüßung stattfinden konnte. Sie dauerte dann auch etwas länger. Zwischendurch gab Gittchen mir zu verstehen, dass unser erstes Kind im Februar 1974 und das nächste im Frühjahr 1975 kommen sollte. Sie kam halt aus einem Land der Planwirtschaft. Schließlich haben wir geschlafen und wachten fröhlich zusammen in Freiheit auf. Ute erwartete uns noch zum späten Frühstück mit weichem Ei. Sven hatte sich schon gestärkt. Am späten Nachmittag fuhren wir zurück nach Darmstadt. Bei der Abfahrt von der Autobahn fing es der Jahreszeit entsprechend, schon an zu dämmern und so gingen die Straßenlaternen entlang der Einfahrt an. Bei dieser Gelegenheit wies Sven Gittchen darauf hin, dass Darmstadt die schönste Autobahnabfahrt Deutschlands habe. Als wir am Haselberg vorfuhren, öffnete Mummi die Haustür, ich nahm Gitti auf die Arme und trug sie über die Schwelle.

Manfred Seidel

Zwei mal Fliehen ist genug

Von Bromberg über Magdeburg und Bagdad nach Frankfurt am Main

In letzter Zeit wurde in unseren Medien sehr viel über die Zeit des Nationalsozialsozialismus, dessen Protagonisten und über den 2. Weltkrieg samt Folgen berichtet. Zu den Folgen gehören auch der so genannte Kalte Krieg und die Teilung Deutschlands. Vielen im westlichen Teil lebenden Deutschen ist kaum noch bewusst, dass sie ihre Lebensweise eigentlich jenem Zufall zu verdanken haben, wie die Siegermächte auf den Konferenzen in Jalta und Potsdam die Grenzlinien gezogen haben. Diejenigen, die in der späteren DDR lebten, konnten ebenfalls nichts für ihre Zuweisung in das Hoheitsgebiet der Sowjetunion.

Erst nach der Wiedervereinigung wurde deulich, wie gravierend die Unterschiede im Ost-West-Vergleich waren und dass die Westdeutschen von Anfang an das bessere Los gezogen haben – durch den Marschall-Plan und die schnelle Einführung der Demokratie und sozialer Marktwirtschaft.

Insgesamt habe ich, seit 1969 in Westdeutschland lebend, den Eindruck, dass die 40-jährige DDR zumindest von der Jugend vergessen wird und dass dieser Staat im öffentlichen Bewusstsein fast zu einer „Fußnote der Geschichte" wird. Vielleicht bedarf es auch zur seriösen Beurteilung dieser Zeit ebenso eines Abstandes von etwa 50 Jahren wie dies für die NS-Zeit galt. Ein gutes Zeichen, dass ich mich hierbei auch täuschen kann, könnte der mit einem Oscar ausgezeichnete Film „Das Leben der Anderen" sein, der das Alltagsleben und die Psychologie vor allem der Intellektuellen frappierend genau beschreibt.

Wie können Menschen mitmachen?

Vergleiche sind nicht statthaft, aber auch für die NS-Zeit wurde oft gefragt: Wie konnte dieses „Kulturvolk der Deutschen" all dieses überwiegend widerspruchslos mitmachen, wie die rechtsstaatlichen Sicherungen von der Führung so widerspruchslos missachtet werden – wie war überhaupt eine derartige Rechtsbeliebigkeit in einem so ordnungsliebenden Volk möglich? Das Besondere für die Siegermacht Sowjetunion und die spätere DDR war, dass sie hieran nahtlos anknüpfen konnte natürlich mit anderen Vorzeichen. Mehr noch: Eine dogmatische Ideologie, Parteimacht und -bürokratie hatten meines Erachten in der DDR sogar einen größeren Durchgriff als im "Dritten Reich". Im Grunde war in der DDR alles politisch; für Viele war der Alltag äußerst schikanös und undurchlässig. Damit ist nicht nur die in späteren Jahren zunehmende Militarisierung und das weit gefächerte Netz der Stasi gemeint, das mittels 100 000 inoffizieller Mitarbeiter (IM) sogar in die Familien eindrang. Subtiler war eine weitere Methode, Menschen auch ohne Einschüchterung zu binden – das in der DDR ausgefeilte System von abgestuften Privilegien. Das waren einerseits Prämierungen und Orden, andererseits die viel wichtigeren nichtmateriellen Privilegien wie Auslandsreisen oder Karrierestufen. Dieser Versuch der Bindung von Menschen – vorwiegend Wissenschaftler, Schriftsteller, Künstler und andere Eliten – wurde meines Erachtens zunehmend wichtiger, als in der Zeit nach 1968 die Reformbestrebungen des „Prager Frühlings" niedergeschlagen wurden.

Es gab nicht nur wie im Dritten Reich das „Mitläufertum", was dort im Allgemeinen ausreichte und von der Mehrheit auch geliefert wurde; Karriere konnte man dort über Parteigliederungen nicht machen. (Als im übrigen diese "Volksgemeinschaft" mit der beginnenden Zerstörung des eigenen Landes spätestens Februar/ März 1945 zerfiel, stellten die Siegermächte nach Kriegsende am 8. Mai zu ihrer Überraschung fest, dass es kaum noch Nazis gab). Demgegenüber mussten in der DDR diejenigen, die beruflich und sozial weiterkommen wollten, hier ihr „parteiliches Verhalten" ständig unter Beweis stellen, auch die Eliten; Karrieren waren nur über die Partei möglich! Die anderen praktizierten vielfältige Formen eines bewussten Untertauchens, Abduckens oder den Rückzug in die Kleingartenidylle. Wenn sich eine totalitäre Gesellschaft erst etabliert hat, sind Helden des Widerstands kaum zu finden oder zu erwarten.

Materiell wurden die Westmark (einschließlich der Intershop-Läden) und die TV-Werbung des später tolerierten Westfernsehens zum Maßstab; Handwerker erbrachten solide Leistungen hauptsächlich gegen Zahlung von Westgeld und wurden dadurch relativ wohlhabend. Die Arbeit in den DDR-Betrieben diente weniger der Planerfüllung, sondern zunehmend dem Organisieren von Materialien und Leistungen für private Zwecke – oftmals mit Billigung der Vorgesetzten, die es den Arbeitern sogar noch vormachten. Per Gesetz war der Arbeitsplatz ja gesichert, auch wenn es in den späteren Jahren und wie im Westen immer weniger Arbeit gab.

Mein Vater, Jahrgang 1911, berichtete von solchen Situationen und eigenen Aktionen im Reichsbahnausbesserungswerk (RAW) Magdeburg, wo er als Schweißer arbeitete. Er und seine Generation waren größtenteils desillusioniert; sie erlebten inzwischen die zweite Diktatur. Ideologien, ja Ideale wie der Aufbau eines neuen Deutschlands mit einem Sozialismus, der das arbeitende Volk in den Mittelpunkt stellte, waren suspekt.

In jungen Jahren waren indessen auch er und viele seiner Generation voller Hoffnungen, ja Ideale. Nur war dies nicht nur eine andere Zeit, sondern ein Umfeld, das sich sogar von der Mehrheit der damaligen Deutschen unterschied: Seit Generationen lebte die Familie im so genannten Westpreußen – diesem seit der ersten Teilung Polens 1772 durch Friedrich den Großen von Deutschen besiedelten Gebiet, das zwischen Ostpreußen und Pommern lag. Die bekannteste Stadt der Region ist Danzig, die dann bei der Neugründung des polnischen Staates nach dem 1. Weltkrieg zur „Freien Reichsstadt" wurde, zu der Polen und Deutsche ungehinderten

Zugang hatten; Westpreußen war jetzt Polnisch.

Unsere Familie lebte in einem kleinen Häuschen in Bromberg, einer mittelgroßen Stadt, die über den Fluss Brahe und einen durch die Stadt fließenden Kanal Zugang zu Weichsel und Oder hat. Wie meine Eltern berichteten, waren die Kontakte zur polnischen Mitbevölkerung am Anfang recht gut. Dies änderte sich mit dem Vordringen des Nationalsozialismus in den 30-er Jahren und natürlich kurz vor Kriegsausbruch, wobei die Polen an der Eskalation der Beziehungen auch nicht ganz unbeteiligt waren. Beispielsweise durfte meine Mutter in der Schule nur Polnisch lernen und sprechen, und mein Vater entging „als Bürger Polens deutscher Nationalität" der Einberufung in die polnische Armee im Sommer 1939 nur durch die Flucht nach Danzig. Man muss sich die absurde Situation vorstellen, dass er anderenfalls gegen die eigenen Landsleute hätte kämpfen müssen. Mein Vater hatte eine Klempnerlehre absolviert und arbeitete in einem kleinen Installationsgeschäft in Bromberg.

Die Zuwendung der Deutschen, die ab 1938 wie in einer Enklave lebten, zu eigenen Vereinigungen, später nationalsozialistischer Ausrichtung einschließlich der Jugendbewegung, ist erklärlich. Ich glaube heute, dass es ohnehin weniger die völkische Ideologie war, die die Menschen zum Nationalsozialismus brachte, sondern die von jedem selbst erlebten Motive, ergänzt durch eine grenzenlose Demagogie und Verführungskunst mit starkem Appell an das „Wir-Gefühl" und eine zu erlangende Stärke. Die Mehrheit machte deshalb mit. Und zu den selbst erlebten Motiven gehört für die Mehrheit der Deutschen „aus dem Osten" seinerzeit die Hoffnung, nach der Phase von Beengungen, Minderheitsbeschränkungen und teilweise Schikanen endlich „heim ins Reich" zu kommen. Unsicher bin ich bei der Beurteilung eines schrecklichen Ereignisses, das am 3. September 1939 und später mit Recht für großes Aufsehen sorgte und das die Bezeichnung „Bromberger Blutsonntag" erhielt, weil zahlreiche Deutsche, darunter einige Schulfreunde und Bekannte meiner Eltern und Großeltern von Polen grausam ermordet wurden. Der Vater zeigte uns Jahre später eine Schrift mit schrecklichen Fotos hierzu. Es ist jedenfalls erklärlich, warum der Einmarsch der Wehrmacht in Bromberg ab 5. September 1939 von der deutschen Bevölkerung freudig begrüßt wurde. Bekannt ist inzwischen, dass Hitler freie Hand für den Überfall auf Polen durch den anderen großen Diktator Stalin hatte, der dafür einen großen Teil Ostpolens erhielt.

Mein Bruder wurde in diesem Jahr 1939 geboren, ich ein Jahr später 1940. An die Kriegsjahre habe ich naturgemäß keine eigene Erinnerung, mit Ausnahme eines Bildes mit buntem Fahnenschmuck und großem Treppenaufgang. Es muss Ende 1944 gewesen sein, als mich mein Vater zum Büro des Ortsgruppenleiters mitnahm. Später erfuhr ich, dass er sich angesichts der Kriegslage nach Evakuierungsmöglichkeiten für die Familie erkundigte. Er selbst war zu diesem Zeitpunkt bei der Reichsbahn im RAW tätig und für die Reparatur und Erhaltung der Waggons mit verantwortlich. Eine

Ausreise wurde aber zu diesem Zeitpunkt der Bevölkerung nicht gestattet, bis es am 20. Januar 1945 den Räumungsbefehl gab.

Mit einem Militärzug voller Soldaten konnte meine Mutter mit uns Kindern und wenig Handgepäck mitfahren – Ziel: Westen, zunächst nach Frankfurt an der Oder. Dort wohnten bereits meine Großmutter und meine Tante, die bei der Verwaltung der Reichsbahn arbeitete und es erreichte, dass der Rest der Familie einige Tage später in einen Zug verfrachtet wurde. Hier setzt nun meine bewusste Erinnerung ein, zumal die Umstände recht dramatisch oder chaotisch waren. Ich erinnere mich besonders an die grausame Kälte im Januar 1945, dass mein Bruder und ich mit einem kleinen von der Oma handgenähten Rucksack auf dem Rücken über die vereiste Eisenbahnbrücke zum Zug stiefelten und ich dabei mehrmals hinfiel. Später wurde mir bewusst, was meine Mutter alles leistete, da sie hochschwanger mit meiner Schwester war, die dann im Februar geboren wurde. Der Zug fuhr mit vielen Hindernissen zunächst in Richtung Sachsen. Dies zerschlug sich glücklicherweise, so dass wir der Bombardierung Dresdens am 13. Februar 1945 entkamen. Meine andere Tante erinnerte sich an entfernte Bekannte, die im Ort Delitzsch in Sachsen-Anhalt wohnten. Dort kamen wir dann nach mehrfachem. Umsteigen und Wartezeiten wegen der vielen Fliegerangriffe auch erschöpft an, konnten aber kein Unterkommen finden. Die Kreisstadt Delitzsch organisierte für die anschwellende Flut von Flüchtlingen Einweisungen bei Familien im ländlichen Umfeld. So kamen wir in ein Dorf zwischen Leipzig und Halle und wurden dort auf Familien aufgeteilt – außer uns meine Großmutter und Tante sowie eine weitere Tante mit ihren Kindern. Die Großbauern, die auf ihren Gütern noch recht wohlhabend waren, ließen es den Flüchtlingen deutlich spüren, dass sie über deren Einweisung auf ihren Hof nicht gerade erfreut waren.

Wir hatten viel Glück, dass uns eine freundliche und hilfsbereite Familie im Dorf aufnahm, wo der Mann eine kleine Tischlerei betrieb. Vor allem hatten wir großes Glück im Vergleich zu den Flüchtlingen (insgesamt waren es zweieinhalb Millionen), die angesichts der vorrückenden Roten Armee in Ostpreußen versuchten, über die Ostsee zu fliehen und eines der überfüllten Schiffe zu erreichen – vielfach vergeblich oder um den Preis, mit den bombardierten Schiffen unterzugehen.

Wir Kinder lebten uns auf dem Dorf schnell ein und halfen ein wenig in der Landwirtschaft und dem Besorgen von Lebensmitteln, zum Beispiel durch Ähren- und Kartof-fellesen. Ein Höhepunkt im Dorfleben war der Durch-zug der Amerikaner im April 1945. Da glücklicherweise keine Gegenwehr geleistet wurde, beschränkten sich die Soldaten in den Bauernhöfen auf das Hühnerschlachten und Eierholen sowie zu unserer Freude auf das Verteilen von Schokolade. Allerdings verließen die Amerikaner bald Gebiete in Sachsen, Sachsen-Anhalt und Thürin-gen, und die Russen wurden in diesen Landesteilen den Vereinbarungen der Alliierten entsprechend, die alles bestimmende Besatzungsmacht. Meine Tante und Großmutter nutzten die Zwischenphase, um in die amerikanische Zone zu wechseln, konkret nach Frankfurt am Main. Unser Leben wäre völlig anders verlaufen, hätte sich meine Mutter angeschlossen; allerdings verstehe ich auch, dass sie mit uns und dem Baby froh war, erst einmal eine Bleibe gefunden zu haben. Mein Vater hatte unseren Aufenthaltsort nach vielen Beschwernis-sen ausfindig gemacht und kam nach Kriegsende wieder zu uns, wobei sich die Familie durch Geburt meiner Schwester schon vergrößert hatte. Er fand Arbeit in einem kleinen Betrieb für Fahrzeugbau mit angeschlossener Schmiede, wo er als Schweißer und allseits praktischer Mensch auch Öfen baute, Leiterwagen und Handwagen reparier-te oder neu baute. Diese Fertigkei-ten konnte er auch privat nutzen, so dass wir für die hergestellten oder repa-rierten Sachen über den üblichen Tauschhandel Getreide und Fleisch erhielten. Durch Nachernten auf den Feldern besorgten wir Kartoffeln, Getreide oder Rüben, woraus im großen Waschkessel Rübensaft oder -Mus hergestellt wurde und auch Schnaps. Es ging richtig auf-wärts, und wir Kinder hatten es eigentlich auf dem Dorf sehr gut. Spielgeräte waren zu dieser Zeit die Reste der Drehgestelle von Flak-Geschützen, die wir eifrig kur-belten oder die großen Teller dieser Geschütze, die uns im Dorfteich als Boots-Ersatz dienten. 1946 kam ich in die erste Klasse der Dorfschule, die am Anfang als Einklassen-Schule für mehrere Jahrgänge organisiert war. Schreiben lernten wir mit Griffeln auf einer Schiefertafel.

Die Verwaltung begann auch auf dem Dorf wieder zu

arbeiten. Die neue politische Ordnung setzte im Herbst 1945 die beschlossene Bodenreform durch, wodurch die Großbauern enteignet wurden und nur 100 Hektar zur eigenen Nutzung behalten konnten. Wir waren bei der feierlichen Übergabe an die Kleinbauern zugegen. Als Kinder verstanden wir nicht den politischen und wirtschaftlichen Hintergrund, aber wir hatten doch insgesamt das Gefühl, dass eine neue Zeit angebrochen sei. Wer konnte ahnen, dass die Eigenständigkeit der Kleinbauern etwa zehn Jahre später ihr Ende finden würde durch eine Kollektivierung, die nach sowjetischem Vorbild zu landwirtschaftlichen Produktionsgenossenschaften (LPG) führte. Es gab dann einen Beschluss der späteren DDR-Führung, dass dieser Prozess im Jahr 1960 abzuschließen sei – auch mit Druck und Repressalien. Der Grund: Der Staat sollte laut Parteiprogramm „sozialistisch" sein, wozu produktives Privateigentum schädlich ist.

Wir zogen 1949 nach Magdeburg, wo der Vater wieder im RAW arbeiten konnte, das praktisch von Bromberg nach Magdeburg verlegt wurde.

Unsere recht unbeschwerte Kindheit und Jugend konnten wir zunächst fortsetzen. Spielstätten waren jetzt die zahlreichen Bombentrichter an den Elbwiesen sowie die Lastkähne auf der Elbe selbst. In der wegen der Krupp-Werke und anderer Betriebe des Maschinenbaus völlig zerstörten Stadt beteiligten wir uns an der Enttrümmerung und dem Beseitigen von Ruinen.

In der Schule war ein neuer Geist spürbar, vor allem durch Junglehrer, die in Schnellkursen geschult, uns ungeachtet eines ausreichend fachlichen Hintergrundes auf die sozialistische Erziehung ausrichten sollten. In der großen Politik begann der Kalte Krieg, wobei für die DDR der westdeutsche Staat als Hauptgegner ausgemacht war, zumal dort die alten reaktionären Kräfte bereits einen neuen Krieg im Auge hatten, zum Beispiel um sich die DDR einzuverleiben. Es war die Zeit der bundesrepublikanischen Wiederbewaffnung und der Diskussion um Kernwaffen des Westens sowie des Protestes der Göttinger Professoren um die Physiker und Nobelpreisträger Otto Hahn und Werner Heisenberg gegen eine Aufrüstung mit Kernwaffen. Ich erinnere mich in der Schule an von den neuen Lehrern organisierten Demonstrationen durch Magdeburger Straßen, wobei wir 13-jährigen Schüler skandieren mussten: „Ami, Ami, go home, spalt' für den Frieden Dein Atom!" Oder an eine Großdemonstration anlässlich eines zentralen Pioniertreffens in Dresden, zu dem ich von der Schulleitung delegiert wurde. Bei dem Aufmarsch mussten wir, angetrieben durch Einheizer in den Reihen, laut jubeln und den auf der Tribüne sitzenden ersten DDR-Präsidenten Wilhelm Pieck hochleben lassen. Der Beitritt zu den „Jungen Pionieren" und später zur FDJ war praktisch Pflicht.

Notfalls auch gewaltbereit

Ich kam in der Schule gut mit, wurde zur 12-klassigen Oberschule zugelassen und machte 1958 mein Abitur.

Als „Arbeiterkind" hatte ich ohnehin einen Bonus und konnte mich dann sofort zum Studium an einer Hochschule anmelden. Diese Förderung seitens des Staates sowie die langjährige Erziehung wirkten sich auf meine politische Haltung und Meinung aus. Ich glaubte an die Ideale des Aufbaus einer neuen Gesellschaft mit dem arbeitenden Volk im Mittelpunkt und an die Notwendigkeit der Friedenserhaltung, wofür dieser Staat sich offensichtlich massiv einsetzte. An der Schule waren „Friedensecken" sowie Fahnenappelle schon lange üblich. Aber bei der erwähnten Demonstration in Dresden wurde mir die Wirkung inszenierter Aufmärsche bewusst, die einen in der Menschenmenge Sachen machen lassen, die man sonst nicht gemacht hätte – einer Massenpsychologie ähnlich. Heute weiß ich, dass Aufmärsche, Parolen und Indoktrination, ob von Nazis oder Kommunisten nach ähnlichen Mechanismen abliefen und jeweils auch vergleichbare Instinkte des Menschen ansprachen. Aber gerade wir Jugendlichen waren für diese Inszenierungen besonders empfänglich und sei es nur wegen der Neigung, zu einer starken Gemeinschaft dazu gehören zu wollen. Ein polnischer Schriftsteller, der selbst im KZ Sachsenhausen war, hat zum Mittun „ganz normaler und gewöhnlicher Menschen" in totalitären Systemen einmal gesagt, einer der Gründe sei wohl auch die Neigung, dass diese Menschen in einer Art von Selbstüberhöhung „die Wonne der Herrschaft über andere" erfahren möchten – zumindest das Gefühl, im Mittelpunkt zu stehen. Man dürfe deshalb seine eigene mögliche Verstrickung nicht allein mit „dem System" abtun. Vieles stecke im Menschen selbst, zum Beispiel die Gefahr einer im Alltag sich beinahe unmerklich entwickelnden oder vorhandenen moralischen Trägheit, auch Kälte oder gar Verachtung. Das kann bis zur Gewaltbereitschaft gehen – auch heute noch. Die Sozialforscherin Birthe Kundrus sagte:"Wenn die Bedingungen stimmen, sind wir alle gewaltbereit!" Ich für meinen Teil unterlag in der DDR mehr der jugendlichen Verführung durch die politische Ideologie, zumal die spätere Beschäftigung mit den wissenschaftlichen Lehren des Marxismus offenbarte, dass sich die Geschichte quasi gesetzmäßig in Richtung dieser propagierten Gesellschaft entwickle, allerdings mittels des dazu notwendigen „Klassenkampfes", der stets betont wurde. Im Vergleich zum Klassengegner Westdeutschland war dieser neue Staat nicht nur friedliebend, sondern hatte die Lehren aus der Zeit des Nationalsozialismus konsequent gezogen, indem der „antifaschistische Kampf" im Mittelpunkt stand. Allerdings weiß ich heute, dass der Antifaschismus der DDR wie zumeist eine verordnete kollektive Angelegenheit war und kaum eine Sache des Individuums. Die DDR-Bürger fühlten und fühlen sich in keiner Weise in einer Art Verantwortung für die Vorgänge im Dritten Reich. Dessen Akteure oder politische Enkel waren nur in der Bundesrepublik! Mit meiner unreifen, aber politisch halbwegs konformen Einstellung zettelte ich seinerzeit im Elternhaus schlimme Diskussionen an, für die ich mich noch heute schäme. Andererseits erwähne ich die politischen Umstände und Argumente deshalb so ausführlich, weil ich in den

1970-er Jahren zu meiner Überraschung auch im Westen ähnliche Thesen bei vielen Linken der 68-er Bewegung hörte, ganz zu schweigen von der RAF – und manchmal höre ich sie auch heute noch oder wieder, insbesondere die Illusion des Egalitären oder das schnelle Benutzen von Feindbildern. Indessen werden Feindbilder auch benötigt, um das eigene Verhalten zu legitimieren. Dazu gehört auch die einfache Methode, die Welt in zwei Lager einzuteilen, ein revolutionäres und ein reaktionäres. Durch Zugehörigkeit zum ersteren leiten viele für sich gleich eine moralische Überlegenheit ab.

Zunächst begann ich mit meiner Ausbildung, indem ich 1958 das Studium der Elektrotechnik an der Technischen Hochschule Ilmenau in Thüringen aufnahm. Statt Zahlung von Studiengebühren erhielt ich ein Stipendium, das mich mehr oder weniger autark machte, zumal ich dieses Stipendium durch Studienleistungen und Wohlverhalten aufbessern konnte. Der Preis waren zum Beispiel Verpflichtungserklärungen dem Staat gegenüber, darunter die Erklärung, auf jegliche Westkontakte zu verzichten. Somit konnte ich nicht einmal einen Kartengruß an die Verwandten in Westdeutschland richten. Da ich die kritische Distanz nicht völlig verloren hatte, merkte ich bald, dass das persönliche Weiterkommen nicht nur von fachlichen Leistungen, sondern sehr stark von der politischen Haltung abhing beziehungsweise vom vermittelten Eindruck, dazu zugehören. Die Frage war, wie weit dieser Opportunismus geht oder ob er den Charakter, die Integrität oder das Gewissen verbiegt – kurz, ob man

Mensch bleibt oder zu einem „Charakterschwein" wird – wie dies einige wurden. Ich habe diese Grenze nie überschritten. Als ich aber merkte, ihr sehr nahe zu kommen und Anzeichen der oben genannten moralischen Trägheit oder gefährlichen Gleichgültigkeit verspürte, begann bei mir der Prozess der innerlichen Abwendung und späteren Umkehr.

Beispiele zum Nachdenken gab es genug. Als Student mussten wir in jedem Jahr in den Semesterferien, teilweise auch während der Studienzeit einige Wochen in der Landwirtschaft als Erntehelfer arbeiten. Vor allem Anfang der 60-er Jahre bekamen wir mit, wie die Bauern durch Repressalien zum Eintritt in die Genossenschaften gezwungen wurden. Hauptsächlich übernahmen Jugendbrigaden diese „Charakterschwein-Arbeit". Ein anderes Beispiel aus dieser Zeit war die gewaltsame Demontage von Westantennen von Dächern der Privathäuser, und ich bin froh, dass wir zu beiden Aktionen nicht eingesetzt wurden. Die Folge der Zwangskollektivierung war die Flucht von über 100 000 Bauern in den Westen. In der Erntezeit mussten wir Studenten mehr schlecht als recht versuchen die Ernte einzubringen. Gravierend für mich und viele andere war aber das Jahr 1968 mit dem Einmarsch der Truppen der sozialistischen Länder, darunter der DDR in die Tschechoslowakei, wodurch die Reformansätze des „Prager Frühlings" mit Waffengewalt niedergeschlagen wurden.

An der Hochschule in Ilmenau gab es hierzu erregte und überraschend offene kontroverse Diskussionen, auch angesichts solcher Vorwürfe von tschechoslowakischer

Seite, dass wieder deutsche Panzer im Lande seien. Ein Monat zuvor hatte ich zusammen mit einem Studienfreund, der als einer der ersten ein eigenes Auto besaß, die Gelegenheit, in die Tschechoslowakei direkt, das heißt ohne Reisegruppe zu fahren. Wir spürten, wie enthusiastisch die dortige Bevölkerung hinter diesem Reformkurs ihrer Führung stand. Ich lernte auch meinen Studienfreund, der Parteisekretär am Institut war, von einer anderen Seite kennen. Angesteckt durch die allgemeine Euphorie, kaufte er unter den zahlreich erhältlichen westlichen Presseerzeugnissen kurzerhand die aktuelle Ausgabe des „Spiegel", und ich war überrascht, wie mein Freund hier frank und frei ganz anders argumentierte als an der Hochschule – dies aber war später symptomatisch für die meisten Menschen.

Einige Monate zuvor wurde ich indessen schon einmal in Versuchung geführt, der ich noch widerstand. Ich war bereits als Assistent am Institut tätig, als mir ein Student, mit dem ich mich auch über politische Fragen austauschte, die Schriften von Robert Havemann zum Lesen anbot, die im Untergrund verbreitet wurden. Nachdem ich die Zielrichtung der Argumentation schnell erkannte, gab ich die Unterlagen am nächsten Tag wieder zurück. Ich wollte einem anderen gegenüber nicht über ernsthafte Zweifel und Kritik am offiziellen Kurs der DDR sprechen, auch nicht zuviel nachdenken, um die beginnenden Zweifel nicht weiter zu verstärken. Die volle Wahrheit nicht wissen zu wollen und Fehlentwicklungen am besten zu verdrängen, war unter dem Vorzeichen des „Selbstschutzes" auch wieder symptomatisch. Auf der anderen Seite war das Jahr 1968 auch deshalb wichtig, weil es eine Wende im Vietnamkrieg zugunsten der von den USA bekämpften Nord-Vietnamesen gab und dieser Krieg uns idealistisch eingestellte Jugendliche wiederum an der moralischen Integrität des Westens zweifeln ließ.

Inzwischen war ich beruflich schon sehr weit gekommen, hatte 1964 das Diplom abgelegt und erhielt die Gelegenheit, am Institut als Wissenschaftlicher Assistent zu arbeiten und zu promovieren. Der Abschluss der Promotion war für Ende 1968 vorgesehen. Schon an dieser Planung wird deutlich, wie straff das Studium in der DDR organisiert war. Hierzu trug nicht unwesentlich die Studiengestaltung bei, das heißt, dass man nicht als Einzelkämpfer das Studium frei wählen und gestalten konnte. Vielmehr wurden Seminargruppen gebildet, wodurch einerseits die persönlichen Kontakte untereinander und mit den Lehrkräften recht eng wurden – gleichzeitig natürlich auch die Kontrolle und politische Einflussnahme.

Mir wurde bald klar, von wem und wie wichtige Entscheidungen getroffen wurden: Das Schlagwort von der führenden Rolle der Partei war wörtlich zu nehmen! Im Kleinen eines Hochschulinstituts, noch mehr im gesamten Staatswesen wurden wichtige, zum Beispiel personelle Entscheidungen nicht vom zuständigen „staatlichen Leiter", wie Instituts- oder Werkleiter gefällt, sondern vom Parteisekretär, wobei solche Kriterien wie zuverlässige politische Haltung und gesellschaftliche Arbeit äußerst wichtig waren. Das bedeutete, dass man auch in der kleinen Seminargruppe oder am Institut von der Beurteilung der „maßgebenden Leute" abhängig war.

Einblicke in die Abläufe an zentraler Stelle der Hochschule wie dem Rektorat erhielt ich auch durch meine erste Frau, die ich seit einigen Jahren kannte und bald heiratete. Sie arbeitete als Sekretärin und kam als Parteimitglied in führende Stellungen – und sie unterstützte mich sehr in meiner beruflichen Entwicklung. Wir erhielten eine Einzimmer-Wohnung in einem Platten-Neubau, und in dieser Wohnung schrieb ich meistens nachts meine Dissertation.

Entwicklungshilfe in Bagdad

Ende 1967 gab es eine besondere Situation, ausgelöst durch die große Politik: Es kam zum Sechstage-Krieg, in dessen Folge Israel die beteiligten arabischen Länder besiegte und palästinensische Gebiete besetzte; die Folgen bestimmen heute noch die Weltpolitik.

Seinerzeit sah die DDR eine Chance, den arabischen Ländern zu helfen, wobei das Ziel, die eigene internationale Anerkennung durch diese Staaten zu erhalten, sicher eine große Rolle spielte. Der Westen zog aus Solidarität mit Israel seine Berater und Entwicklungshelfer aus den Ländern Ägypten, Algerien, Irak und Jemen zurück, wodurch die DDR sich andiente, diese Lücke zu schließen. Per Regierungsvereinbarung wurde sie um Unterstützung gebeten, so dass die Möglichkeit für eine groß angelegte Entwicklungshilfe vorlag.

Zunächst unter Leitung des Außenministeriums wurde an den Hochschulen eine Aktion gestartet, die sich nicht wiederholen sollte. Für die genannten arabischen Länder wurden geeignete Kandidaten für eine Dozententätigkeit gesucht, wobei man sich an seiner Hochschule bewerben konnte. An der TH Ilmenau und an dem Institut, an dem ich tätig war, gab es zunächst eine große Euphorie beim wissenschaftlichen Nachwuchs für diese Möglichkeit – war es doch die Chance, von der Welt außerhalb von Sowjetunion oder Bulgarien etwas zu sehen. Die Euphorie flachte aber aus verschiedenen, teilweise persönlichen Gründen bald ab.

In einem Anflug von Leichtsinn, Neugier, Abenteuerlust und Naivität meldete ich mich für das Studienjahr 1968/69, wobei meine Frau mich hierbei unterstützte. Denn es kam nur eine Ausreise als Ehepaar in Frage, und die zweite Bedingung war der Abschluss der Promotion. Zum Zeitpunkt der Bewerbung war dies noch nicht der Fall, und auch sonst rechnete ich nicht ernsthaft damit, berücksichtigt zu werden – schon allein wegen mangelnder beruflicher Erfahrung. Eine andere Meßlatte hatte ich ein Jahr vor der Bewerbung bereits übersprungen: Ich war in die SED eingetreten, weil man mir im Anwerbegespräch sagte, dass gerade solche nachdenklichen Menschen wie ich gebraucht werden. Man könne nicht nur kritisch beobachten, sondern sollte durch eigenes Mittun vorhandene Mängel beseitigen helfen. Mit 27 Jahren glaubte ich dies auch. Es hat dann nicht ganz zwei Jahre zur Einsicht gebraucht, dass die bestehenden Unterschiede von der Theorie wie sie an der Hochschule vermittelt wurde und der Praxis für mich unüberbrückbar wurden.

Zunächst waren wir überrascht, dass unsere Bewerbung befürwortet wurde und wir zusammen mit einem anderen Ehepaar die Ausreise zum Studienjahr 1968/69 erhielten. Welches Land, welche Hochschule und welches der verschiedenen Fachgebiete der Elektrotechnik in Frage kommen, würde uns später mitgeteilt werden. Ich hatte die dringendere Sorge, das Promotionsverfahren abzuschließen und in dem noch verbleibendem halben Jahr auch den 6-wöchigen Englisch-Crashkurs zu absolvieren, da die Unterrichtssprache im Gastland Englisch war. Während dieses Englisch-Kurses in Brandenburg erfuhr ich, dass das Einsatzland der Irak sei, und nebenbei bereitete ich mich in Brandenburg auch auf die Promotionsprüfung vor. Es gelang, und Anfang November 1968 flogen wir nach Bagdad.

Der andere Kollege kam einige Wochen später – also nach Semesterbeginn, da er wegen der ungewissen Terminlage mit seiner Familie noch einen Urlaub einschob. Ich hatte die verbliebene Zeit genutzt, um mir in der Hochschulbibliothek aus verschiedenen englischen Fachbüchern vorsorglich Fotokopien entsprechender Seiten herzustellen. In der Bibliothek lagen zur fachlichen Weiterbildung übrigens auch westdeutsche Fachzeitschriften aus, darunter die „Nachrichtentechnische Zeitschrift" des VDE-Verlags. Allerdings wurden die Stellenanzeigen vorher vom Bibliothekar herausgeschnitten, damit wir nichts vom westlichen Arbeitsmarkt erfuhren. Warum interessierte ich mich hierfür?

Erst am Einsatzort in Bagdad, dem Technik-Institut der Universität erhielt ich endgültige Informationen über die von mir zu vertretenden Fachgebiete Elektronik, Elektrische Messtechnik und Grundlagen der Elektrotechnik. Das dortige Institut wurde von einem Inder geleitet; praktiziert wurde das englische Lehrsystem entsprechend der ehemaligen Kolonialmacht; das bedeutet Bachelor- und Master-Abschluss. Der Bildungsabschluss an „meinem" Institut entsprach jedoch mehr dem deutschen Techniker. Der Arbeitsvertrag wurde direkt mit der Universität abgeschlossen – zunächst für ein Studienjahr. Das bedeutete, dass ich selbst die recht hohe Vergütung in irakischem Dinar erhielt, der zu unserer Überraschung eine konvertierbare Währung war. Parallel zum Universitätsvertrag hatte ich einen zweiten Vertrag mit der DDR-Seite, wonach ich mein Gehalt an die dortige Handelsvertretung abzuliefern hatte. Von dort erhielt ich ein wesentlich niedrigeres Gehalt, das aber für DDR-Maßstäbe immer noch sehr hoch war.

Nach einigen Monaten wurden die Verfahrensweise und die Betreuung umgestellt. Ansprechpartner für die etwa zehn Entwicklungshelfer auch anderer Fachgebiete wie Germanistik, Medizin oder Bauingenieurwesen war eine von der DDR gegründete Firma Limex GmbH. Erst später wurde bekannt, dass dieses Unternehmen zum Imperium des Schalck-Golodkowski gehörte und damit der Devisenbeschaffung für die DDR diente.

An der Basis der Universität Bagdad war unser Einsatz nicht sonderlich gern gesehen – es war alles eine „offizielle" Regierungsvereinbarung. Besonders problematisch wurde die Situation für meinen Kollegen, der an einem anderen Institut eingesetzt werden sollte, dort aber für etwa zehn Wochen keine Beschäftigung fand. Dies hing sicherlich mit seiner verspäteten Anreise nach Semesterbeginn zusammen als alle Aufgaben bereits verteilt waren – es ist aber auch als Indiz dafür zu sehen, dass das größere Interesse für unsere Tätigkeit nicht beim Irak lag.

Die Startschwierigkeiten dieses Kollegen führten dazu, dass er viel Zeit damit verbrachte, intensiven Kontakt mit den Verantwortlichen von Handelsvertretung und dem DDR-Generalkonsulat, der späteren Botschaft, zu halten, vor allem der Parteileitung. Man muss sich die groteske Situation in der DDR-Kolonie im heute noch vorhandenen Diplomaten-Viertel vorstellen, dass es eine intensive „Betreuung" und Schulung seitens der Botschaft gab einschließlich abendlicher Kurse des so genannten „Parteilehrjahres" mit jeweiliger Themenstellung. Ich war einigermaßen konsterniert über die behandelten Themen. Ich hätte mir Informationen zum Irak gewünscht, wie die Revolution dort einige Jahre zuvor ablief, welche Positionen die regierende Baath-Partei vertritt und was vom „arabischen Sozialismus" zu halten sei, den das Land zusammen mit Syrien anstrebte – ganz zu schweigen davon, etwas über Landeskunde und Historie dieses ehemaligen Mesopotamiens zu erfahren mit der einstigen sumerischen Hochkultur und den biblischen Orten wie Babylon oder Uruk und Ur, der Geburtsstadt Abrahams.

Stattdessen beschäftigten wir uns in Bagdad mit der

„Geschichte der deutschen Arbeiterbewegung ab 1848"! Nicht einmal die damals (und heute) wichtige Frage der Beziehungen zwischen den großen beiden moslemischen Richtungen der Schiiten und der Sunniten wurde angesprochen. Ich machte den Versuch, dann wenigstens darüber zu sprechen, was in der Heimat die Gemüter bewegte – der Prager Frühling und die Folgen; hierzu hatte ich ja eigene Eindrücke. Mit diesem Vorschlag handelte ich mir indessen die erste öffentliche Missbilligung und auch unter den Kollegen völliges Unverständnis ein. Eine Erklärung für die rückwärtsgewandte Strategie der offiziellen DDR-Seite mag die große Verunsicherung gewesen sein, die durch den „Prager Frühling" entstanden war. Gleichzeitig musste man sich mit Argumenten auseinandersetzen, die im Westen – und hier vor allem bei den Linken einschließlich der SPD – die Politik gegenüber dem Osten mehr und mehr bestimmte – die so genannte Konvergenztheorie, wonach sich beide Lager einander annähern würden. Im Klartext bedeutete dies die faktische Anerkennung der Teilung und der Gleichwertigkeit der Systeme. Und man sollte sich nichts vormachen: Mit der Teilung Deutschlands hatte man sich in beiden Staaten mehrheitlich abgefunden. Gerade deshalb betrachte ich die Wiedervereinigung auch heute noch wie ein Wunder. 1969 wurde von der DDR deren völkerrechtliche Anerkennung durch den Irak als großer Erfolg gefeiert, wodurch die so genannte Hallstein-Doktrin der Bundesrepublik durchbrochen wurde, das heist deren Alleinvertretungsanspruch. Wir hatten an der Bagdad-Universität hieran sicher wenig Anteil, erlebten aber den Stolz innerhalb der „DDR-Kolonie" hierüber. Jenseits der großen Politik machte ich zunehmend die Erfahrung, dass wir in der Praxis schlecht auf die Arbeit im Irak vorbereitet waren, sowohl auf das Land bezogen, als auch fachlich.

Ich konzentrierte mich ganz auf die eigentliche Arbeit an der Universität, die schwer genug war, zumal ich mich wegen der enormen Tageshitze meistens nachts auf die folgenden Lehrveranstaltungen vorbereitete. Hierbei waren die mitgebrachten Kopien aus englischen Fachbüchern äußerst hilfreich.

Eines Tages wurde ich von Studenten, zu denen ich insgesamt einen guten Kontakt hatte, mit der Auskunft empfangen, dass die Vorlesung ausfällt, weil alle Studenten und Mitarbeiter an einer Demonstration teilzunehmen hatten. Wir zogen durch die Straßen zum zentralen Platz Bagdads, und ich hörte die Demonstranten, angestachelt durch Einheizer laute Parolen und Jubelrufe ausrufen. Dann sah ich die schreckliche Szene: Um den Platz herum waren oben auf Laternenpfählen Menschen aufgehängt worden. Angeblich waren es israelische Agenten – später erfuhr ich, dass es Iraker jüdischen Glaubens waren. Bereits zu diesem Zeitpunkt gab es einen Mann, der zwar noch Vizepräsident war, aber für den Sicherheitsdienst und damit für diese Vorgänge zuständig war – Saddam Hussein; 1969 ließ er sich vom Revolutionsrat zum Präsidenten wählen. Die Zusammenarbeit der verschiedenen Landesteile, der Bevölkerungs- und Glaubensgruppen war anfänglich einigermaßen eingependelt. Die Kurden im Norden waren offiziell zwar nicht besonders gelitten, aber in ihrem Gebiet befinden sich die großen Erdölfelder; bekanntlich wurden später von Saddam Hussein schreckliche Massaker an den Kurden verübt. Im Süden um die Stadt Basra herum (angeblich die Region der biblischen Sintflut) leben die Schiiten, die Saddam mit späterer Unterschützung des Westens und mit Blick auf die islamische Republik Iran niederhielt. Im Bereich Bagdads lebten hauptsächlich Sunniten, die zwar eine Minderheit darstellten, aber an der Macht waren. Durch die heilige schiitische Stadt Kerbela konnten wir einmal bei einem Ausflug durchfahren. Bleibende Eindrücke hinterließen auch die Anlagen von Babylon mit Ruinen des Tempels, der Prozessionsstrasse, den Hängenden Gärten oder des Turms zu Babel.

„Alles fließt". Dieses Wort von Heraklit kann beim vorliegenden
Bild zunächst recht profan wörtlich genommen werden. Das flie-
ßende Wasser eines Nebenarms des Euphrat treibt das Schöpfrad
mittels angebundener Tonkrüge an, wobei das Wasser über das
Gemäuer in die Bewässerungsgräben der Felder geleitet wird.
Diese Art der Bewässerung und des Schöpfrades hat ihren
Ursprung in der sumerischen Kultur, die das ehemalige Mesopota-
mien vor 2000 bis zu 5000 Jahren entscheidend prägte. Auch die
Anfänge unserer Kultur haben letztlich hier ihren Ursprung – und
nicht erst bei den Griechen. Beispiele sind die sumerischen
Leistungen in der Astronomie und Mathematik, die ältesten Schrift-
kulturen etwa 4000 vor Chr., erste bürgerliche Gesetzessammlun-
gen, vor allem das 5000 Jahre alte Gilgamesch-Epos mit der
Schöpfungsgeschichte und Sintflut oder das ebenfalls in der Bibel
erwähnte Babylon des Königs Nebukadnezar etwa 500 vor Chr., der
diese Stadt nicht nur zum Mittelpunkt eines großen Reiches machte, sondern zur prunkvollsten und interessantesten Stadt der dama-

ligen Welt. Merkmale waren der Tempel, die Hängenden Gärten, die Prozessionsstrasse, der Stufen-Tempel zu Babel oder das mit farbigen Ziegeln versehene Ischtar-Tor (Original auf der Berliner Museumsinsel).

Das Rad der Geschichte lässt sich nicht zurück drehen. Befindet man sich heute in der Region, muss man die erwähnte Sentenz von Heraklit aber als Beschreibung eines dramatischen Niedergangs verwenden: Von der sumerischen Hochkultur über klimatische Veränderungen zu politischen und militärischen Verwerfungen, insbesondere im heutigen Irak.

Ganz harmlos war die Situation für uns zu dieser Zeit indessen auch nicht – nur gab es keine Informationen, weder von irakischer noch von deutscher Seite. Ich kann nur von eigenen brenzligen Situationen berichten, als ich bei einem Ausflug in die Wüste in der Nähe einer kleinen Brücke ein Beduinenzelt fotografierte und wir dann verhört wurden – oder als mir an der Universität berichtet wurde, dass es am Vortag kurz nach meinem Verlassen des Elektronik-Labors eine Schießerei gegeben hat und mir die Studenten die noch sichtbaren Blutflecke meinten zeigen zu müssen. Später erfuhr ich, dass dies der Vorbote von Auseinandersetzungen zwischen Schiiten und Sunniten war, ein Sachverhalt, den die Amerikaner bei ihrem aktuellen Eingreifen im Irak völlig unterschätzt haben.

Vorgezogene Wende

Etwa vier Wochen vor den Semesterferien 1969 hatte
ich mein persönliches Schlüsselerlebnis, allerdings nicht
durch den Irak, sondern durch die DDR-Seite hervorge-
rufen: Ohne jegliche Vorwarnung wurde ich zum Vize-
konsul bestellt, der gleichzeitig der Parteisekretär für die
DDR-Kolonie war. Er ermahnte mich, durch geschlosse-
nes Auftreten im Sinne des Auftrages das Ansehen der
DDR zu stärken. Auf Nachfrage wurde erläutert, dass
mein Kollege, der mit Familie im gleichen Haus wohnte, darüber geklagt hatte, dass ich ihn zu wenig unter-
stützen würde – zum Beispiel bei den erwähnten An-
fangsschwierigkeiten – oder dass ich ihm nicht meine
Fotokopien der Lehrbuchmaterialien überlassen würde.
Ich war perplex und konnte nicht angemessen reagieren;
vielleicht kann man gegen eine Denunziation ohnehin
nicht viel sagen. Ich hatte den Kontakt mit dem „Kollegen" einige Zeit davor tatsächlich auf das Notwendige
beschränkt – einmal, weil ich genug mit mir zu tun
hatte, zum anderen hatte er mir in einer früheren Phase
von Redseligkeit und brutaler Offenheit erzählt, dass der
Labormeister am Ilmenauer Institut durch des Kollegen
Meldung „bei den zuständigen Stellen" wegen eines
politischen Witzes verhaftet wurde. Dass ich etwas
Abstand zu diesem „Kollegen" gehalten hatte, ist sicherlich erklärlich. Nach der Wende wurde mir von einem
Hochschullehrer aus Leipzig berichtet, dass dieser
Mann wegen eines vergleichbaren Vorganges bekannt
war und sich nachher herausstellte, dass er als inoffiziel-

ler Stasi-Mitarbeiter (IM) geführt wurde.

1969 kam für mich viel zusammen. Ich war zunächst wie vor dem Kopf geschlagen, meinte ich doch, durch intensiven fachlichen Einsatz am Bagdader Institut eine gute Arbeit geleistet zu haben. Die Bestätigung erhielt ich im Übrigen viel später durch eine Information, dass ich von der irakischen Seite für ein weiteres Studienjahr angefordert wurde. Nun hatte ich nicht durch das Ausland, sondern durch die eigenen Leute massive Probleme.

Mir wurde klar, dass ich es nach Rückkehr mit dieser Ermahnung, die nach DDR-Gepflogenheiten lebenslang in der Personalakte verbleibt, sehr schwer haben würde. Es war aber mehr als die berufliche Sorge. Schwerwiegender waren grundsätzliche Gedanken, dass das Erlebte kein Einzelfall bleiben würde, sondern symptomatisch war. Musste ich mich eigentlich rechtfertigen?

Ich sah mich in meiner bisherigen idealistischen Welt, an die Grundlagen der neuen Gesellschaft zu glauben – einschließlich der moralischen – getäuscht. Diese Enttäuschung war zunächst ein Gefühl, das sich aber immer mehr verfestigte bis zur Einsicht, mit der sich abzeichnenden Heuchelei und Doppelmoral in der DDR nicht mehr zu recht zu kommen. In späteren Jahren wurde mein Gefühl hinsichtlich einer gängigen Doppelmoral, ja Verlogenheit an zahlreichen Beispielen auch der großen Politik bestätigt, wenn ich nur daran denke, dass die DDR palästinensische und RAF-Terroristen ausbildete und aufnahm (unter der Stilisierung als „Freiheitskämpfer) oder dass sich die DDR von der Bundesrepublik für viel Geld politische Häftlinge und Ausreisewillige freikaufen ließ oder auch die Zwangsadoption zurückgehaltener Kinder von „Republikflüchtigen".

Im Sommer 1969 spielte auch ich erstmals mit dem Gedanken, gegebenenfalls in den Westen gehen zu wollen. Über diese Gedanken konnte ich allerdings mit meiner Frau nicht in voller Tiefe reden. Für sie kam jedenfalls eine Flucht nicht in Frage; sie war eine gute Genossin.

Unsere kurze Ehe war angesichts der Belastungen nicht ausreichend stabil; vielfach wurden sehr unterschiedliche Auffassungen offenbar – auch politische sowie zu Wertvorstellungen. Und ich war insgesamt sicherlich nicht reif und gefestigt genug. Dafür war meine Frau viel pragmatischer. Sie arbeitete in Bagdad als Sekretärin in der Handelsvertretung und hatte stets guten Kontakt zu Menschen, vor allem solchen im Machtzentrum. Durch ihre Kontakte erhielten wir auch die Genehmigung, bei der bevorstehenden Rückreise nach Semester-Ende eine Zwischenstation in Beirut machen zu können – und dies mit einem befreundeten Ehepaar.

Auch in Beirut fühlte ich mich allein und von allen Seiten in eine psychische Zwangslage versetzt. Plötzlich kam es mir in dieser Extremsituation so vor, als ob ich neben mir stand und mir eine Stimme sagte, was gut für mich ist und was ich konkret zu tun hatte – eine Erfahrung, die ich nie vergessen werde.

Das Weitere ging dann ganz schnell – Flughafen und Kauf des Tickets nach Frankfurt am Main mit den selbst verdienten Dollars. Dem Zoll fiel am Flughafen Beirut nicht auf, dass ich zur Maschine nach Frankfurt am Main einen DDR-Pass vorlegte. Die Wartezeit bis zum Abflug kam einer Tortur gleich, da ich nicht ausschloss, wieder aus dem Transitraum herausgeholt zu werden. Ich ging etwas außerhalb dieses Raumes einige Meter auf das Rollfeld, wurde aber von Soldaten schnell wieder zurückbeordert. Später erfuhr ich, dass einige Tage zuvor israelische Hubschrauber den Flughafen Beirut bombardiert hatten als Vergeltung für einen vom Libanon aus gestarteten Terroristen-Angriff. Damals zeichneten sich bereits die Probleme ab, die heute noch die Situation im Nahen Osten bestimmen.

Schließlich landete ich glücklich und befreit in Frankfurt am Main. Diese Freiheit und Freizügigkeit weiß ich seitdem zu schätzen, ungeachtet eines Neubeginns mit nur einem Koffer und der Ungewissheit über die berufliche Entwicklung. Andererseits habe ich der DDR eine gute Ausbildung zu verdanken. Für den Neubeginn hatte ich einen hohen Preis zu zahlen: Mein bisheriges Weltbild und vor allem meine Ehe waren zerbrochen. Die Frau reiste mit dem anderen Ehepaar nach Ostberlin zurück und hat in Ilmenau bald wieder geheiratet. Meine Geschwister in Magdeburg durfte ich fast 20 Jahre nicht sehen, weil mir bis zur Wende die Einreise verweigert wurde. Es gab eine Ausnahme im Jahr 1988, als im April meine Eltern in Magdeburg Goldene Hochzeit feierten. Meine Einreise hierzu wurde nur dadurch möglich, dass mein Vater einen Brief an Erich Honecker geschrieben hatte. Unvergessen ist die kaltschnäuzige Prozedur der „Abfertigung" bei der Einreise an der Grenzanlage

Helmstedt/Marienborn, die einem wirklich kafkaesk vorkam und von der heute wenig bauliche Zeugnisse übrig geblieben sind.

Vergessen werde ich auch nie meinen ersten Versuch einige Monate zuvor, wo ich als eine Art Test die Einreise nach Berlin über Bahnhof Friedrichstrasse versuchte. Als ich am DDR-Schalter der berüchtigten Grenzanlagen mit dem System von Kontrollspiegeln nach Vorlage und Abgabe meines Passes aus der Schlange der Tagesbesucher herausgeholt wurde und etwa 30 Minuten warten musste, war mir sehr mulmig zumute. Dann kam ein schneidiger Offizier auf mich zu – ein würdiger Vertreter des preussischen Sozialismus; er sagte einen Satz, den ich auch nicht vergessen werde: „Ihre Einreise in die Deutsche Demokratische Republik ist nicht gestattet. Stellen Sie jetzt keine weiteren Fragen und fahren Sie mit der S-Bahn wieder zurück nach Westberlin!"

Zum Glück konnten mich umgekehrt meine Eltern in Frankfurt besuchen. Kurz bevor sie Rentner wurden, traten die ausgehandelten Reiseerleichterungen schrittweise in Kraft und ab 1986 unter anderem auch für meine Geschwister dank der Milliardenkredite, die die Bundesrepublik gewährte.

Für mich war ab 1969 eine Neuorientierung nicht nur bezüglich des demokratischen Systems der Bundesrepublik notwendig, sondern vor allem in beruflicher Hinsicht. Umstellen musste ich mich besonders darin, dass für mich nichts mehr vorgegeben und von anderer Seite geplant war, sondern dass ein hohes Maß an

Eigeninitiative und Eigenverantwortung notwendig war und ist. So ging ich noch im Aufnahmelager Gießen nicht nur zum Arbeitsamt, sondern auch in die Universitätsbibliothek, um dort Stellenanzeigen in Fachzeitschriften zu studieren. Tatsächlich fand ich ein hervorragendes Angebot, wo ein Fachredakteur gesucht wurde – just bei der Nachrichtentechnischen Zeitschrift, die mir schon in der Ilmenauer Bibliothek aufgefallen war – Zufall? Im August 1969 arbeitete ich bereits in Frankfurt am Main als Redakteur bei dieser Zeitschrift; 1974 wurde ich deren Chefredakteur. Das ging alles sehr schnell – zu schnell. Die innere Verarbeitung des Geschehens steht auf einem anderen Blatt.

Beim Blick zurück auf die wenigen aber ereignisreichen Monate im Jahr 1968/69 und den gesamten Lebensweg stelle ich fest, dass bei den wichtigsten Entscheidungen weniger rationales oder gar kalkulierbares Denken maßgebend war, sondern dass eine Steuerung mehr durch Irrationales oder das Unterbewusstsein geschah.

Ich erfuhr zudem etwas, was ich mit Dankbarkeit auf- und annahm, aber schwer mit einem Wort beschreiben kann ohne pathetisch zu werden: Glück, Zufall, Schicksal, Schutzengel oder Gottesbeistand? Eines weiß ich aber bestimmt: Derzeit lebt hier die junge Generation in einer Phase, die es in der deutschen Geschichte noch nie gegeben hat, die längste Periode ohne Krieg und Diktatur. Aber dies ist nicht selbstverständlich und kann auch wieder gefährdet werden. Die Freiheit ist ein zerbrechliches Gut. Zu schnell ist für die Mehrheit offenbar in Vergessenheit geraten beziehungsweise wird erst nach 30 Jahren jetzt wieder erörtert, dass in den 70-er Jahren eine Gefährdung auch der Bundesrepublik durch den Irrsinn der RAF-Terroristen vorlag, die einen ganz anderen Staat wollten und dafür mordeten oder Geiseln entführten. Ich habe selbst erlebt, dass es für Terror immer Argumente gibt. Ich war in diesen 70-er Jahren in Frankfurt aber erstaunt, dass es unter zahlreichen Intellektuellen der Linken – einschließlich der Medien – merkwürdige Sympathien für den RAF-Terrorismus gab – zum Glück nicht bei der Mehrheit des Volkes. Wenn Feindbilder wirkungsvoll indoktriniert werden, ist der Schritt dann nicht mehr weit, diese auch mit Gewalt zu bekämpfen. Auch heute gibt es geschürte Feindbilder, wobei ich glaube, dass die Zweiteilung der öffentlichen Moral noch immer nicht überwunden ist: Rigorismus gegen den rechten Terror und andererseits Verständnis oder Verdrängung für den linken. Dieser Denkweise liegt meines Erachtens auch die Behandlung der ehemaligen DDR-Opposition im Vergleich zu vielen Ex-Stasi-Leuten zugrunde, vielleicht auch die einseitige Behandlung des RAF-Themas mehr aus Tätersicht denn aus Opfersicht oder die Verharmlosung der DDR-Verhältnisse insgesamt, die es heute fast vergessen lässt, dass dieser Staat sich zum Beispiel wirtschaftlich selbst zugrunde gerichtet hat. Und auch das Beseitigen zahlreicher Spuren gehört hierzu, die sichtbar an die DDR überhaupt erinnern wie Wachtürme der Grenzanlagen oder die Mauer im Zentrum Berlins.

Selbst wenn verschiedentlich von der DDR als „Fußnote der Geschichte" gesprochen wird, sollten doch einige

Zeugnisse daran erinnern, dass dieser Staat das Leben der Betroffenen einschneidend bestimmt hat.

Axel Schmidt-Gödelitz

Gut Gödelitz

Rückkehr und Verpflichtung

I

Die Tränen verwirren mich. Warum weine ich? Ich weine nicht einfach still vor mich hin, ich schluchze, ich heule gegen den Sturm an, der um mich herum tobt, die Tränen vermischen sich auf meinem Gesicht mit dem Regen, immer wieder muss ich mir die Augen wischen, um zu sehen, was ich sehen will, seit ich denken kann: Das Gut meiner Eltern. Rittergut Gödelitz. Meinen Geburtsort.

November 1978

Der Regen hat eingesetzt, als ich von der Autobahn Dresden-Leipzig am Abzweig Nossen Nord abfahre. Ich taste mich vorsichtig vorwärts, als das erste Ortsschild Choren im Scheinwerferlicht auftaucht, schlägt mein Herz merklich schneller. Nach Choren hatten die Russen nach Kriegsende unsere Rinderherde getrieben und Mami, couragiert wie sie war, hatte in zähen Verhandlungen erreicht, für jedes ihrer vier Kinder eine Kuh nach Gödelitz zurück treiben zu dürfen.
Der Ort liegt völlig im Dunkeln. Am Ortsende geht es in einer Rechtskurve leicht bergauf, nach wenigen hundert Metern weist ein Schild nach Lommatzsch.
Lommatzsch! Das war unser nächst gelegenes größeres

Städtchen, dort war Viehmarkt, dort haben die Eltern
eingekauft! Ein Foto, das noch heute im Herrenzimmer
hängt und uns vier Kinder, eng umschlungen hintereinander sitzend zeigt, stammt von einem Lommatzscher
Fotografen. Nach ihrer Rückkehr fand Mami den Foto-
laden sofort wieder – fast unverändert. Im Schaufenster
schlief eine dicke Katze. Hier war die Zeit stehen geblieben.

Der Weg schlingert sich zum nächsten Ort: Petersberg.
Keine Erinnerung. Aber gleich links nach dem letzten
Haus eine Weggabelung mit dem Hinweisschild
Prüfern. Richtig: Prüfern 44 war unsere Gödelitzer Tele-
fonnummer. Ja! Das weiß ich noch. Wie oft wurde dies
in den Erzählungen erwähnt?

Ich halte an und suche auf der Karte die Ortschaft
Beicha. Der Regen war stärker geworden, sturmartige
Böen treiben Blätter und Äste über die Straße. Die
Scheibenwischer schaffen es kaum noch. Beicha ist
wichtig. Wichtiger als alle anderen Ortschaften. Göde-
litz war Teil der Gemeinde Beicha. In der Beichaer
Dorfkirche, in der die Großeltern und Eltern Patronats-
herren waren, erhielten wir alle die christliche Taufe.
Hier stand auch die alte Schule, die meine älteren
Geschwister noch besuchten.

Zwei, drei Kilometer noch durch die Dunkelheit, dann
taucht auch das Beichaer Ortsschild vor mir auf. Das
Herz schlägt mir bis zum Hals. Rechts die Schatten von
Einfamilienhäusern, links das große Gut der Familie
Gürtler, die als Erste den Großanbau von Tulpen in der
Lommatzscher Pflege gewagt hatten und sehr erfolg-

reich gewesen waren. Rechts streicht das Scheinwerferlicht einer mannshohen Ziegelmauer entlang, vermutlich der Friedhof. Großvater Max und Tante Liselotte,
die früh verstorbene Schwester unseres Vaters, liegen
hier begraben.

Schattenhaft sehe ich die Kirche rechts liegen, ich biege
ab, an einer Hauswand kann ich ein Schild erkennen:
Gödelitzer Weg. Ich folge dem verschlungenen Sträß-
chen nach unten, durchquere ein kleines Tal, fahre auf
der anderen Seite den Berg hinauf und dann taucht in
Scheinwerferlicht ein blassgelbes Ortsschild auf:
GÖDELITZ.

Ich bremse ruckartig ab, lasse die Scheinwerfer brennen,
steige aus, der Regen prasselt auf mich nieder, der Wind
heult, Wolkenfetzen jagen über den Himmel. Ab und an
geben die Wolken den Mond frei und erhellen für Se-
kunden eine sanfte, hügelige Landschaft. Ich lösche die
Scheinwerfer, liefere mich dem Wetter aus, starre auf die
Ansammlung massiger Gebäude, die im Dunkeln wie
riesige, am Boden kauernde Wesen vor mir liegen. Ein
Würgen, ein Brennen in den Augen – und dann bricht es
aus mir heraus. Ich stehe in diesem brüllenden Unwetter
und heule und heule und heule mir die Seele aus dem
Leib.

II.

Diese erste Begegnung mit dem Gut Gödelitz lässt mich nicht mehr los. Auf der Heimfahrt hatte ich versucht, meine Gedanken zu ordnen um heraus zu finden, was hinter diesem für mich ungewöhnlichen Gefühlsausbruch verborgen liegen könnte. Ich war damals Referent in der Ständigen Vertretung der Bundesrepublik bei der DDR, ein engagierter Vertreter dieser neuen Ost- und Deutschlandpolitik. Den Heimatvertriebenen-Verbänden und allem Heimatgedusel stand ich skeptisch bis ablehnend gegenüber.

Warum also dieser nächtliche emotionale Zusammenbruch?

Als Mami mit uns vier Kindern Gödelitz am 1. Januar 1946 verlassen musste, war ich drei Jahre alt, ich hatte kaum Erinnerungen an meinen Geburtsort, alles was ich wusste, setzte sich mosaiksteinartig aus den vielen Erzählungen der Eltern, Verwandten, Freunden und geflüchteten Nachbarn zusammen. Meine Erinnerungswelt der Nachkriegszeit war erfüllt mit schönen und hässlichen Ereignissen, mit guten und bösen Menschen. Das Rittergut Gödelitz erschien mir märchenhaft, die vielen Mitarbeiter waren meist prächtige Menschen, die Erfolge in Landwirtschaft und Viehzucht unübertroffen. Ein Musterbetrieb, der seine Schafböcke bis nach Südafrika exportierte. Kommunisten waren finstere, mörderische Gestalten, die eine seit Jahrhunderten aufgebaute Kultur zerstörten. Dass sie scheitern mussten, war mir klar – vorerst aber waren sie eine Bedrohung, denn sie wollten sich nicht mit dem beschränken, was sie bereits unter ihren Stiefeln hatten, sie wollten ganz Westeuropa beherrschen, vermutlich sogar die Welt.

Wir Kinder beteten allabendlich: Lieber Gott, mach mich fromm, dass ich in den Himmel komm, lass leben meine Eltern lang und hab für alles vielen Dank und beschütze bitte unseren Papi, dass er recht bald nach Hause kommt und dass wir recht bald wieder nach Gödelitz kommen. Amen.

Papi kam 1948 aus französischer Kriegsgefangenschaft heil zurück. Seither verkürzte sich unser Gebet um einen Halbsatz, die übrigen Wünsche blieben, solange wir Kindergebete abends vor dem Einschlafen sprachen. Der Wunsch, nach Gödelitz zurück zu kehren war wie ein Bleilot in unsere Kinderseelen versenkt. Gödelitz bedeutete, der Armut und Demütigung des Flüchtlingsdaseins zu entfliehen, wieder reich und anerkannt zu sein. Wir wurden älter, wuchsen in den kältesten Jahren des kalten Krieges auf, Hass auf die Kommunisten und Sehnsucht nach Gut Gödelitz zerriss vor allem unseren Vater. Über Jahre suchte er den weltpolitischen Horizont nach Anzeichen ab, die Hoffnung auf eine Wiedervereinigung Deutschlands und damit die Rückkehr in die geliebte Heimat machen konnten. Er war ein glühender CDU-Anhänger, diese Partei versprach am überzeugendsten, das Unrecht der Enteignung nach der Wiedervereinigung rückgängig zu machen. Seine Trauer, seine Verzweiflung zerriss mir manches Mal mein Kinderherz. In den rings um den kleinen Gutshof in Oberschwaben gelegenen Wäldern sammelte ich mit meinen

Freunden Restbestände des Zweiten Weltkrieges: Waffen. Richtige Waffen mit Munition. Sollten Russen und Kommunisten noch einmal versuchen, uns die neue Heimat wegzunehmen!! Ein Gewehr, eine Pistole, eine leicht verrostete Panzerfaust und einige Kisten Munition lagen in einem versteckten Taubenschlag in der großen Scheune bereit zum Gegenschlag!

Mami konnte und wollte sich diese Trauer, diese zuweilen lähmende Trauer, nicht leisten.

Gödelitz war die Vergangenheit, die Gegenwart waren vier Kinder, die eine Zukunft brauchten, war der Herlighof, das kleine Gut in Oberschwaben, das sie mit ihrem Mann verwaltete und wo man sich behaupten musste. Sie war immer fröhlich, zupackend, optimistisch und den Menschen liebevoll zugewandt. Sie war erfolgreich. Sie hat uns Kinder in diese neue Welt hinein geführt, hat Wege geebnet, uns Mut gemacht, uns Selbstvertrauen eingeflößt.

Wir wurden älter, Gegenwart und die Zukunft wurden immer wichtiger, Gödelitz verschwand mehr und mehr im Nebel der Vergangenheit. Papis Hoffnungen wurden wieder und wieder enttäuscht, seine Verzweiflung nahm zu. Als mit der neuen Ost- und Deutschlandpolitik der Grundlagenvertrag zwischen der Bundesrepublik und der DDR geschlossen wurde, hatte er keine Lebenskraft mehr. Er starb während einer Hochzeit, in den Armen seiner Frau.

Ich war ein glühender Anhänger dieser neuen Deutschlandpolitik – dafür war ich 1969 sogar in die SPD eingetreten. Das alles hatte mich von meinem Vater entfremdet. Wie oft habe ich versucht, ihm diese Politik als neue Chance, als den Versuch zu erklären, die zunehmende Entfremdung zwischen den Menschen in beiden deutschen Staaten aufzuhalten. Papi sah in dieser Politik die Anerkennung der DDR und damit die Zerstörung auch des letzten Hoffnungsschimmers auf Rückkehr. Nach seinen Plänen sollte ich Landwirt werden und das Gut später übernehmen. Alles, was er mir über diesen Beruf beibringen konnte, habe ich gelernt. Wie oft hat er mir die Pläne erklärt, die wir nach der Rückkehr nach Gödelitz mit den neuen Erkenntnissen in Land- und Forstwirtschaft verwirklichen wollten. Wie hatte er mir die Handvoll schwäbische Erde vor die Nase gehalten mit den eindringlichen, bitteren Worten: das hier ist Dreck – in Gödelitz ist Erde!

Warum habe ich Politik studiert? Warum habe ich mich für Sozialismus, Kommunismus, für Staat und Gesellschaft der DDR interessiert und darüber wissenschaftlich gearbeitet? Warum habe ich mich Mitte der 70er Jahre um einen Posten in der Ständigen Vertretung in Ost-Berlin beworben? War ich wirklich von der Unmöglichkeit einer Wiedervereinigung überzeugt? Warum schrieb ich dann 1981 in meinem Tagebuch, das, sollte es je zu einer Wiedervereinigung kommen, diese einzig und allein von den Ostdeutschen ausgehen würde? Wie tief war Gödelitz in meinem Innersten, im tiefsten Unterbewusstsein vergraben?

III.

Die Jahre in der Ständigen Vertretung haben mich reifer und nachdenklicher gemacht. Ich lernte eine Unzahl fremder Menschen kennen, Funktionäre, Diplomaten aus anderen Ländern, zufriedene Alltagsmenschen, laue Mitläufer, überzeugte Kommunisten, hasserfüllte Antikommunisten und Fluchtwillige. Aber auch bewusste Dableiber. Allesamt hatten sie jedoch etwas, was ich schätzte: sie waren nachdenklicher, als die durchschnittlichen, oft schon sehr saturierten Westdeutschen. Man konnte sich stundenlang über Philosophie, Geschichte, gesellschaftliche Verhältnisse in Ost und West unterhalten, über Werte und Lebenssinn.

Man konnte zu jeder Tages- und Nachtzeit klingeln, immer wurde mit dieser freundlichen Selbstverständlichkeit die Türe geöffnet, man war stets erwarteter Gast. Es wurde viel gelesen, man ging oft ins Theater, in Konzerte, in Ausstellungen. Das Konsumangebot war knapp, die Ablenkung gering, man konzentrierte sich auf das, was man hatte. Aber verlockend war der dann doch – der Westen.

Ich hatte mir vorgenommen, ganz offen zu sein. Genau zuzuhören, möglichst keine Vorurteile zu haben, zu verstehen, warum Menschen diese oder jene Überzeugung haben. Diese Toleranz, die ja nicht mit Beliebigkeit zu verwechseln ist, hat mir viele Türen geöffnet. Ich habe vieles gelernt, was mir Jahre später, nach meiner Rückkehr half, von den Bewohnern in und um Gödelitz akzeptiert zu werden.

Günter Gaus war ein wunderbarer Chef und väterlicher Freund. Ihm und seinem damaligen Stellvertreter, Dr. Hans Otto Bräutigam, habe ich Vieles zu verdanken. Ich lernte, genauer präziser zu formulieren, ich lernte, dass es auch noch andere Wahrheiten gibt, als die meine. Ich lernte, Probleme systematisch aufzuarbeiten und nach den Ursachen zu fragen. Angesichts der vielen ost- und westdeutschen Wirklichkeiten, die mich anfangs verwirrten und die einzuordnen mir nicht gelingen wollte, wurde ich bescheidener und Geschichtsbewusster. Ich traf Kommunisten, deren Biografie mich erschütterte und die ich menschlich schätzte. Mit einem war ich bis zu seinem Tode befreundet.

Als ich im Januar 1982 die DDR verließ, war Ost und West nicht mehr in Schwarz und Weiß eingeteilt. Die Grautöne überwogen.

Die folgenden acht Jahre verbrachte ich als Koordinator der Entwicklungsprojekte der Friedrich-Ebert-Stiftung in Ägypten und der Volksrepublik China. Als Chinas Machthaber im Juni 1989 ihre protestierende Jugend auf dem Tienamen-Platz blutig unterdrückten, war ich Zeuge. Erstmals in meinem Leben sah ich Menschen, die vor meinen Augen getötet wurden. Diese Nacht hat mich nachhaltig verändert. Nie wieder werde ich zuschauen, wie Unrecht geschieht – oder sich anbahnt. Neun Jahre später gründete ich mit Freunden das ost-west-forum Gut Gödelitz.

In einem Pekinger Luxushotel stieß ich 1989 auf eine Menschenansammlung, die fasziniert auf ein am Boden stehendes Fernsehgerät starrte. Einheimische und

Touristen. Ich drängelte mich ein wenig nach vorne und sah jubelnde Menschen auf einer Mauer sitzen – auf der Berliner Mauer! Zuerst glaubte ich, einen ziemlich realistisch gestalteten Spielfilm zu sehen, aber ein Englisch sprechender Chinese an meiner Seite beschied mir kurz und bündig: the Berlin Wall is open.

Es dauerte eine ganze Weile, bis es in meinem Kopf klickte. Dann rannen mir die Tränen über die Wangen und als ich ein wenig beschämt um mich blickte, sah ich viele andere, die ebenfalls weinten. Merkwürdigerweise waren darunter auch Chinesen. Ich weiß nicht, wie lange ich dort ausgeharrt und auf diese unglaubliche Szene gestarrt habe, ich weiß aber noch, wie ich plötzlich losrannte und nur noch eines im Kopf hatte: das muss ich allen erzählen. Allen deutschen und chinesischen Freunden! Sofort! Dass mir erst einmal niemand glauben wollte, verstand ich gut. Aber dann belehrten das chinesische Fernsehen und alle internationalen Kanäle die Kleingläubigen um mich herum eines Besseren. Es gab Fassungslosigkeit, Jubel und stille Nachdenklichkeit. Am Ende diskutierten alle durcheinander: was hat dies für die nächste Zukunft zu bedeuten?

Wird es zu einer Wiedervereinigung kommen? Wie schnell? Unter welchen Bedingungen? Werden Sowjets dies zulassen? Wie ist die Haltung der Westalliierten?

Ein SED-Kameramann vom DDR-Fernsehen bot mir als SPD-Mitglied eine Juniorpartnerschaft an. Genauer: Unter der Führung der SED sollte die SPD an der Modernisierung der DDR beteiligt werden. Ich dankte verwirrt.

Nichts konnte mich seit diesem Tag mehr in Peking halten. Die Nacht auf dem Tienamen-Platz ließ mich seit Wochen schlecht schlafen, die Bilder verfolgten mich, mit chinesischen Funktionären konnte ich nur noch distanziert umgehen. Dennoch musste ich noch ein halbes Jahr ausharren, bis ich endlich Ende Januar in Berlin landete. In meinem Berlin. Dem sich vereinigenden, neu geborenen Berlin.

Diese ganze Zeit dachte ich nicht ein einziges Mal an Gödelitz. Nicht eine einzige Tagebuch-Eintragung kann diese beschämende Tatsache abmildern. Als neuer Büroleiter der Friedrich-Ebert-Stiftung in Berlin mit koordinierender Funktion für die neu aufzubauenden ostdeutschen Büros hatte ich einen 18-Stunden-Tag zu bewältigen. Wir – wie auch die anderen parteinahen Stiftungen – hatten uns um die politische Bildung, um praktische Lebenshilfe für die neuen Bundesbürger und die vielen neu gewählten Abgeordneten zu kümmern, die sich fast über Nacht in dieses neue Leben einfinden mussten. Wir alle erlebten Zeiten der Euphorie – aber auch der Atemlosigkeit und tiefster Erschöpfung.

Aber plötzlich war es doch da: Gödelitz. Mitten in der Hektik rief meine Schwester Heidi an, um mir mitzuteilen, dass die Treuhand dabei sei, das Gut an die Firma Südzucker zu verkaufen. Sie habe ihren Anwalt beauftragt, eine einstweilige Verfügung zu formulieren und werde jetzt nach Gödelitz fahren, um an Ort und Stelle zu sehen, wie man diesen Kauf verhindern kann. Ich selbst solle in der Zentrale in Berlin vorstellig werden. Plötzlich loderten in mir die Flammen. Allein die

Vorstellung, dass Gödelitz einfach verkauft wird, ohne uns auch nur zu fragen, verschlug mir den Atem und versetzte mich in eine wütende Munterkeit. Ich fuhr zum Alexanderplatz, wo die Treuhand ihr landwirtschaftliches Verkaufskontor eröffnet hatte. Ich wartete, zusammen mit anderen Landwirten aus Ost – meist trugen sie Jacken – und West – alle trugen Mäntel – vor den Büros, um erst einmal Auskunft über die nächsten Schritte zu erhalten. Ich wurde freundlich behandelt. Man sagte mir, die Firma Südzucker habe sich anders orientiert, von deren Seite hätten wir nichts mehr zu befürchten. Mir wurden zwei staatlich vereidigte Schätzer empfohlen, die vor Ort eine Bestandsaufnahme machen und den Preis einschätzen sollten.

Während dieser Verkaufsverhandlungen trafen sich Mami, meine Geschwister und ich in Gödelitz, um die nächsten Schritte zu beraten. Mami war schon ein paar Tage voraus gefahren. Wir hatten für sie in Beicha ein Zimmer gemietet – bei Frau Goldmann, die als Ungarn-Flüchtling 1946 – kurz nach unserer Ausweisung – in das leere Gutshaus eingezogen war und immer wissen wollte, was denn aus den Vorbewohnern, aus der Familie Schmidt geworden ist. Bis zu Mamis Tod waren die beiden Frauen in herzlicher Weise miteinander verbunden. Herr Krüger, ihr Neffe, in Gödelitz geboren, ist seither bei uns angestellt und hat Gödelitz mit uns zusammen aufgebaut. Es ist auch seine Heimat.

Mami, die sich eigentlich bereits in einem schönen Seniorenheim in der Nähe von Heidelberg angemeldet hatte, hat nicht lange gezögert. Nach einem Tag bereits hatte sie sich entschlossen, mit ihren 77 Jahren in Gödelitz einen Neuanfang zu wagen. Allerdings hing der Entschluss von einer Grundbedingung ab: Sie wollte zuerst wissen, ob die Menschen hier bereit sind, sie aufzunehmen. Hass und Ablehnung hätte sie nicht ertragen. Die Herzlichkeit, mit der sie in der Familie Goldmann und ihren Verwandten und Freunden empfangen wurde, hat sie dann aber schnell überzeugt. Sie fuhr nach Darmstadt zurück, packte ihre Sachen und schlief fortan in dem für eine Mark von der Gemeinde gemieteten Gutshaus auf einem Feldbett. Alte Gartenmöbel und ein vom Dorf geliehener Kühlschrank samt Kochplatte waren ihre wichtigste Ausstattung. Tagsüber half Herr Krüger ihr beim Aufräumen, ab 16.00 Uhr war sie ganz allein auf dem riesigen Gut. Nie hatte sie Angst, nie fühlte sie sich allein. Wie sie später immer wieder betonte: dies war ihre schönste Zeit. Sie war wieder zu Hause – und sie baute dieses zu Hause mit ihren Kindern wieder zu einem großen Familienzentrum auf. Das war ihr Herzenswunsch.

Am 6. April 1992 feierten wir in Gödelitz meinen 50. Geburtstag. Das Haus war komplett leer. Aus dem dörflichen Gemeinschaftshaus von Beicha schaffte Herr Krüger Tische und Stühle herbei, die in meinem Geburtszimmer hufeisenförmig aufgestellt wurden. Geschirr, Besteck, Kerzenleuchter – alles war vom Dorf geliehen. Im benachbarten ehemaligen Kinderzimmer lagen riesige Blechkuchen auf dem Boden. Außer meiner Familie war noch ein Journalistenehepaar eingeladen, mit dem ich seit meiner Kairoer Zeit befreundet bin und ein bekannter DDR-Filmemacher mit seiner Frau, der sich nach wie vor zum Kommunismus bekannte. Mitten in der Feier kamen dann noch – unangemeldet – mein Stellvertreter und meine Sekretärin vom Potsdamer Büro der Ebert-Stiftung ins Zimmer, überreichten mir einen großen Strauß roter Rosen und umarmten mich. Nun war ich endgültig gerührt und musste sehen, wie ich meine Tränen versteckte. Es war so, wie ich es mir gewünscht hatte: wir übernehmen das verlassene Gut und feiern gemeinsam: Ost- und Westdeutsche. Von der ersten Stunde an hatten wir nie das Gefühl, als Eindringlinge, als „Wessis", als „Besatzer" gesehen zu werden. Im Gegenteil: Als Mami nach einem Jahr ihre Möbel aus Darmstadt kommen ließ, hatten die Freunde aus dem Dorf um die Eingangstür einen Kranz gewunden mit einem ovalen Schild, auf dem sie etwas geschrieben hatten, das Mami zum Weinen brachte: Willkommen daheim.

Mit ihren Möbeln, die vor 48 Jahren aus dem Haus getragen worden waren und jetzt wieder im neuen Wohnzimmer ihren Platz fanden, mit den alten Fotos, den Bildern, den Silberleuchtern und dem Meißner Porzellan verwandelte sich das Haus wieder in das ihre, es trug wieder ihre Handschrift, erhielt ihre Prägung, ihre Wärme. Nun war sie endgültig wieder zu Hause.

IV.

Wo steckst Du, Mami? Die Antwort kam hinter einem alten Mähdrescher, der zwischen all dem Müll und Schrott, der über Monate hinweg hier abgeladen wurde, seinen Platz gefunden hatte.

Gödelitz war in der DDR-Zeit die Außenstelle einer DDR-Trinkerheilanstalt, hier gehörte die Arbeit in den Ställen zur Therapie. Dass die alte Schnapsbrennerei auf dem Gutshof direkt vor der Nase der Patienten stand, löst heute noch eine Art verkniffene Heiterkeit aus. Erst 1985 wurde sie abgerissen.

Mit der Wende löste sich auch hier alles schnell auf, die Patienten verschwanden auf rätselhafte Weise über Nacht, das Gutshaus stand leer, der Gutshof selbst blieb ohne Bewohner und somit unbewacht. Mit der Öffnung der Mauer und der neuen Möglichkeit, im Westen einzukaufen, verblasste plötzlich all das zu Schrott und Abfall, was für DDR-Bürger noch wenige Wochen zuvor Objekt ihrer Begierden war, wofür sie oft jahrelang gekämpft hatten. Aber wohin damit? Eben gab es noch SERO, die Sammelstellen für Altpapier und Schrott, die Jungen Pioniere sammelten mit Eifer, der Verdienst wurde für die Dritte Welt gespendet. SERO gab es nun nicht mehr, Schrott wurde überall abgelagert, am liebsten dort, wo niemand wohnte oder hinschaute. Vom Trabi über zerfetzte Möbel, von der veralteten Landmaschine bis hin zum toten Schaf, das eigentlich kostenpflichtig hätte zum Abdecker gebracht werden sollen. Das einsam gelegene Gut Gödelitz eignete sich prächtig zur stillen und kostenlosen Entsorgung.

Als ich das Gut nach der Wende erstmals besichtigte, war es ein veritabler Schrottplatz. Ein Schweinemäster hatte sich illegal im Kuhstall eingenistet, ein Schäfer, der von Schafen offenbar wenig verstand, hatte sich den Schafstall angeeignet und in den Wohnungen außerhalb des engeren Gutsbereiches wohnten 13 Familien, die diese neue kapitalistische Welt ausgesondert hatte und die sich nicht zurecht finden konnten. Es war ihnen wohl egal, wer da Schrott ablud – solange es nicht vor der eigenen Haustüre geschah.

Zwischen diesem Müll wanderten Mami und ich herum, und versuchten uns zu orientieren. Als ich sie hinter dem großen Mähdrescher entdeckte, schauten wir uns entgeistert an: Wer um Gottes willen hat all diesen Dreck hier hinterlassen oder hergebracht – und wie werden wir ihn wieder los?

Aber das war nicht unsere erste Sorge. Wir mussten den sechsstelligen Kaufpreis aufbringen, den uns die Treuhand allein für das Gut mit seinen 10 Gebäuden abverlangte. Solche verlassenen Güter standen in ganz Deutschland herum, kaum einer wollte sie – alle hingegen gierten nach den landwirtschaftlichen Flächen. Für mich war klar, dass wir die Last dieser vielen Gebäude nicht werden tragen können, ohne das Land. Die Einkünfte aus der Landwirtschaft ernähren die Gebäude – man musste nicht Betriebswirtschaft studiert haben, um dies zu begreifen. Deshalb beharrte ich bei den Verhandlungen mit der Treuhand darauf, das gesamte Gut, Gebäude und Flächen bewirtschaften zu wollen.

Die Gebäude und das dazu gehörende Gutsgelände kauften wir, die Felder und Wiesen pachten wir für 18 Jahre. Bis dahin, glaubten wir, werde sich auch die Frage der Rückgabe unseres Eigentums klären lassen.

Jetzt aber mussten Pfähle eingeschlagen werden. Wir sind wieder da – und wir wollen bleiben. Also legten wir all unser Gespartes zusammen, gründeten eine Gesellschaft bürgerlichen Rechts (GbR) und kauften das Gut. Jedes der vier Geschwister war zu einem Viertel beteiligt, obwohl die eingezahlten Summen sehr unterschiedlich waren. Wer im Kapitalismus aufgewachsen ist, für den ist so etwas keineswegs selbstverständlich. Aber unsere Eltern hatten uns seit frühester Kindheit einen Satz geradezu eingebläut: Geld kommt immer an zweiter Stelle. Das war Gesetz. Daran haben wir uns immer gehalten. Wer hätte es gewagt, seine vielleicht versteckte Krämerseele zu offenbaren und diese wunderbare Mutter zu enttäuschen?

Aber mit dem Kauf des Objekts war es nicht getan. Jetzt musste aufgeräumt und renoviert werden. Wozu? Sollte es ein landwirtschaftlicher Familienbetrieb werden? Wir Geschwister hatten alle noch unsere Berufe, lebten in Frankfurt, Darmstadt und Berlin. Bis zur Rente war es noch weit. Oder könnte man einfach ein Zentrum für die Großfamilie schaffen? Wer aber hätte die Kosten getragen – keiner von uns war mit Reichtümern gesegnet. Aber man könnte vielleicht viele junge Familien ansiedeln und Gödelitz in eine Art landwirtschaftliche Kooperative verwandeln? Der Vorschlag kam von meiner Schwester Heidi, die den Dottenfelder Hof bei Bad

Vilbel als leuchtendes Vorbild im Kopf hatte. Ich winkte ab. Jahrelang hatte ich in einer Studentenkommune gelebt, als wir später ein gemeinsames Haus kauften, ging alles in die Brüche. Mein Bedarf war gedeckt.

Wir beschlossen, neben der Landwirtschaft, die ich zusammen mit der ehemaligen Landwirtschaftlichen Produktionsgenossenschaft (LPG) in Form eines Lohnarbeitsvertrags betreiben wollte, das Gutshaus zu einer Landpension auszubauen, damit wir wenigstens die laufenden Kosten erwirtschaften könnten. Die erheblichen Investitionen, die nötig waren, um das alles überhaupt bewohnbar und für Gäste in einen angenehmen Rahmen zu bringen, mussten eben aufgebracht werden. Jeder der vier Geschwister gab, was er hatte.

Mit Abschluss der Kaufverträge machten wir uns an die Arbeit. Genauer: Mami, Hausverwalter Krüger vor Ort und wir aus der Ferne. Als erstes nahmen wir uns das alte Gutshaus vor. Was nötig war – und nur das – wurde ersetzt. Die Heizung wurde erneuert. In die Gästezimmer wurden Duschen und Toiletten eingebaut und darüber hinaus mit gediegenem Hotelmobiliar ausgestattet. Das gesamte Haus erhielt innen und außen einen neuen Anstrich. Im Gutshof wurden Pflanzungen angelegt, zwischen der Alten Schäferei und dem Gutshaus entstand unser alter kleiner Park wieder in voller Schönheit. Jede auch nur kleinste Verbesserung bereitete uns eine unbändige Freude.

Dann und wann kamen die Geschwister und viele Freunde, um die Fortschritte zu besichtigen. Jeder brachte irgendeinen Einrichtungsgegenstand mit, der gebraucht wurde. Noch heute ist unter fast allen gespendeten Küchenstühlen vermerkt, wer sie wann als Gastgeschenk überreicht hat. Das erste Weihnachts- und Neujahrsfest schliefen wir alle noch auf Feldbetten und Luftmatratzen und feierten in feiner Kluft mit Silberleuchtern in der Gutsküche. An diese Aufbruchsjahre denken wir alle noch mit Wehmut zurück.

Die ersten Gäste. Diese uns fremden Menschen, von Nachbarn geschickt, wird die Gutspension wohl nicht so schnell vergessen. Sie wurden aufgenommen wie alte Freunde, bekamen die besten der gerade neu hergerichteten Zimmer zugewiesen, ein fürstliches Frühstück und – sie bekamen keine Rechnung. Mami brachte es einfach nicht übers Herz, Geld von ihnen zu fordern. Nie in ihrem ganzen Leben hat sie von einem Gast Geld verlangt. Gast ist Gast. Sie konnte sich nur noch wenige Dinge vorstellen, die ihr peinlicher gewesen wären.

Wir verstanden das gut. Auch für uns war es ungewohnt, wir waren ja alle Kinder ihrer Erziehung und ihrer Großzügigkeit. Aber wenn wir uns nun entschlossen haben, eine Gutspension zu eröffnen, dann muss nach dem A auch ein B folgen. Richtig? Richtig! Und wer geht den nächsten Gast um Geld an? Schweigen.

Es dauerte lange, bis Mami es schaffte, Rechnungen auszustellen. Immer hoffte sie, von den Gästen angesprochen, dazu aufgefordert zu werden. Wer ohne zu zahlen ging, weil er es vielleicht vergessen hatte oder diese warmherzige familiäre Atmosphäre falsch interpretierte, dem rannte niemand hinterher. Problematisch waren vor allem jene Fälle, die sich selbst als Freunde des Hauses oder der Familie einordneten, ein Fläschchen Wein oder ein paar Blumen mitbrachten und selbstverständlich davon ausgingen, dass der Besuch keine ungastlichen Konsequenzen nach sich zieht. Die man mit warmen Worten nach Gödelitz eingeladen hatte, ohne gleich frech anzufügen, dass sie aber Geld mitbringen sollen.

Schließlich hat dann auch Mami die Zähne zusammen gebissen und ist eine hauchzarte Geschäftsfrau geworden. Und das auch nur, weil wir am Ende alle kein Geld mehr hatten, um die Gehälter der beiden Angestellten und die dringendsten Rechnungen zu bezahlen. Erst als uns das Wasser am Hals stand, hielt Mami den Gästen eines Tages beschämt die Rechnung unter die Nase. Nein, das war eine unangenehme Übergangszeit.

V.

Angenehm hingegen war, dass sich ringsherum alles im Aufbau befand. Ein ganzes Land war im Aufbruch – Aufbau Ost durch Nachbau West. Nachbarn halfen sich, die staatliche Bürokratie war unterentwickelt, selbst die Finanzämter blieben nahezu unsichtbar.

Man konnte sich auf das Eigene konzentrieren. Was wir indes mit Spannung verfolgten, war die Klage einiger Altbesitzer vor dem Bundesverfassungsgericht.

Die Bundesregierung unter Helmut Kohl machte keinerlei Anstalten, die durch sowjetischen Befehl zwischen 1945 und 1949 enteignete landwirtschaftlichen Betriebe über 100 Hektar zurück zu geben. Niemand von uns konnte sich vorstellen, dass nach den kommunistischen Enteignungen eine „kapitalistische" folgen könnte. Zumal unter dem Slogan „Rückgabe vor Entschädigung" alle anderen von deutschen Kommunisten vorgenommenen Enteignungen rückgängig gemacht oder aber, sollte dies nicht möglich sein, entschädigt werden sollten. Dazu gehörten auch alle landwirtschaftlichen Betriebe unter 100 Hektar, die später freiwillig oder unter Zwang unter dem Dach landwirtschaftlicher Produktionsgenossenschaften zusammengefasst worden waren.

Die Kohl-Regierung behauptete nun, Gorbatschow habe einer Wiedervereinigung Deutschlands nur zugestimmt, wenn die sowjetischen Enteignungen unangetastet blieben. Dies wurde auch von den vor dem Bundesverfassungsgericht erschienenen Experten Schäuble und Kinkel bestätigt – entsprechend urteilte dann das Gericht: die Nicht-Rückgabe ist rechtmäßig. Dass Gorbatschow dies später in einer öffentlichen Rede in Berlin klar dementierte, blieb merkwürdigerweise ohne Folgen. Glaubt man Gorbatschow, dann haben die beiden Politiker vor dem höchsten deutschen Gericht die Unwahrheit gesagt. Sie blieben übrigens unbehelligt, weil, wie uns Rechtskundige versicherten, sie als Experten und nicht als Zeugen auftraten. Experten können sich irren. Zeugen werden im Zweifelsfall vereidigt. Was Kohl und seine Mitstreiter damals entschieden, bezeichneten einige Juristen heute noch ganz öffentlich als „Staatshehlerei". Der Streit zog sich über Jahre hin, der Rechtsfrieden ist bis heute nicht eingekehrt.

Für uns und für viele andere Betroffene hieß das: wir müssen unser Eigentum vom Staat, von der Treuhandanstalt zurückkaufen. Uns war allerdings damals nicht bewusst, dass wir als Alteigentümer teilweise wie Aussätzige behandelt und mit allen juristischen Kniffs und Tücken von einer Rückkehr fern gehalten werden sollten. Der fruchtbare Boden ging unter der Hand weg, Fremde konnten das Land als Pächter zu 50% des Marktpreises kaufen. Ostdeutsche Bauern hatten kaum eine Chance. Sie kannten das System nicht, hatten keine Beziehungen und es fehlte ihnen das Kapital. Wir selbst haben den Kauf mit großer Mühe geschafft – aber unsere Schuldenlast werden wir bis ins Jahr 2035 tragen müssen. Eine weitere Ungerechtigkeit belastete die Vereinigung: Den Ostdeutschen, die nach der Bodenreform 1945 ein paar Hektar Land bekommen hatten und nicht mehr landwirtschaftlich tätig waren, wurde der Besitz nach der Wende wieder zugunsten des Staates entzogen. Was sich hier bei ungefähr 70 000 Familien an Bitterkeit aufgestaut hat, ist kaum zu ermessen. Und wir alle mussten zusehen, wie in der Treuhandanstalt sich die Anständigen um eine faire Politik bemühten, gleichzeitig aber Gauner und Glücksritter fette Brocken beiseite schafften. Im Gedächtnis der meisten Ostdeutschen ist die Treuhandanstalt als eine kriminelle Organisation fest verankert.

Auch bei uns gab es lange und bittere Diskussionen. Aber wir haben uns Anfang 1992 dazu entschlossen, diesen politischen Zynismus zu schlucken und zu verdrängen. Die Kurzformel: 99 Hektar Land werden zurück erstattet, wer aber auch nur einen Hektar mehr hatte, geht leer aus – bedeutete in der Praxis eine schreiende Ungerechtigkeit. Hätte nicht jeder wenigstens 99 Hektar zurückbekommen können? Viele der enttäuschten Altbesitzer haben denn auch geklagt – erst als sie vor dem europäischen Menschenrechtsgerichtshof scheiterten, resignierten sie. Bei den meisten Altbesitzern ist neben Trauer und Bitterkeit eine tiefe Verachtung gegenüber den damals Verantwortlichen geblieben.

Wir hatten uns diesen Klagen nicht angeschlossen. Wir wollten uns mit diesem Streit nicht weiter belasten. Wir brauchten all unsere Kraft für den Wiederaufbau unserer Heimat. Und wir waren unsagbar glücklich, wieder in Gödelitz sein zu dürfen. Dieses Geschenk der Geschichte nahmen wir voller Dankbarkeit an. Ja, wir waren zu glücklich, um zu streiten.

Etwas anderes, Wichtiges kam hinzu. Wir sprachen oft über die Vergangenheit – und wir schwelgten dabei nicht nur in schönen Erinnerungen. Mami dachte über die Enteignung nach, über die Gründe, die die Machtübernahme der Nazis und der Kommunisten ermöglichten. Weder die einen noch die anderen sind einfach so vom Himmel gefallen, pflegte sie zu sagen. Menschen werden nicht grundlos radikal, da ist etwas in der Gesellschaft schief gelaufen, da gab es Ungerechtigkeiten, Demütigungen, Gier nach Geld und Macht Einzelner oder kleiner Gruppen, die sich rücksichtslos nahmen, was sie bekommen konnten. Der Rest hungerte und lebte unter Existenzängsten. Wie waren solche gesellschaftlichen Fehlentwicklungen möglich? Lernt denn niemand aus der Geschichte? Wo lag unsere eigene Verantwortung – oder gar Schuld? Und was können wir heute tun, um solche Entwicklungen frühzeitig zu erkennen und etwas dagegen zu unternehmen?

Aus diesen Gesprächen entstand die Idee, in Gödelitz ein Bildungszentrum zu gründen, eine Art Friedrich-Ebert-Stiftung ohne Parteinähe. Ein Forum der Toleranz, der Nachdenklichkeit, ein Ort, an dem Ost und West zusammentrifft und sich näher kommt.

VI.

Im Sommer 1998 lud ich sechs Freunde aus Ost- und Westdeutschland zu einem denkwürdigen Treffen auf das Gut ein. Eine Idee sollte mit Leben erfüllt werden. Ohne große Feierlichkeiten hoben wir das ost-west-forum aus der Taufe. Ein Anwalt formulierte die Satzung für einen gemeinnützigen Verein, wir bildeten einen Vorstand, wählten einen Vorsitzenden und suchten nach Kuratoriumsmitgliedern, die bekannt waren und einen untadeligen Ruf genossen. Parteipolitisch wollten wir neutral bleiben. Als Vertreter des „Westens" einigten wir uns auf Egon Bahr für die Politik, Gräfin Dönhoff für die Medien und Eberhard von Kuenheim für die Wirtschaft. Für den „Osten" wurde Wolfgang

Mattheuer für die Kultur und Jens Reich für die Wissenschaft vorgeschlagen. Große Namen. Mir oblag die Aufgabe, sie von unserem Anliegen zu überzeugen. Alle waren von der Idee angetan, alle sagten zu. Im Vorstand herrschte Jubel. Wir waren von uns selbst beeindruckt. Danach mussten wir noch etliche administrative Hürden überwinden, ein Logo wurde gesucht, Briefköpfe entworfen – was eben alles erledigt werden musste, bevor es richtig losgehen konnte. Und los ging es im Januar 2000 mit einem Vortrag von Dr. Hans Otto Bräutigam zum Thema: Die deutsch-deutschen Beziehungen in der Zeit der Teilung. Dr. Bräutigam war mein Abteilungsleiter, als ich 1976 Referent in der Ständigen Vertretung in Ost-Berlin wurde und ist in den Jahren danach ein guter Freund geworden. Einen Monat später referierte Herbert Häber, kurzzeitig Politbüromitglied der DDR und im Zentralkomitee (ZK) zuständig für die Beziehungen zur Bundesrepublik zum selben Thema – aber aus dem Blickwinkel der DDR. Mit dieser Kombination hatten wir etwas gefunden, was sich in den Jahren danach immer wieder bewähren sollte: die Themen werden von verschiedenen Blickwinkel her beleuchtet und dem jeweiligen Referenten wird genügend Zeit eingeräumt, um in Ruhe sein Gedankengebäude präsentieren zu können. Spätestens nach einer Stunde wird das Publikum einbezogen. Danach können sich die Menschen im Rahmen eines Empfangs im Gutshaus kennen lernen und sich austauschen. Im Prinzip haben wir das bis heute durchgehalten.

Ich erinnere mich sehr genau an diese erste Veranstaltung. Wir hatten Freunde, Nachbarn und Honoratioren aus der Umgebung angeschrieben und sie an einem Sonnabend um 18.00 Uhr ins Gutshaus eingeladen. Das große Esszimmer im Gutshaus ließ Mami leer räumen und mit allen Stühlen, die wir im Hause finden konnten, bestücken. Vorne am Fenster war ein Tisch quer gestellt, aus Berlin hatte ich ein Mikrofon mit Verstärkeranlage besorgt – eigentlich unsinnig für den kleinen Raum. Aber es verlieh dem Ganzen einen Hauch von Professionalität. Und Mami saß in der ersten Reihe – und das blieb so bis zu ihrem Tod. Ihr Interesse an Politik, vor allem aber an den Menschen, die sich mit Politik beschäftigten, die Politik verkörperten, war bis zu ihrer letzten Stunden ungebrochen. Nur einmal, als sie im Krankenhaus lag, versäumte sie einen Vortrag.

Dr. Bräutigam, fast die ganzen 80er Jahre Ständiger Vertreter der Bundesrepublik in Ost-Berlin, war ein bekannter Mann – in Ost und West. Klug, bescheiden, kenntnisreich und beeindruckend analytisch. Im Esszimmer des Gutshauses warteten wir wie Krämer, die einen Laden eröffnet haben, auf die ersten „Kunden". Es waren genau 36.

Das war der Anfang. Danach wurden es von Monat zu Monat mehr, nach einem Jahr saßen die Zuhörer bereits außerhalb des Zimmers. Mit Hilfe einer Großspende bauten wir in der Alten Schäferei einen neuen Saal, der 150 Menschen Platz bot. Aber auch der platzte bald aus allen Nähten. Im Januar 2003, kurz vor dem Irak-Krieg, hatten wir Egon Bahr mit einem Vortrag zu den Transatlantischen Beziehungen angekündigt. Professor Bahr war schon am Vortag angekommen und wir mussten zusehen, wie das Gut im dichten Schneetreiben langsam versank. Wir saßen alle in Mamis Wohnung und schauten uns verzweifelt an. Die Zufahrtsstraßen waren dicht, kurz vor dem Gut versperrte eine gewaltige Schneewehe die Einfahrt. Uns war klar: sieben Zuhörer – und das war es. Uns – nicht aber Mami. Mit ihren 87 Jahren war sie immer noch diese kleine entschlossene Dame, die so etwas nicht einfach hinnahm. Sie griff zum Telefon und wählte den Bürgermeister an. Der Mann hatte keine Chance. Mami konnte Steine erweichen. Nach etwa einer Stunde hörten wir das Gedröhne des Schneepfluges, der die zum Gut führende Stichstraße freimachte. Und hinter ihm: Auto an Auto. Als Egon Bahr den Saal betrat, schauten ihn 245 Personen erwartungsvoll an. Die ersten Gäste hatten noch Sitzplätze ergattern können, alle anderen drängten sich auf wackeligen Bänken oder standen entlang der Wände.

Weil einige Gäste nicht einmal mehr Stehplätze fanden, mussten sie wieder nach Hause fahren. Das war uns unendlich peinlich. Die Teilnehmer an unseren Veranstaltungen kommen teilweise von weit her: Dresden, Leipzig, Chemnitz, Torgau ...Am nächsten Tag beschlossen wir, einen noch größeren Saal zu bauen. Zwei Jahre später hatten wir 405 000 Euro zusammen: Von der Europäischen Union, vom Land Sachsen und 180 000 Euro von einem uns sehr gewogenen Spender. Mami erlebte noch den Beginn des Umbaus der Alten Schäferei. Von den zehn Gebäuden des Gutes war dieses unser größtes Sorgenkind. Das Dach bestand aus poröser Pappe, bei Sturm lösten sich immer wieder größere Teile, die wir dann auf dem gesamten Gutsgelände suchten und wieder aufnageln mussten. Es war nur eine Frage der Zeit, bis dieses im Jahre 1792 letztmals Grund renovierte Gebäude in sich zusammenbrechen würde. Jetzt entstand vor unseren Augen ein phantastisch aussehendes Gebäude, ein Seminar- und Konferenzzentrum wie es in der Region kein zweites gibt. Im großen Saal finden 300 Menschen Platz. Weil aber der Zustrom von Teilnehmern ungebrochen zunimmt, stoßen wir jetzt, im Jahr 2008 schon wieder an unsere Kapazitätsgrenzen.

Was ist das Geheimnis dieses Erfolges? Wir können das nur vermuten.

Erstens: Wenn Menschen von weit her auf dieses einsam gelegene Gut fahren um einen Vortrag zu hören – und sie kommen zu einem Großteil aus den Städten, wo genügend Veranstaltungen angeboten werden – dann muss es etwas Besonderes sein. Vom ersten Tag an luden wir nur erstklassige Referenten ein. Vom engagierten Attac-Vertreter über attraktive Wissenschaftler, Botschafter, Manager, Politiker – bis hin zum Bundespräsidenten. Kaum je lehnte jemand ab – und fast alle verzichteten auf ein Honorar. Nach dem Vortrag finden sich die Gäste im Rahmen eines Empfangs im Gutshaus wieder.

Hier können sie noch einmal über das Gehörte reden und andere Menschen kennen lernen – Ost und West, Reich und Arm, Konservative und Linke: alles ist vertreten. Bei einem Glas Wein und der berühmten Gödelitzer Tomatensuppe kommen sich die Menschen näher.

Gödelitz ist, das wissen alle, ein Ort der Toleranz. Das wird hier erwartet – und alle verhalten sich entsprechend.

Zweitens: Um zwischen Ost und West Brücken zu bauen laden wir monatlich zehn Menschen aus Ost und West zu Biografie-Gesprächsrunden ein. Von Freitagabend bis Sonntagmittag versuchen wir durch den Filter unserer sehr persönlichen Biografien die letzten 50 Jahre deutsch-deutscher Geschichte Revue passieren zu lassen. Wir gehen vom großen Strom der Geschichte, den wir von der Schule her kennen, zurück in die kleinen Bächlein individueller Lebensläufe, die diesen Strom speisen. Durch ein Mehr an Wissen über das Leben diesseits und jenseits der Mauer versuchen wir, Vorurteile abzubauen und Toleranz einzuüben. Niemand wird unterbrochen, niemand wird kritisiert – gelebtes Leben wird keiner Beurteilung unterworfen. Man lernt: es gibt nicht nur die eigene Wahrheit – es gibt auch die der anderen. Ich habe diese Veranstaltungsreihe vor Jahren auf Anregung von Wolfgang Thierse und Professor Peter v. Oertzen konzipiert, ich lade die Teilnehmer nach einem bestimmten Schlüssel ein (Ost/West – Männer/ Frauen – verschiedene Berufe – verschiedene Altersgruppen – verschiedene politische Sichten) und ich bin jedes Mal wieder völlig fasziniert von dem, was wir lernen und wie nahe sich Ost und West durch diese Art der Begegnung kommen. Ich kenne keine Methode, die mehr Gräben in so kurzer Zeit zuschüttet!

Wir sind dabei, diese Biografie-Runden auch zwischen Deutschen und Polen und Deutschen und Migranten zu erproben.

Gut Gödelitz nach der Renovierung ein Ort zum Zuhören, Denken, Diskutieren und Erholen.

Drittens: Die Menschen, die zu uns kommen, wollen möglichst objektiv informiert werden, sie suchen nach Orientierung, wollen auch aus ihrer Resignation heraus, wollen ermutigt werden. Im Laufe der Jahre haben sich die Themen verschoben, das ost-west-forum hat den engen Raum Deutschlands verlassen und sich der Welt zugewandt. Globalisierung, Marktradikalismus und deren Rückwirkung auf unsere Gesellschaft verlangte diese Öffnung.

Neben dem nach wie vor wichtigen Problem der innerdeutschen Einigung ist die Verteidigung des sozialen, demokratischen Rechtsstaates unter den Bedingungen der Globalisierung der rote Faden, an dem entlang sich unsere Themen bewegen. Diese Gesellschaftsordnung hat uns mehr an Freiheit, Frieden und Wohlstand beschert, als wir je in der deutschen Geschichte hatten. Ein wachsender Teil der Bevölkerung ist aber der Auffassung, dass diese Gesellschaft täglich an sozialer Gerechtigkeit und demokratischer Teilhabe verliert, dass die Kluft zwischen Oben und Unten immer größer wird. Wenn ein Bankier die Entlassung von 6000 Mitarbeitern ankündigt und daraufhin die Börse einen Freudensprung macht, kommt die Einschätzung, dass es sich hier um ein menschenfeindliches System handelt, wie von selbst.

Das Schicksal unsere Familie hat uns gelehrt, wachsam zu sein, solche Fehlentwicklungen frühzeitig zu erkennen und sie ernst zu nehmen. Wenn sich die Diktatur erst einmal etabliert hat, wenn die Guillotine wieder aufgestellt ist und Widerstand Todesmut erfordert, wird alles zu spät sein. Helden sind rar, die Masse der Menschen wird sich lebensklug anpassen und ihre Haut zu retten versuchen. So war es immer. Also müssen wir jetzt handeln. Wir brauchen keinen Heldenmut, nur ein wenig Nachdenklichkeit, ein wenig Zeit für gesellschaftliches Engagement und, wenn vorhanden, ein wenig Geld. Das alles ist nicht zu viel verlangt, wenn man den Einsatz bedenkt.

Unsere Eltern haben Werte vorgelebt. Wir haben verstanden, dass eine Gesellschaft Werte braucht, die von allen akzeptiert und gelebt werden. Wer gesellschaftliche Führungspositionen bekleidet ist in besonderem Maße gehalten, Vorbild zu sein. Diese Werte-Elite mag es geben, öffentlich wird sie aber nicht wahrgenommen. In den Medien wird einer immer fassungsloseren Bevölkerung eine Funktionselite präsentiert, die von Skandal zu Skandal trudelt. Warum aber sollten sich die kleinen Leute an die Regeln halten, wenn eine Funktionselite sie nicht beachtet? Vorgelebte Werte, sagte einmal ein Freund, ersetzen Repressionsapparate. Nicht an jeder Ecke kann ein Polizist darüber wachen, ob die Regeln eingehalten werden. Dazu bedarf es einer inneren Polizei, eines Gewissens, das auf Überzeugungen und Werten beruht.

Deshalb hat das ost-west-forum auf Gut Gödelitz vor zwei Jahren die Werteakademie für junge Führungseliten gegründet. Sie basiert auf unserer Glaubwürdigkeit – ein rares Gut in Politik und Wirtschaft. Junge Menschen aus Politik, Wirtschaft, Medien, Wissenschaft und Kultur werden zu einem Seminar nach Gödelitz eingeladen. Haben sie eine Vorstellung von einer gerechten, nach innen und außen friedensfähigen Gesellschaft? Haben sie ein Menschenbild, das dieser Gesellschaft entspricht? Gibt es Werte, die sie nicht nur zur Kenntnis nehmen, sondern auch leben wollen? Gewiss – dies ist kein Führungsseminar, das Tricks und Kniffe für den schnelleren beruflichen Aufstieg vermittelt. Dennoch ist es äußerst attraktiv – und wir sind von seinem Erfolg überzeugt.

VII.

Den Jahreswechsel 2005 auf 2006 werde ich nie vergessen. Es waren die letzten Tage mit unserer geliebten Mami. Ihren 90. Geburtstag am 29. Oktober 2005 hatten wir noch mit einem großen Fest gefeiert. Alle, alle kamen um diese wunderbare Frau zu ehren. Ihre Liebe zu den Menschen bekam sie tausendfach zurück – nicht nur von ihrer Familie und ihren Freunden. Aus der Umgebung kamen viele Menschen, die sich vor Jahren nicht hätten träumen lassen, dass sie einmal eine zurückkehrende „Junkerin" so sehr in ihr Herz schließen würden. Mami war eine moralische Instanz, sie war Vorbild für viele Menschen – nicht nur für ihre Kinder, Enkel, Neffen und Nichten, kurz, für die ganze Großfamilie. Wo immer sie mit Menschen zu tun hatte, begegneten ihr Achtung und Liebe. Sie kannte die Probleme aller, mit denen sie zu tun hatte – und sie gab Ratschläge und tröstete. Wer immer das Haus betrat und plötzlich auf längere Zeit verschwunden war – man konnte fast sicher sein, er oder sie war in Mamis Wohnung um ihr in kürzester Zeit das gesamte Leben zu offenbaren. Sie hörte sehr genau zu, sie gab Ratschläge und tröstete. Auch die Medien berichteten über Mami, wie sie von allen genannt wurde. Sogar in der wichtigsten spanischen Tageszeitung El Pais erschien ein langer Artikel über sie.

Immer war sie eine Dame, nie hat sie sich gehen lassen, für uns alle war sie ein Vorbild an Disziplin. Aber das Alter forderte seinen Tribut. Eine Augenkrankheit hatte sie fast erblinden lassen. Die Beine versagten oft ihren Dienst, die Schultern schmerzten. Aber sie klagte nie, stand drei Stunden früher auf um unter großer Mühe und Anstrengung sich sorgfältig zu kleiden und zu schminken. Einmal, als in dem ein wenig abgelegenen Haus der Großeltern eingebrochen wurde und wir vermuteten, dass die Diebe auch das Gutshaus im Visier hatten, legte sie sich einige Nächte lang voll angezogen ins Bett mit der Bemerkung: im Nachthemd werden mich die Diebe nicht überraschen! Das war typisch für sie.

Dennoch: Bei aller Selbstdisziplin – das Haus konnte sie nicht mehr führen. Zwar hatte sie in Frau Horn eine wunderbare, sehr zuverlässige und tüchtige Haushälterin, aber aus der Gutspension war ein Landgästehaus geworden mit 15 Zimmern und einer zunehmenden Anzahl von Gästen.

Mein Bruder Peter, Journalist bei der Frankfurter Rundschau, wohnte zwar nach seiner Pensionierung zusammen mit seiner Frau Gritt immer wieder längere Zeit in ihrer Gödelitzer Wohnung und sie halfen, wo immer es möglich war. Vor allem aber das Landgästehaus benötigte eine dauernde Hilfe.

Über Gödelitz schwebt eine behütende Hand. Gäste, die für solche Dinge ein Gespür haben, sagen es immer wieder. Wann immer wir Probleme hatten, stellte sich eine wundersame Lösung ein. In diesem Fall war es der Entschluss meiner Schwester Barbara und ihrem Mann Claus Wagner, der aus persönlichen Gründen sein Geschäft aufgegeben hatte, ein neues Leben in Gödelitz zu beginnen. Für meinen Schwager war dies nicht einfach. Für Gödelitz war es ein Glücksfall.

Barbara erwies sich als das, was ihr unsere Eltern schon als Kind vorausgesagt hatten: sie ist die geborene Gutsfrau. Außerdem ist sie eine perfekte Gastgeberin. Was Mami loslassen musste, übernahm Barbara – und sie machte es so, wie Mami dies auch gemacht hatte. Und sie umsorgte ihre Mutter auf eine liebevolle Art bis zur letzten Stunde.

Obwohl für alle sichtbar Mamis Kräfte nachließen und das Alter sie zu zeichnen begann, konnte ich mir einfach nicht vorstellen, sie eines Tages zu verlieren. Solange ich denken kann, war sie immer da. Sie liebte uns, ohne je Bedingungen zu stellen. Das gab uns eine große Lebenskraft. Vermutlich habe ich die Möglichkeit ihres Todes einfach verdrängt. Ich wollte mich mit diesem schrecklichen Gedanken nicht beschäftigen. Monatelang hatte ich den Plan, ihr Leben als Interview auf Band aufzunehmen, vor mich her geschoben. Sie sollte ihr Leben erzählen, ausführlich und in Ruhe – wann immer sie Zeit, Lust und die Kraft hatte, wollte ich mit ihr arbeiten. Aber obwohl ich das Gerät und einen ganzen Stapel Tonbänder gekauft hatte, ließ ich die Arbeit liegen. Ich schob es immer wieder auf. Später. Das hatte Zeit.

Es hatte keine Zeit. Zur Jahreswende 2005/6 war sie noch unter uns, obwohl sie erstmals allein in ihrer Wohnung blieb, während die Familie mit vielen Freunden im Untergeschoss des Gutshauses das Neujahrsfest feierte. Sie schaffte die Treppen nicht mehr, wollte aber auch nicht getragen werden. Das hatte mit ihrem Gespür für Würde zu tun. Um Mitternacht stürmten wir alle nach oben um zu gratulieren, nicht ahnend, dass sie uns in wenigen Tagen für immer verlassen würde. Am Sonnabend, den 7. Januar 2006 brach sie nach dem Frühstück zusammen und starb in den Armen ihrer Tochter Barbara. Mit ihr starb der Mittelpunkt unserer Familie, den niemand wird je ersetzen können.

Wenn ich heute nach Gödelitz komme, fahre ich nicht, wie früher, zuerst ins Gutshaus um Mami zu begrüßen. Ich scheue mich vor ihrer leeren Wohnung. An ihrem Schreibtisch sitzt jetzt Barbara und führt Mamis Arbeit fort. Wenn ich eintrete, fällt mein Blick auf Mamis Lebensspruch, der immer über ihrem Schreibtisch hing: Ich schlief und träumte / das Leben wäre Freude / ich erwachte und sah / das Leben ward Pflicht / ich handelte und siehe / die Pflicht ward Freude.

Mami, da bin ich sicher, würde mit ihren Kindern zufrieden sein.

VIII.

Sommer 2008. Die Morgensonne malt einen roten Streifen am Horizont, gleich wird sie aufgehen. Die Luft ist frisch und würzig, die ersten Vögel melden sich, das weite Land vor mir ist von einem leichten Nebelschleier bedeckt, es ist von einer berauschenden Schönheit.

Ich bin früh zu einem Spaziergang aufgebrochen, selten, dass es mir gelingt, diese wunderbaren Morgenstunden zu genießen. Die Gummistiefel schützen mich vor der Nässe der taufeuchten Wiesen. Ein Fuchs schaut mich neugierig an und verschwindet dann im Maisfeld. Das Feld umfasst mehr als 60 Hektar und verliert sich in der hügeligen Landschaft hinter den kleinen Blauberg. Die Fruchtbarkeit der Böden hat die Lommatzscher Pflege über Jahrhunderte bekannt gemacht, die oft meterdick Schicht seiner Lössböden bewahrt die Feuchtigkeit über große Zeiträume, sodass die Frucht auch lange Trockenperioden unbeschadet übersteht. Ich kann den Großvater verstehen, wie glücklich er war, als er das alte Rittergut Gödelitz 1917 erwerben konnte. Wie üppig hier alles wächst! Außer Mais haben wir in diesem Jahr Weizen, Wintergerste und Raps angebaut. Wenn sie uns nicht verhagelt, können wir eine großartige Ernte erwarten.

Mitte der 90er Jahren, haben wir an bestimmten Stellen Hecken gepflanzt, sechs Meter breite und teilweise Hunderte von Metern lange Schneisen, die die Bodenerosion aufhalten und den Kleintieren Schutz bieten sollen. Das mindert zwar das verfügbare Ackerland und somit den Gewinn, wir denken aber nicht in den

Kategorien kurzfristiger Gewinnmaximierung. Wir denken altmodisch, wir denken in Generationen.

Was werden wir den Kindern weiter geben können?

Werden sie respektieren, erhalten und weitergeben, was sie von ihren Vorfahren geerbt haben? Werden sie in Frieden leben können – so wie meine Generation das unendliche Glück hatte, dauerhaft in Frieden und Wohlstand leben zu dürfen? Ich werde darauf nicht hoffen, das genügt nicht – ich werde dafür kämpfen. Mit all denen, die nach Gründen und Hintergründen fragen und etwas aus der Geschichte gelernt haben.

Sind es viele? Mehr als ich geglaubt habe, bevor wir nach Gödelitz zurück kehrten und das ost-west-forum gründeten. Sie müssen nur zusammen kommen und gemeinsam handeln.

Literaturhinweise

(1)   Bachmann, Ingeborg (2001): Sämtliche Gedichte, Piper.

(2)   Schneider, Andreas (1999): Kreta, S. 73: „Die Zerstörung von Anogia", Polyglott Verlag München.

(3)   Knopp, Guido (2001): Die große Flucht, Econ.

(4)   Janele, Erich (1983): Heimatbuch Triebitz, Herstellung: Rüdiger Heinelt, Druckerei + Satzbetrieb, 6419 Nüsttal-Hofaschenbach.

(5)   Prospekt (1982): Stadtmuseum Fürth im Schloss Burgfarrnbach, Verlag Schnell & Steiner, München/Zürich.

(6)   Stindl-Nemec, Elisabeth (2005): Das Mosaikbild, Books on Demand GmbH, Norderstedt.

(7)   ost-west-forum GUT GÖDELITZ E.V., 04720 Gut Gödelitz, Kreis Döbeln/Sachsen.

Fotos:

Der Sternteich:	Heimatbuch Triebitz
Wasser-Schöpfrad:	Manfred Seidel
Gut Gödelitz:	Prospekt ost-west-forum GUT GÖDELITZ www.ost-west-forum.de
Johanna Schmidt-Götelitz	Manuela Höfer Galerie Höfer, London